新版
赤瓦の家

朝鮮から来た従軍慰安婦

川田文子
Kawata Fumiko

高文研

新版　赤瓦の家◉目次

Ⅱ　三つの島の慰安所

Ⅲ　新礼院へ

装幀＝細川　佳

『赤瓦の家』の復刻にあたって

長年、聞書きを続けてきた。寡作である。この書は寡作の中の代表作だ。日本の植民地支配下の朝鮮に生まれ、沖縄・慶良間《けらま》諸島の渡嘉敷《とかしき》島の慰安所に連行された裵奉奇《ペポンギ》さんの半生と奉奇さんとともに慶良間に来た朝鮮女性の足跡を可能な限り辿った。

はじめて奉奇さんを訪ねたのは一九七七年一二月だった。当時、日常生活の中で「慰安婦」「慰安所」ということばが耳目にふれることはほとんどなかった。一九九〇年五月、韓国の女性団体が盧泰愚大統領の訪日を機に「盧泰愚大統領の訪日および女子挺身隊問題に対する女性会の立場」と題する声明書を発表した。韓国では、戦地、占領地の慰安所に連れ出された子どもや女性たちは「女子挺身隊」と呼びならわされていた。この声明書の発表は、国際社会で日本軍の「慰安婦」・性暴力に関わる問題が論議される大きなきっかけになった。以来、多数の公文書が発見され、各国・各地域の当事者の証言が数多く発表され、謝罪と賠償を求め日本の裁判所に提訴された訴訟は一一件に及んだ。日本軍が構築した慰安所制度の構造は明らかになり、朝鮮半島だけではなく、中国、台湾、フィリピン、インドネシア、オランダ、マレーシア、東チモール、日本などの被害を受けた当事者の証言によって慰安所及び慰安所以外で日本軍が犯した多様な性暴力の実態が明らかにされた。初版本（筑摩書房刊）を発表した一九八七年当時とは隔世の感がある。

今日では、日本軍の「慰安婦」にされ、あるいは性暴力を受けた本人が自ら記した貴重な記録や韓国の多数のハルモニが名を連ねる証言集もある。また証言に基づいた記録も数々存在する。

それでもなお、この書の復刻を願ったのは、裴奉奇さんひとりの証言だけではなく、奉奇さんと直接関わりのあった住民、元日本軍将兵の数多くの証言も得て、戦時、慶良間の慰安所に連行された朝鮮女性がどのような状況におかれていたか、あきらかにしているからだ。

日本軍の「慰安婦」・性暴力被害を受けた女性、子どもたちはそれぞれ、その地特有の戦禍を受けている。フィリピンや中国など、生活の場で被害を受けた場合には、周囲の人びとは被害を受けた当事者と同様の戦禍を受けているので、当事者がどのような状況におかれていたかを知っている。しかし、故郷から遠く離れた異境の慰安所に連行された女性たちがどのような状況におかれていたか、どのような戦禍を受けたか、当事者の証言と照合し、具体的に把握する作業は条件が整わなければ難しい。戦地、占領地の慰安所に連行された女性たちの記録の多くは当事者の証言で構成されている。

この書の特徴のひとつは奉奇さんの証言だけではなく、住民と日本軍の元将兵の証言によって慶良間の慰安所に連行された女性たちがどのような戦況の中で生き、亡くなっていったかを記録していることだ。

奉奇さんら二一人の女性が配置された慶良間では、沖縄戦を象徴する惨事が次つぎ起こった。渡嘉敷、座間味《ざまみ》、阿嘉《あか》・慶留間《げるま》は㋹《まるれ》と称する小型舟艇の特攻作戦基地を構築中だった。軍はこの特攻作戦が連合軍に知られることを怖れ、住民の島への出入りを厳しく規制した。海上挺進基地第一～第三大隊が基地構築と守備に当たり、海上挺進第一～第三戦隊が決行時の生還率の低い特攻作戦を担う。基地隊は一般の召集兵であり、戦隊は志願兵である。志願した兵もいただろうが、志願を強要されたといった方が適切な、その多くが未成年の兵だった。

渡嘉敷《とかしき》島では米軍上陸直後、約三三〇名の住民が集団自決に追い込まれ、座間味《ざまみ》、慶留間《げるま》でも同様の惨劇が起こった。新築してまもない家を慰安所にされた渡嘉敷の仲村渠《なかんだかり》一家もその犠牲になり、長女の初子さんだけが生き残った。

基地隊の主力は一九四五年二月中旬、一部を残して沖縄本島に移動し、代りに朝鮮人軍夫が補充された。

米軍は、慶良間《けらま》海峡を艦船の停泊地として確保するため三月二三日、慶良間空襲を開始、二五日からは艦砲も加えた。

そして、二六日午前八時すぎに阿嘉《あか》、続いて慶留間、九時には座間味に上陸した。渡嘉敷への上陸もまもないと予想した第三戦隊は海岸近くの基地を撤収、渡嘉敷では最も山深い二三四高地へ移動、複郭陣地《ふくかくじんち》（周囲の要塞陥落後も抵抗する最後の陣地）を築く。四月か五月頃、奉奇《ポンギ》さんは、キクマル、スズラン、カズコ（いずれも慰安所での源氏名）とともに第三戦隊の炊事班に組み込まれた。沖縄守備軍である第三二軍が組織的戦闘を停止した六月二三日以降も第三戦隊は複郭陣地に籠《こも》り、米軍との武装解除式に臨んだのは八月二六日だ。

特攻基地という特殊性に加え、慶良間空襲初日に食糧庫が焼けた。第三戦隊は住民の食料も含めて軍が管理すると宣言、軍も住民も極度の食料不足に陥った。七月に入ると、第三戦隊の陣中日誌に栄養失調死の記録が相次ぐ。この時期の死者の数は戦死より、戦病死より、栄養失調死が多く、米軍の攻撃を受けなくても内部崩壊が予想される記述が多くなっている。

日本の植民地支配下の朝鮮に生まれ、数え六歳の時に三歳下の弟とふたりで暮らした記憶から始まる奉奇さんの半生は、どの時期に焦点を当てても極限状況である。「弾に当たるよりひもじいのが辛い。弾に当たって死んだら、こんな苦労はしなかったがね」と語った渡嘉敷の複郭陣地で過ごした戦時は特に深い極限の状態だった。日本の敗戦後、知らない「くに」で、ことばは分からず知る人もなく、住む所も所持金もなく、わずかな着替えの入った風呂敷包みひとつ頭に載せ、焼け跡をさすらい続けた日々の絶望はさらに深く思える。が、「えー、糞、名護はどんなところかねえ、名護へ行ってみよう」、身ひとつで奉奇さんは生き抜いた。


いくつかの偶然が重なって、私は奉奇さんの半生を記録することができた。

一九七〇年前後、沖縄で暮らし、写真を撮っていた友人、松村久美さんと路上でばったり会うと、奉奇さんが特別在留許可を得たことを報じた新聞記事を見せ、「明後日、沖縄に行くけど、この人をいっしょに取材しない？」と誘われた。記事に衝撃を受けたが、二日後の出発は無理だった。一か月後に帰ってきた友人は「取材どころじゃないよ、裁判しよう」といった。特別在留許可を受ける際、身元引受人になった新城久一さんの家ではじめて対座したとき、新城さんは「この方はね、あなたのために来てくれているからね」と奉奇さんに紹介してくれた。松村さんの提訴の発案を伝えたからだろう。

二度目に新城さんの家で奉奇さんに会った時は、沖縄の弁護士といっしょだった。

その頃、奉奇さんは、新城さんの家族の他にはごく限られた人としかつき合わず、人を避けて暮らしており、地元の記者が訪ねると、鎌を持って追い返したという。けれど、私の長時間、長年月の訪問を受け入れてくれたのは、奉奇《ポンギ》さんが深く信頼していた新城さんの紹介のことばによっていたと感じている。結果的には、東京の三人の弁護士にも相談したが、提訴には至らなかった。

渡嘉敷《とかしき》では新築した家を慰安所にされた仲村渠《なかんだかり》さん一家は長女の初子さんひとりを残して集団自決の犠牲になった。そのような経緯がなければ、住民の犠牲は奉奇さんらがおかれた背景のひとつとしてしか位置づけなかっただろうが、初子さんの証言も必然的に記録することになった。軍に召集され、あるいは南洋などの出稼ぎ先から帰れずにいた者も少なくないが、当時、在住していた半数近い住民が集団自決するに至った追いつめられた渡嘉敷の状況は、同質ではないにしても奉奇さんらがおかれていた状況でもある。そのような過酷な戦火の渦中に「慰安婦」にされた女性たちの多くが放り込まれたのである。

何年かぶりにこの書に目を通し、最終章「新礼院《シルレウォン》へ」に至ったとき、記録者の聞く作業が証言者の痛みを伴う作業であることをあらためて思い知った。

奉奇さんの故郷を訪ね、数え八歳で奉公に出た姉、奉先《ポンソン》さんを遠い親戚の人が探してくれて会った時、奉先さんはいった。「妹のことは、知らなければよかった」。側にいた奉奇さん姉妹の母の弟の息子の妻が補足してくれた。「あなたが訪ねて来てくれたことには感謝するけれども、妹のことは知らない方がよかった。知って心が乱されただけで、妹に会うことも、なにもできはしないのだから」と。

新礼院に行ったことを報告すると、奉奇さんも同じことをいった。「新礼院を訪ねてもね、姉さんには会わん方がよかったんですよ」

数え八歳と数え六歳の時に別れたきりになった老いた姉妹の悲しみが、当時の二人と同年代になった筆者に染み入る。

この書は多くの人びとの尽力によって形にすることができた。

裴奉奇さんをはじめ、戦時、慶良間《けらま》でどのようなことが起こったか、自らの経験と合わせて明らかにされた証言者の協力、また、沖縄戦研究者から多くの教示を受けた。

一九九一年一〇月、朝鮮総連沖縄県本部の金洙燮さんからの電話で奉奇さんの訃報を受けた翌朝早く羽田を発ち、金洙燮さんと金賢玉さん夫妻、民団団長の金さんとともに、小さく小さくなった遺骨を拾った。

同年一二月六日、韓国の金学順《キムハクスン》さんら「慰安婦」被害を受けた三人の女性が軍人・軍属、遺族三二人とともに補償を求め東京地裁に提訴した。奉奇さんの遺志は金学順さんらに引き継がれたという想いでこの提訴を噛みしめた。

しかし、長い年月を経てなお、日本軍「慰安婦」・性暴力問題は未解決のままである。そして、慰安所を設置した時代と近似の性売買構造は今日なお残存する。公娼制度が確立した近世以来の性暴力容認の因習は消えてはいない。性暴力容認社会では、性売買の現場の女性の人権を侵害するだけではなく、広い層の女性、子ども、さらに性別を超えてさまざまな形で人権を侵害する。

解説を引き受けていただいた宮城晴美さんの母、初枝さんに座間味の慰安所にされた家を案内していただいたことは本文で記した通りである。

重ね重ねの協力と歴史家としての洞察に基づく解説に深く感謝いたします。

編集担当の真鍋かおるさんは、地図、写真の掲載など新版のスタイルを創ってくださった。

細々した相談にものっていただいて本当に助かりました。ありがとうございました。

コロナ自粛の厳しい情勢の中で奉奇《ポンギ》さんの生涯と慶良間《けらま》の集団自決という凄惨な事実に向き合うのは厳しい作業であったが、この復刻版の出版はひとしおうれしい。

なお、一部、慰安所、「慰安婦」に関する説明を一九九〇年代以降に培った内容に書き換えた。

本書関連図①

沖縄島
名護
屋嘉
石川
宜野座
読谷
平良川
嘉手納
具志川
屋慶名
宜野湾
首里
コザ(現・沖縄市)
那覇
摩文仁
慶良間諸島

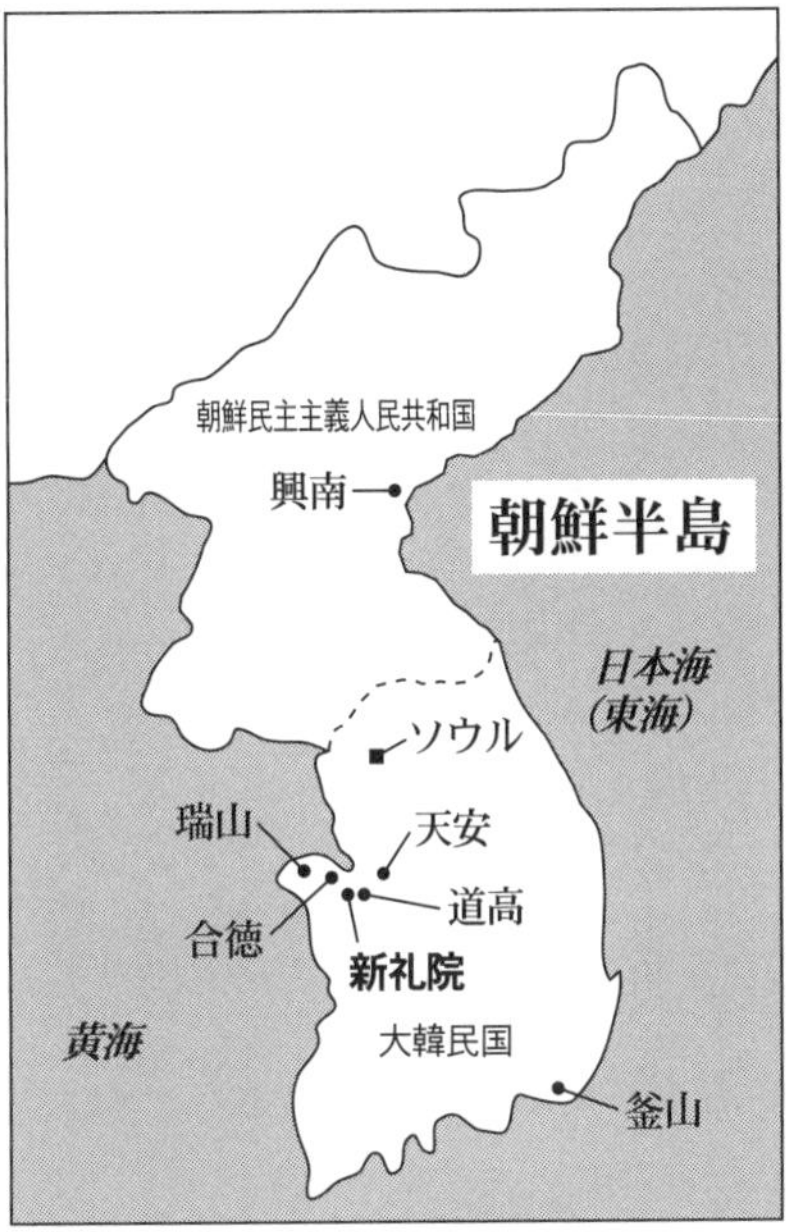
朝鮮民主主義人民共和国
興南
朝鮮半島
日本海
(東海)
ソウル
瑞山
天安
道高
合徳
新礼院
黄海
大韓民国
釜山

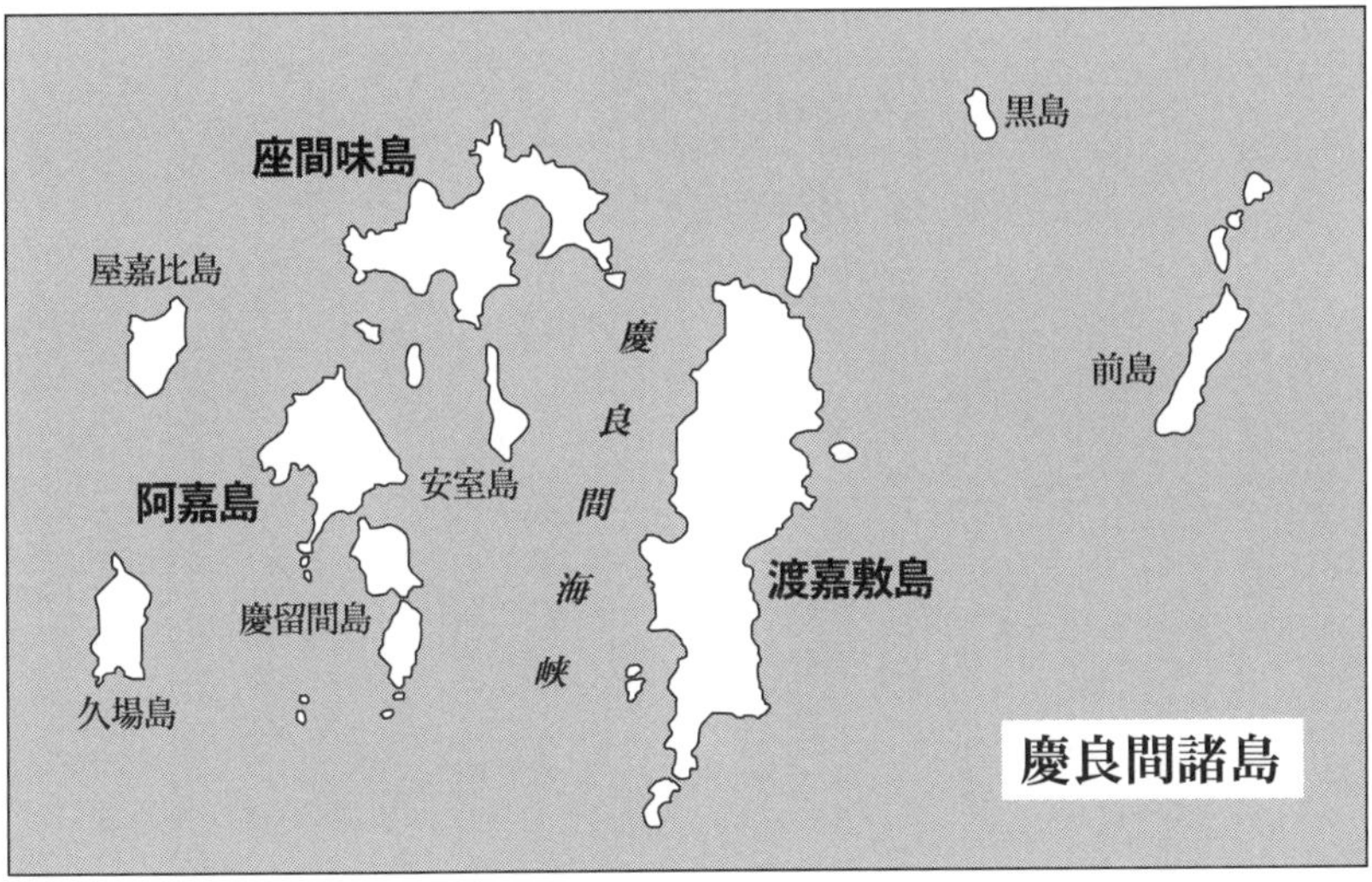
黒島
座間味島
屋嘉比島
慶
良
間
海
峡
前島
阿嘉島
安室島
渡嘉敷島
慶留間島
久場島
慶良間諸島

本書関連図②

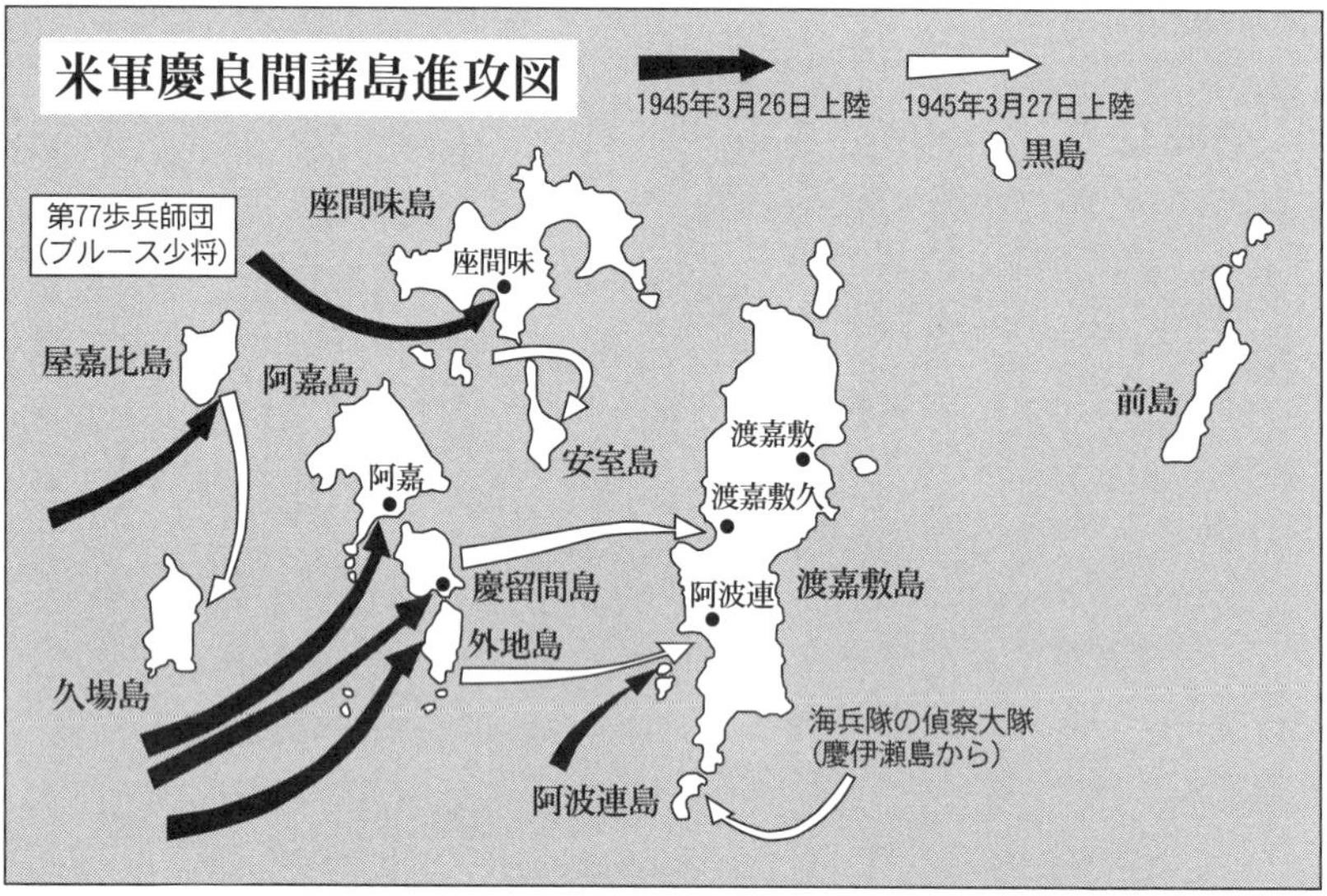
米軍慶良間諸島進攻図
1945年3月26日上陸
1945年3月27日上陸
黒島
座間味島
第77歩兵師団
(ブルース少将)
座間味
屋嘉比島
阿嘉島
安室島
前島
渡嘉敷
渡嘉敷久
阿嘉
慶留間島
渡嘉敷島
阿波連
外地島
久場島
海兵隊の偵察大隊
(慶伊瀬島から)
阿波連島

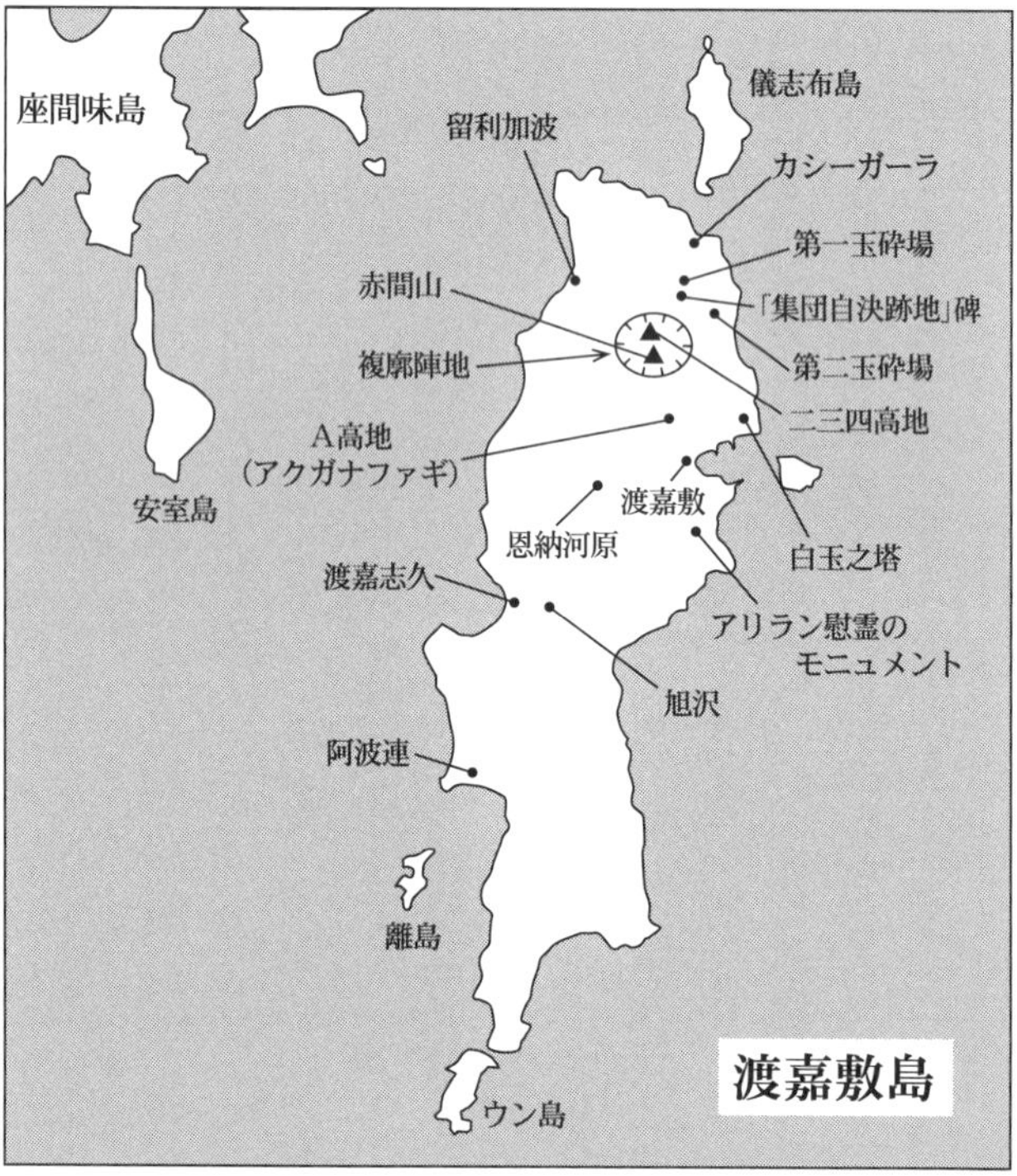
座間味島
儀志布島
留利加波
カシーガーラ
第一玉砕場
赤間山
「集団自決跡地」碑
複廓陣地
第二玉砕場
二三四高地
A高地
(アクガナファギ)
安室島
渡嘉敷
恩納河原
白玉之塔
渡嘉志久
アリラン慰霊の
モニュメント
旭沢
阿波連
離島
渡嘉敷島
ウン島

本書関連図③

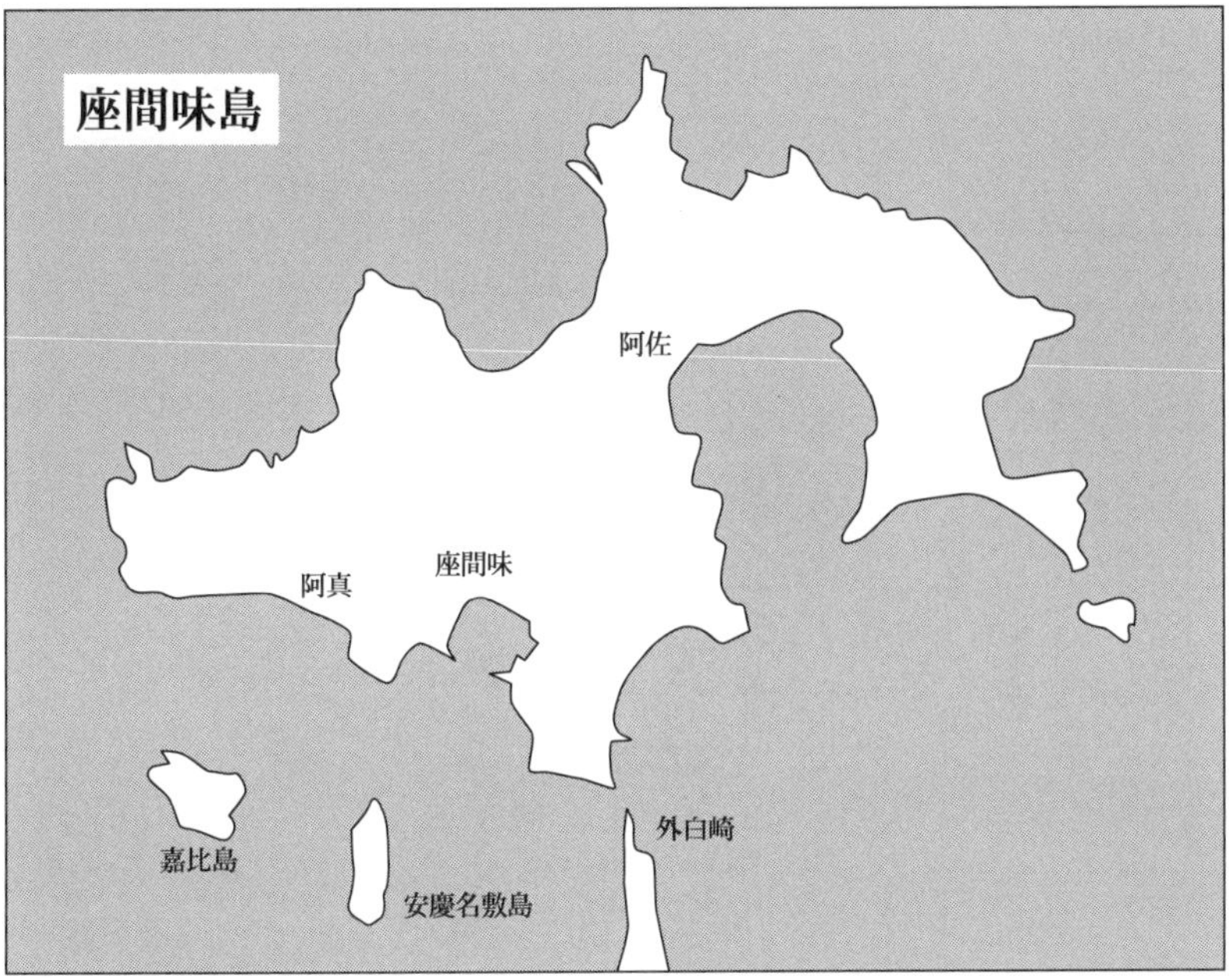
座間味島
阿佐
座間味
阿真
外白崎
嘉比島
安慶名敷島

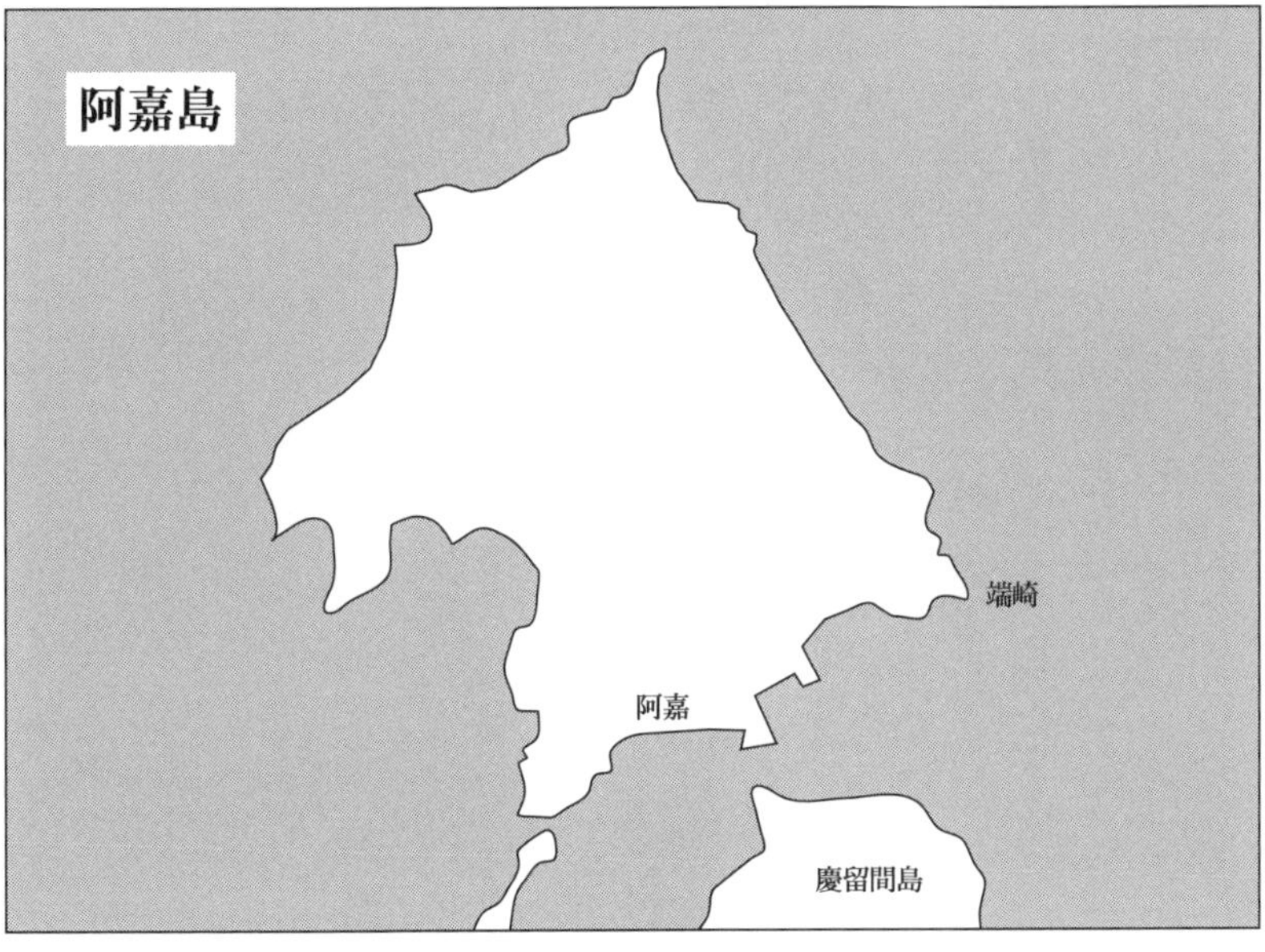
阿嘉島
端崎
阿嘉
慶留間島

沖縄の慰安所マップ

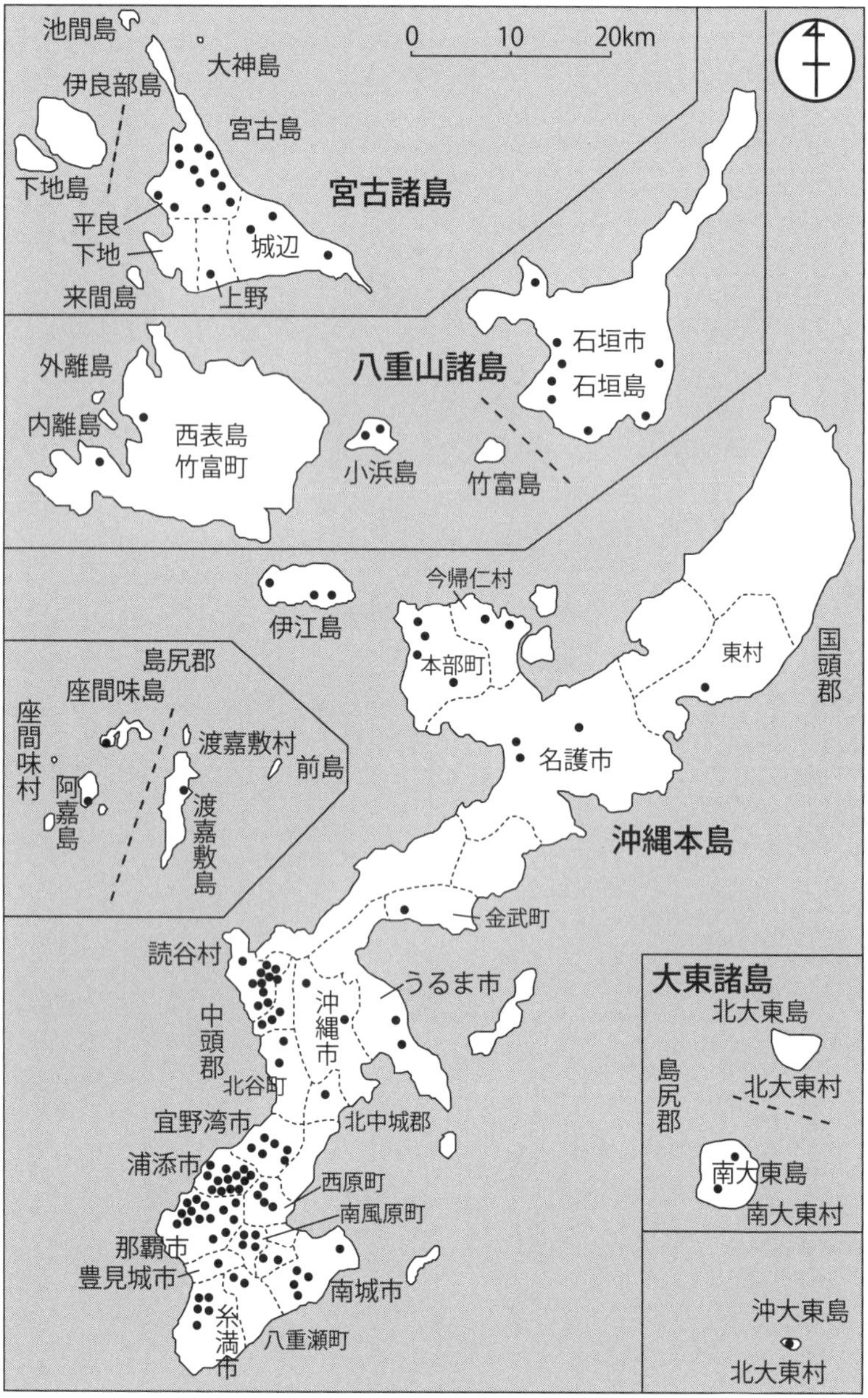

「第５回全国女性史研究交流のつどい報告集」」（1994 年発効）に掲載されたマップを元に作成した。

I

ポンギさんの放浪

出会い

ザクッ、ザクッ、ザクッ。

外でサトウキビを刈っている。薄い板壁を通して、小気味の良い切れ味の反復音が、作業をする人の息遣いまで聞こえそうなほど間近に聞こえる。時折、ザワザワッと反復音が乱れるのは、伐り倒したサトウキビを束ねてでもいるのだろうか。その音が、ポンギさんの小屋の低い屋根を覆う。

「盗み聞きしてる」

音に目をむき、ポンギさんは口をつぐんだ。

キビを刈っているのは、ビニール筵《むしろ》二畳分ほどの広さの、それでも家賃二〇〇〇円也の、ポンギさんの小屋の家主だそうだ。普段は訪れる人もなく、ひっそりと一人で暮らすポンギさんの小屋から話し声が洩れてくるのを、家主は珍しく思い、聞き耳を立てたのだろうか。あるいは、盗み聞かれていると思ったのは、ポンギさんの思い過ごしで、作業の手順通り刈り進むうち、ポンギさんの小屋の側に来たのかもしれない。が、ポンギさんは身構えた。キビを刈る音は、気のせいか、しばらく薄い板壁の小屋にまとわりついていた。

ポンギさんを私にひきあわせてくれたそもそものきっかけは子守り唄だった、といえば唐突に聞こえようか。

子を守《も》る唄に間引きをうたった唄があるという。それを知ったのは『日本の子守唄』（松永伍一著、紀伊国屋書店刊）を通してであった。同著には間引きをうたった子守り唄がいく例か引用されている。子を安らかに眠らせるべき時に、子殺しの唄がうたわれるという諧謔《かいぎゃく》に私は戦慄した。風土的要因、封建的搾取、経済恐慌などによって、飢餓状況が慢性化し、新たな子の誕生が既存の家族の生命をおびやかす時、生まれ出てくる子は、産声《うぶごえ》をあげるかあげないうちに呼吸《いき》を止められた。胎内で息づいていただけで、外界の空気に触れた途端抹殺された嬰児《えいじ》への追慕など微塵も見せず、これらの子守り唄（中にはまりつき唄）は、子殺しの様《さま》をカラリとうたっている。渇いた詞《ことば》の表層からは、殺児への罪悪感も、死んだ子への鎮魂の情も浮かんではこない。だが、唄の生まれる背景に思いを馳《は》せれば、子らを日々、飢餓に晒《さら》さなければならない状況への悲憤と、その状況を動かし得ないことへの自嘲とが透いて見えてくる。これらの子守り唄は、やはり、殺した子への絶望的な鎮魂歌なのだ。

著者によれば、間引きの子守り唄が存在した風土は、また、娘売りの風土でもあるという。間引きを辛うじて免れた子は、長じて子守り奉公に出され、もっと大きくなれば女中奉公や女工、さらには酌婦や芸妓、娼妓として売られるというのだ。

生きることが、一日一日飢えることでもある風土に生まれた娘たちの人生は、ある時点で二極分解する。一方は、苛酷な労働に身をさいなまれ、働きづめで生涯を送る。そして、もう一方は、自らの性を売る。

母、祖母、曾祖母、そのまた祖母、つまり、私の出身階級の女たちの生きた足跡を辿っていけば、こうした風景のごく近いところにすぐ行きつくことに思いあたる。

幼児が性に対して素朴な好奇心を抱くように、私は仕事を覚えはじめた頃、故知れず、女の持つ性の深淵に引き込まれていた。中でも女の性が売買されるという有史以来の不可思議にとり込まれていったのは、この間引きの子守り唄との出会いがあったからだ。以来、女の負った諸矛盾がきわめて鋭い形で集約されている、性が売買されるという事実に、関心を持ちつづけてきた。

そんな私に写真家である友人が新聞の切抜きを見せてくれた。戦時、従軍慰安婦として沖縄に連れて来られた朝鮮女性が、このほど特別在留許可を受けた、といった内容であった（『高知新聞』一九七五年一〇月二二日付）。友人はその女性に会いに行った。私もその後を追った。それがポンギさんだったのである。

その頃、ポンギさんは、人家から少し離れた、サトウキビ畑を背にして立つ小屋に住んでいた。バスを降りて、鮮魚店、洋裁店、理容室等、小さな店の色褪せた看板がいくつか目につく静かな道を通り抜けて、海に近い自動車学校の脇まで来ると、もう人家はほとんど目につかない。柵越しに見える自動車運転練習用の路面にも、人影を見ることはめったになく、たまに、時を告げるけたたましいサイレンに出くわしたりすることがあるが、いつもはあたり一帯、森《しん》と静まりかえっている。

自動車学校の裏門を過ぎると、わずかばかりの空地がある。そこは、歩いてもさほど気にならない丈《たけ》の雑草で覆われているのだが、一筋、白い道筋ができている。踏み固められて自然にできただろう小径《こみち》は、跳び越そうと思えば跳び越せそうな小川にぶつかり、小さな橋へと続く。そして、アカバナーとか仏桑花《ぶっそうげ》と呼ばれる常緑樹の生垣に沿って、六、七メートルほど進むと、小径は自然に生垣の中へ入ってゆく。そこには二棟の家がL字型に建っている。西に向いた一棟と、南に向いた一棟の間の空間はほどよい広さの庭で、端の方でがじゅまるの木が枝を伸ばしている。そのちょうど木陰になる所に井戸がある。

南向きの母屋には、以前は飲んだくれの一人者が住んでいたが、今は空家になっている。ポンギさんの住居は、その空家につけ足された物置きのような小屋である。水道もない。ガスもない。母屋から簡単に電線を延長できたからであろう、電気だけがわずかに文明の恩恵をポンギさんの小屋にもたらしている。

はじめて訪ねた日、私はまるでカメラマンにでもなったかのように、窓ひとつないビニール筵《むしろ》二畳分ほどのその小屋の隅々にまで目を凝《こ》らしたものだ。雨が吹き込むのを防ぐため、節穴や隙間という隙間に紙テープを幾重にも張った薄い板壁。履物を二、三足置けば、もうそれだけでいっぱいになってしまいそうな出入口。その三和土《たたき》から床までの高さは三〇センチあるかなしかで、大雨や台風の時には、水がしばしば床すれすれのところまで上がってくる。ポンギさんはそんな夜、眠ることもできず、水が床まで上がらないようにと、ひたすら祈るだけだという。

台所は出入口の脇に設《しつら》えられている。ベニヤ板をかぶせた大きな青いポリ盥《だらい》、同じ色の大きなポリバケツ、電気コンロ、やかん……。ポリ盥にかぶせたベニヤ板の上にはアルマイトの柄杓《ひしゃく》がふせられており、中には飲料水が入っている。庭のがじゅまるの木陰の井戸水は飲み水にはならないので、毎朝、別棟の家の夫婦が仕事に出かける前に行って、水道の水をもらってくるのだそうだ。ポリバケツの方は、小さな片手鍋やコーヒー・カップや茶碗や皿等を入れ、茶だんす替りにしている。

煮炊きはすべて部屋の隅に置いてある電気コンロに頼るから、高い火力を必要とするいためものなどはできない。沖縄の人々が酷暑の中で体力を維持するため、しばしば食卓にのせるチャンプルー(いためもの)等、油っぽいものが食べたいと思う時は、出来あいの惣菜《そうざい》を買うほかない。

醤油差しや、調味料入れの一、二、やかんの注ぎ口には、小さくて透明な袋がかぶせられていた。たばこのパッケージに使われているセロファン袋だそうだが、それは、どこからともなく這い出てくる蟻やいもりや、隣に建つ厠《かわや》から飛んでくる銀蝿等、虫を防ぐためのポンギさんの工夫であった。

天井は、屋根の傾斜そのままに傾いており、低くなっている部屋の奥の方で立つと、頭がつかえてしまう。そこには、長火鉢のようなものの上に、多分、夜具であろう、鮮やかなコバルト・ブルーの地紋の入った美しい布で覆われたものが、のせられていた。

そして、板壁には、日めくりカレンダーがかけられていて、ポンギさんは文字はおろか、数字さえも判読できないのに、いつ訪ねても正確な日付を示していた。

拭き浄められて塵ひとつないビニール筵《むしろ》一畳分の小屋の中で目についたのは、これらですべてであった。

福祉事務所のケース・ワーカーが、訪ねて来るたび、「ここは人間の住むところじゃないですねえ」と言うその小屋の、住居としての不備の数々を、確かにポンギさんは託《かこ》った。だが、限られた生活保護費の枠の中でケース・ワーカーが探してくる部屋には、決して移ろうとはしなかった。数々の不便はあったにしても、サトウキビ畑の中の人家から離れて建つこの小屋には、世間から身を閉ざして日々を過ごすことができる、という決しておろそかにはできない利点があったからだ。

ポンギさんの半生は、朝鮮半島の村から町へ、町から町へ、そして、沖縄の町から町へさすらうことの連続であった。長い漂泊の末に辿りついたこのビニール筵二畳分ほどの小屋に、ポンギさんは人目を避けて籠《こも》る。

「沖縄の人は親切よ」とポンギさんはいう。

日本の敗戦によって故国朝鮮が解放された時、たてまえとしては〝皇国の臣民〟であったポンギさんは、沖縄の焼野原に放り出された。そして、言葉も分らない、知る人もない、土地勘もない、住む所も食べるものさえなく、着のみ着のまま、地元の人々でさえ生活することが困難であった敗戦直後の沖縄で生きなければならなかった。

身ひとつで生きるポンギさんは、沖縄の人の親切を身にしみて感じることが何度もあったようだ。が、激しい変転の年月を経てきた今、何か異形《いぎょう》のものでも見るかのような視線を人々から向けられるのがわずらわしく、なるべく人との交わりを避けてサトウキビ畑の中の小屋に籠っている。

親交を保っている数少ない知人は、「ポンギさんは時折気が変になる」といった。知人の一人は、その原因を戦争に求めた。確かに、日本で最大の地上戦が行なわれた沖縄では、肉親を失ない、自らも生死の境界線上をさまよい、未だに、忘れようとしても忘れることのできない戦時の記憶に心身をさいなまれ続けている人が決して少なくはない。だが、ポンギさんを錯乱させるものは、きっと、それだけではないに違いない。

一九一四年、ポンギさんが生まれた時、ポンギさんの故郷朝鮮は、すでに日本の植民地であった。植民地に生まれたという歴史の無惨を、苛酷な形で負い続けた自らの半生に、ポンギさんは老いて今もなお、苦闘している。そんな姿に触れた気がした。

以後、私は何度かポンギさんの小屋を訪れるようになったが、小さな橋を渡り、アカバナーの生垣沿いに進み、サトウキビ畑が背後に拡がるポンギさんの小屋の前に立つと、風雨に晒《さら》されて灰白色になった戸が、真夏でも、ピタリと閉ざされていることがあった。戸を叩くと、そんな時ポンギさんは、切り刻んだサロンパスの細片を顔面いっぱい、特に痛むらしい額やこめかみや上目蓋にまで貼って、暗く弱々しい眼差しで現れる。

「ああ、今日は頭が痛いよ」

頭痛は、持病の神経痛を治療に行った帰り、ぼんやり歩いていて、停車中の自動車にしたたか頭を打ちつけた後遺症。目の上の痛みは、まだ、神経痛がそれほどひどくなかった頃、小料理屋で下働きをしていて、思わぬところに出ていた釘で目蓋を切った後遺症。そして、神経痛は、戦時中、日本軍の炊事班の一員として、渡嘉敷《とかしき》島の二三四高地の陣地に籠《こも》り、いつもじっとりと湿気を帯びた壕で五か月もの間、寝起きしていたのが原因だ、とポンギさんは思っている。

神経痛は別にしても、単純な打撲傷や目の上の切り傷なら、そういつまでも執拗に後遺症が残ろうはずはない。近代医学をもってしても、決して癒すことのできない、周期的に襲う頭痛は、もっともっと複雑な長い漂泊の年月のうちに、ポンギさんの肉体に封じ込められた苦汁が原因しているに違いない。

ポンギさんは耐える。戸をピタリと閉ざし、狭い小屋の中で、重くのしかかってくる鈍痛にひたすら耐える。が、耐えきれずに、神経の束がプツリと切れてしまうような崩壊感覚に襲われることもある。よりによってそんな時、湿気をはらんだ突風にサトウキビがざわめき、母屋の壁と小屋との間にできたわずかな隙間で鼠が暴れ、紙テープを幾重にも張りめぐらしたのに、どこから入り込んできたのか、やもりが手足の五本の指をひったて、小憎らしく板壁を這う。

ポンギさんはサロンパスを切り刻む。小さく切り刻むその鋏で、自ら首筋を突き刺したい衝動にとらわれる。その衝動を辛うじて押しとどめるのは、もし失敗したら、と、鈍痛の中にふと過《よ》ぎる最後の正気だ。ポンギさんは待つ。サトウキビ畑のざわめきが静まるのを、ただ待つ。長い夜が過ぎ、次の日が明ければ、頭に充満している重くどす黒い血の淀みも、静かに巡り始めるかもしれない、と。

少女時代

緋色《ひいろ》の夕日に染まった光が、つい、いましがたまで、長く尾を引く影法師とじゃれ合うように跳びはねていたのに、家の中は、もうすっかり宵闇《よいやみ》に浸されている。遊び疲れて、腹を空かせて、弟と二人、ポンギさんは家に帰ってきた。が、二間しかない、藁葺《わらぶ》きの小さな家の敷居を跨《また》いだ途端、クルッと踵《きびす》を返して、また、外に出た。暗い家の中に入るのが恐かった。ポンギさんには灯を点《とも》す術《すべ》がない。闇の中にいると、奥の部屋の方から、サラサラと、米を掬《すく》うような音が聞こえてくる。闇が家の中の気配をすっかり変えている。ポンギさんはかすかな音にも心おののかせ、隣の家へ逃げて行った。弟も後からついてきた。

その頃、ポンギさんは弟と二人で暮らしていた。ポンギさんが数え六歳、弟は三歳だった。ポンギさんは三人きょうだいで、ふたつ年上の姉がいたが、すでに他家に奉公に出されていた。父は、農家に作男として雇われており、ひとつ屋根の下に暮らした記憶はない。時折、夜、子どもたちの様子を見にくることはあったが、またすぐに雇い主のもとに帰っていった。母はいなかった。

――小さい時、寂しいとか何とか、そんなこと分らん。ただ食べるものが欲しい。ひもじい。こわい。そんなことだけ考えてるさね。

食事は、近くに住んでいた叔母が運んでくれた。叔母といっても、母の弟と一緒になったばかりで、嫁入り早々、とんだやっかい者を背負い込まされた、といわんばかりに、くるたび、ガミガミとポンギさんと弟にあたり散らして帰って行った。ポンギさんは、叔母の置いていったひとつのどんぶり飯を、弟と二人でつついて食べた。

襁褓《おむつ》がとれたか、まだとれぬかという年齢の弟と、親の庇護もなく暮らすポンギさんは、動物的な嗅覚で隣の家を頼って行った。

――家で寝ないよ、あんまり。ほとんど昼夜、隣へ行って遊ぶ。隣にも、うちらと同じぐらいの童《わらべ》がおったからね。いつも隣で遊ぶ。戸の上に乗ってブーラン、ブーランしておもしろいさね。今考えたら、この家もやかましかったはず。毎日でしょ。戸なんか登ってブーラン、ブーランするでしょ。飯ももらって食べて。隣も嫌がってるけど、親がいないもんだから、夜も寝かせてくれたはず。

しばしば押しかけて行くポンギさんきょうだいに、隣の家族が本当に迷惑気な顔を向けていたならば、たとえ暗い自分の家に怯《おび》えていたにしても、子どもながらに気がねして、救いを求めて行きはしなかっただろう。ポンギさんと弟は、隣の家族の親切に、大きく助けられていたのだ。

一九一四年生まれのポンギさんが、数え六歳といえば一九一九年、朝鮮半島全域にわたって三・一独立運動が展開された年だ。日本の朝鮮侵略以来、くすぶり続けていた反日感情が、三月一日、独立宣言として結実し、各地で抗日運動がくりひろげられていた頃である。

ポンギさんが、暗くなると怖れていた奥の部屋には、母方の祖母の霊が祀《まつ》られていた。ポンギさんは、祖母のことはほとんど覚えていない。ただひとつだけ、ある正月のこと、ポンギさんは祖母に背負われ、姉は手を引かれて隣へおよばれに行った、その時のことがかすかに像を結ぶだけだ。母方の祖父の記憶は片鱗もない。

あれは、祖母が亡くなって間もない頃だっただろう。静かな夜だった。ポンギさんら三人のきょうだいは、もう床に入っていた。と、突然、母はポンギさんを背負い、姉に弟を背負わせた。奥の部屋の方から、生前、祖母がよくしていたように、トントンとキセルをたばこ盆の縁で叩く音が聞こえると、母はおびえていたのだ。その夜は、母子四人、隣の家に行き、泊めてもらった。

かつて、母でさえ心細い夜、耐えきれずに逃げ出したように、幼いポンギさんは、弟を連れてよく隣の家へ駆け込んだ。

ポンギさん一家の離散は、ひとつには母の不在が原因していたと思われるが、母不在の理由を問うと、ポンギさんは、

――死んだか、何か分らん。

と、固い語調でいい、あとはピタリと口を閉ざした。

母に関して語られたのは、わずかなエピソードでしかない。

ポンギさんは、龍谷里《ヨンゴンニ》という村の母の実家で生まれ、幼い時は藁葺《わらぶ》きの、その小さな家で育った。

かつて、朝鮮では、連れ添うことが決まった男女でも、最初のうちは男が女の家に通い、しばらくしてから、妻が夫の家に入る、あるいは独立した家庭を築く、という風習があったと聞く。

しかし、農家の作男として働いていた父は、母と夫婦の契《ちぎ》りを交わし、三人の子どもが生まれても、一家を構えることができず、家族を母の実家に置いたままにしておいたのだろう。母がいた頃も、父は、雇われ先からしばしば訪ねて来てはいたが、一緒に住んではいなかった。

父は、寡黙な人であった。寡黙であることが父の全人格であるかのように思えるほど寡黙であった。そして、それは父の特徴的な性格であるばかりでなく、家族がともに暮らすことができないほど貧しい暮らしを余儀なくさせられている原因の一つとさえ思えた。

――お父さんはあまりにおとなしすぎて、他人に何か無理なことを言われてもやっと返事するだけ。そして、仕事するだけ。あんまりおとなしすぎて、人にもの言いきらんです。

ポンギさんは父をこんな風に語った。

次男であった父は、人に借りて耕す小作地さえもなく、近隣の農家に雇われていた。ポンギさんの目に映ったのは、どれほど不利な立場に置かれても、雇い主の言うがままにただ黙々と働く父の姿だった。

父に比べれば母は、よほどしっかり者であった。母も、近所の農家に請われるままに手伝いに行っていた。母が人に頼まれて仕事に行った帰りには、日がとっぷりと暮れてしまってから、一碗の飯を持って、暗闇の中を帰って来た。雇われ先で一日の仕事の終りに出される食事を、母は少し多目に分けてもらう。その飯が、ポンギさんら三人きょうだいの夕食にもなった。

ポンギさんは、幼い頃、自分のことをしばしば男の子と仮想した。そして、故意に立小便をしてみたり、何度も母に髪を短くしてくれ、とせがんだ。せがむたび、母は、「はい、はい、はい」とおかしそうに笑って、ポンギさんの要求を受け流した。

また、こんなこともあった。いくつの時であっただろうか。悪戯《いたずら》に水を汲もうとして、共同井戸に落ちた。つるべを下ろし、水を汲むまではうまくいったのだが、水が入って重くなったつるべを引き揚げられず、頭からまっさかさまに落ちてしまった。幸いにも隣のおじさんが近くにいて、すぐに助け出され、大事には至らなかった。騒ぎを聞いて飛んで来た母が、血相を変えて布団をかけながらポンギさんを喰い入るように凝視《みつ》めていた。その時の母のせっぱつまった表情が、水をいくぶん飲んで、ツーンとした鼻の感覚とともに忘れられない。

夫がたまにしか姿を見せなくても、祖母が生きていた頃は、母は気丈に三人の子を育てていた。老いた祖母は、娘の子らとともに暮らす生活の中で、家計を助けるような働きはもうすでにできなかっただろうが、三人の子を育てる母の支えになっていたに違いない。祖母が死んだ時、母は、以前にもまして、夫と一緒に暮らせない心細さをひしひしと感じたことだろう。

家族がともに暮らすこともできない貧しさの中で、母はささくれだった感情を長女にぶつけた。母の折檻《せっかん》は次第に歯止めを失ったかのように嵩《こう》じていった。父方の祖父は、しばしば、「あんなに自分の子どもを叩くんだから、あいつはもうだめになるよ」と、髪振り乱して幼な子を打据える母の異様な姿を目のあたりにして、いつか母に祟《たた》りがありはしまいかと、将来の不吉を予見した。

それから間もなく、突然、母親はいなくなった。

弟と二人だけで何か月ぐらい過ごしただろうか。しばらくして弟はどこかへあずけられた。そして、数え七歳になった時、ポンギさんは父の実家にひきとられた。

父方の祖母はすでになく、祖父だけが健在であった。家督は伯父に継がれ、祖父は伯父の家族四人と一緒に暮らしていた。父のきょうだいは二人きりで、財産はすべて伯父が継いでいたが、伯父が祖父から引き継いだ小作地はわずかなものでしかなく、貧しい小作農家であった。そのため、たとえ一人分でも食い扶持《ぶち》が増えることは少なからぬ負担に思われたのだろう。伯母はことあるごとにポンギさんを邪魔者扱いし、食事も充分には与えなかった。腹を空かせたポンギさんがひそかにつまみ喰いをすると、目ざとく見つけ、大仰《おおぎょう》に盗っ人呼ばわりした。そして、伯父が野良仕事から帰ってくると、一日の行状を、こと細かくあげつらった。

伯父夫婦には二人の男の子がいたが、ポンギさんより五、六歳も年長の従兄《いとこ》は、伯母の心情を直截《ちょくせつ》に受け継いで、「家へ帰れ」と、時には石を投げつけ、帰るべき家のないポンギさんを追いつめた。

明け方、目を覚まして用便のために外に出ると、厠《かわや》と並んで建っている鶏小屋で、鶏が白み始める空に向かって時を告げている。朝の冷気の中に響くその声を、子どもながら、切ない想いで聞いたものだった。

だが、この伯父の家にもポンギさんはいられなくなった。伯母が三人目の子を産む時に難産で、嬰児とともに亡くなってしまったからだ。伯父の家は女手のない家になったので、ポンギさんは、他家へミンミョヌリに出されることになった。

朝鮮にはかつて、貧しい家の娘は、少女の頃からゆとりのある家へあずけられ、大きくなったらその家の息子と結婚する、という風習があった。そのような娘をミンミョヌリと呼び、子守りや使い走り等、養家の仕事を手伝わされた。適齢の息子がいない場合でも、ミンミョヌリを家に置き、親戚等に嫁に出すこともあった。あずける親にとっては口減らしとなり、あずかる方では衣食を与えるだけで無給の労働力を得、また、小さなうちから家のしきたりに馴染ませ、家風にあった嫁《ミョヌリ》に育ててあげることができたのである。

数え七歳ではじめて知らない人の家にあずけられたものの、間もなくポンギさんは主人に気に入られずに帰されて来た。そしてまた、他の農家に行かされた。最初行った家にはほんの数日、二軒目の家には半年もいただろうか。

その時の記憶を手繰《たぐ》る時、甦《よみがえ》ってくるのは、子どもながらに気を使って過ごした二軒の家での体験ではなく、その家から断わられ帰されて来た時の父の対応である。

――七つだから、仕事もそうできないさね。主人の言うこともよう聞かん。その家からあずかることはできない、って言われて、お父さんが働いてる所に連れてこられたよ。そしたら、お父さんがとっても怒るさ。お父さんも人の家に使われておるでしょう。「こっちへ来たら、他人《ひと》の家なのにどうする！　叩く！」って言うさ。怖いさね。ごはん食べる時も怒るさ。お父さんの主人が、うちのごはんも別にくれたよ。それでお父さんと一緒に食べる。お父さんは怒ってる。怒っても何も分らん。飯食べる。それでまた、主人が世話して他所《よそ》へ行かすのよ。行かしたら、また断わられて、お父さんの所へ連れて来る。そしたらまた怒る。

父が働いていたのは、零細な農家だった。その家自体、家族が住むにも狭いぐらいの小さな家で、父が寝る部屋はない。そのため父は、雇い主とは別の、家の広い農家に頼んで寝泊りさせてもらっていた。村には、使用人部屋に、他家の使用人も泊らせる大きな農家が、二、三軒あり、父のように零細農家で働く者の多くは、そのような大きな農家の使用人部屋に寝泊りさせてもらっていたのである。

父にはとうていポンギさんを手元において育てることはできなかった。次のあずけ先を探すまでの間さえ、手元におくことができず、ポンギさんは伯父の家に連れていかれた。すると祖父は父以上に怒り、何度も何度もポンギさんを叩いた。その見幕は泣き声を聞いて駆けつけた近所の人が見かねて、祖父の手を制したほどだ。

ポンギさんが最初に行った二軒の家は、貧しい農家であった。ポンギさんの年と見合うような息子はその二軒ともいなかったので嫁というよりは、奉公人としてあずけられたのである。

三度《みたび》、父の雇い主のはからいで行った農家は、その二軒に較べると、だいぶゆとりがあるように思われた。父の雇い主のおかみさんは言った。

「今度行ったら断わられて来ないで、主人の言うことをよく聞いて、いい嫁さんになりなさいよ」

その家に行く時には、迎えの駕籠《かご》が来た。今度は正真正銘の嫁《ミョヌリ》として迎えられたのである。

――うちのお父さんは人に使われていて、他所《よそ》に行かす力もないさね。それで、主人が行かすさね。八つの時だったよ、そこへ嫁に行く時は駕籠に乗って行ったよ。男の人二人が担いでいる。ああ、おもしろい。うちがおもしろくて笑ったらね、お父さんの主人が、「あれあれ、喜んで笑っているよ」こんな言いよった。

三軒目の家に、駕籠に揺られて行くと、近隣の人々が集まっており、祝の宴がはられていた。嫁としてその家に入るポンギさんの披露宴《ひろうえん》である。大勢の人が酒肴を前に坐っていた。はじめて駕籠に乗せられ、自分を迎えるための祝の宴まではられ、ポンギさんははしゃいでいた。将来夫となる青年が部屋に入ってくると、「あんたの嫁さんを連れて来たぞ」酒席で冷やかす人がいた。

ポンギさんの晴れやかな胸を一瞬のうちに凍らせたのは、その時の青年の言葉である。

「このチンピラめ！」

――なんだね、子どもはやっぱり生みの親が育てる、そういう家庭が一番よね。

沈んだ声でポンギさんがこう言ったことがある。親と暮らすという、ごくあたり前の経験が、数え六歳でプッツリと切れてしまったポンギさんにとって、それは、その時以来抱き続けてきた切実な想いであったろう。

ポンギさんは、数え九歳まで夜尿癖が治らなかった。

――うちは九つまで寝ておって小便したよ。それで、着るものが全部濡れてるさね。だけど着替えをくれないよ。濡れたのをそのままつけてる。そしたら、友だちなんか、みんな集まっていじめるよ。小便したって。

養い親であり、雇い主であり、将来の姑《しゅうとめ》でもあるその家の主婦は、着替えの代わりに蓑《みの》をポンギさんの頭にかぶせ、「隣へ行って、塩をもらって来なさい」と言った。言われた通り、隣へ行くと、隣の人は細い棒で後ろから、頭にのせた蓑を叩いた。こうすると夜尿癖が治るというおまじないだったのである。

旧正月前にミンミョヌリとして迎えられたポンギさんは、翌年の夏、三度《みたび》、父のもとに帰された。そして、例によってまた、父の雇い主がポンギさんの行く所を探してきた。父が働いていたところからそう遠くはない諸葛《チェガル》という家である。ポンギさんは数え九歳になっていた。この時から約九年間、一七歳で結婚するまで諸葛家で働いた。

諸葛家には子どもはいなかった。けれど、おかみさんの方は再婚で、諸葛家に来る前に女の子を一人もうけていた。前夫とは死別したのだが、前夫の兄夫婦に子を託して諸葛家に来たのである。ちょうどポンギさんと同じ年だといって、おかみさんはあずけてきた子を偲《しの》んでいた。

けれど、おかみさんは、ポンギさんが諸葛《チェガル》家に行って間もなくすると、男の子を生んだ。子守りが、さっそくにポンギさんの仕事となった。子守りの他にも、おかみさんのいいつけに従ってさまざまな家事の手伝いをした。

その頃の朝鮮では、農村でも農家の主婦が田畑の仕事をすることはほとんどなかった。野良に出るとすれば、せいぜいお惣菜《そうざい》用の野菜を採りに行くくらいで、農業は男たちの仕事だった。子どもを育てあげ、長男の嫁に家の中の切盛りを任せた後であれば、田畑に出ることもあったが、一般的には女が外で働くことは慎《つつし》むべきこととされたのである。それで、姑《しゅうとめ》が嫁を、養い親がミンミョヌリをたしなめるような時、「家の中の仕事が満足にできないのなら、田んぼへ出なさい」というのが、おどし文句として使われた。

外に出なくても、家の中で女がしなければならない仕事は山ほどあった。炊事、洗濯、掃除はもちろん、水は共同井戸へ朝晩汲みに行き、いつも甕《かめ》いっぱいに満たしておかなければならなかったし、籾《もみ》のまま保存している米は、使うたび、必要な分量を臼《うす》で搗《つ》かなければならなかった。衣服を調達するにしても一着分の糸を紡ぐだけでも、毎夜の夜なべ仕事にして二、三か月はかかった。糸を紡いでからも糸に縒《より》をかけ、機《はた》を織り、衣服の形にするまで、多くの労力を要したのである。

ポンギさんは家の中の仕事はあまり好きではなかった。米搗きは単調で手が痛くなるばかりだったし、かまどの前に坐り、薪《まき》をくべ、火加減を見るのも、煙が目にしみ、うっとうしかった。水汲みも共同井戸まで遠かったから骨が折れた。便《べん》のついた襁褓《おむつ》を川で洗ってくるように言いつけられた時、直接手にもつのが嫌で、鼻をつまんで、棒の先に吊すと、おかみさんは、ものも言わず汚れた襁褓をひったくり、自分で川へ持って行き、洗ってきたことがあった。

けれども、畑へ野菜をとりに行くよう言いつかった時には、喜び勇んで外へ飛び出した。折よく近所の子に出遇えば、その子を誘って一緒に畑へ行く。家にいれば、いちいちおかみさんの言うことを気にしなければならなかったが、外に出ればおかみさんの小言を聞かなくてもすんだ。そして、何よりまだまだ遊びたい盛りのポンギさんには外の空気の方がずっと快く、作物の実った豊饒な畑はポンギさんの一番の遊び場だった。陽に照らされて少し生あたたかくなっていたが、丸かじりする胡瓜《きゅうり》の味は格別だったし、大根も、土から掘り出してかじると、みずみずしく、かすかな甘味さえ感じられた。中でも一番美味しかったのは、夏になると大きく実をつけた瓜《うり》である。ポンギさんは畑で存分に遊んで、ごはんが炊けている頃合を見はからって帰った。すると、ポンギさんが野菜を持ってくるのをじりじりしながら待っていたおかみさんの怒声が飛んで来た。

けれども、ごはんに混ぜて炊く青豆を採ってくるように言われると、一生懸命さやをもぎ、脇目もふらず一目散に帰ってきた。青豆を入れた豆ごはんは、ポンギさんの大好物だったからである。

ポンギさんは諸葛家でいつも腹を空かせていた。それで、しばしば盗み喰いをした。

――正月とか、八月一五日なんか、ご馳走たくさんあるさね。作った日にはくれるけど、翌日は何にもない。台所見てもないよ。たくさんあったはずだが、どこに隠してあるかねえ、と思って探して、これ盗んで食べる。主人は手の届かない所に入れておく。それで、麦やら米やら計る升《ます》を台にして、細い棒でとるんだよ。これ食べんと気がすまない。主人は手が届かない所に入れて安心してるさね。だけど、あと見たらないでしょ。減ってるでしょ。「もう、何にも置けん、あれは化け物かね、幽霊かね。どこに隠しても探すんだから、仕様がない」って、こんな言うたよ。遠い所から親戚も来る。みんな来るさね。客が来た時出すごちそうさね。だけど、その時は小さいから主人の気持も、何も分らんで、再々、こんなことした。

搗《つ》きたての餅が戸棚に入っているのが気になって、主人夫婦が寝静まるのを待って、その餅を食べたこともある。高い所に置かれた瓶《かめ》の中の餅を誤って落とし、あわてて泥がついたままの餅を瓶の中にもどしておいたこともあった。米を盗む時には前もって下着に大きなポケットを作っておき、その中に入れたのだが、主人の目に触れない、もうひとつの出口の方から出ればよかったのに、よもや、下着のポケットまでは気づかれまいと高をくくり、わざわざ主人の目の前を通り抜けようとして、妙にふくらんだチマ（丈がくるぶしまであるスカート風の民族服）に目をつけられ、この計画的犯行は発覚してしまった。

また、生の大豆を盗み出し、隣の家へ持って行き、炒《い》ってもらって食べたこともある。隣には、ポンギさんの雇い主と同じ姓の諸葛《チェガル》という家があり、そこの若妻は幼い時にミンミョヌリとして諸葛家に来て、炊事や機織《はたお》り、裁縫、洗濯、家事万端、それらを仕込んだ姑《しゅうとめ》以上によくできるという評判であった。ソネという名の子がいたので、ソネオメ（ソネん家《ち》の母ちゃん）と呼ばれていたその人は、自分の少女時代と同じ境遇にあるポンギさんの面倒を、折にふれ、みてくれたのである。生の大豆がどのように持ち込まれたものであるか、大方は予想がついただろうに、ソネオメはポンギさんをかばい、主人にいいつけるようなことはしなかった。

——死んだ人の、命日には線香あげて、御飯あげるさね。鶏を一羽まるごと炊いて、鉢に入れて、台の上に置いてあるんだよ。神様にあげる、って。生きてる鶏殺して、すぐ炊いたらおいしいよね。腿肉《ももにく》が一番おいしいさね。この足、二つ取って全部食べたよ。足のもがれた鶏を見てもね、主人は、ものも言わなかったよ、魂《たましい》抜《ぬ》けて（沖縄方言でたまげての意）。それで、御飯食べようと思ったら男の主人が、「いい顔でまた部屋に入って、御飯食べるんだなあ」こんな言いおったよ。しかし、なあんとも思わん、また食べる。なんぼでも食べる。

稲刈りの時に手伝いに来てくれる人のために前もって作っておいた肉汁を、肉だけ食べてしまったこともあった。

秋の穫入《とりい》れの時期は、能率をあげるため、何軒か共同で一軒一軒の稲刈りを順番に済ませてゆく。その場合、自家の穫入れの日には手伝いに来てくれた人に食事をふるまうのが慣わしであった。諸葛家の主婦はその前日、骨付の牛肉と大根をたっぷり入れた汁を大鍋に作っておいた。それをポンギさんは、夜、厠《かわや》へ行くふりをして、肉だけ食べてしまったのだ。

——もう、見て分ったはず。何も言わないよ、あきれて。だから、いつもこんな風に言われた。「あれの腹は牛の腹以上だ」って。若い時ね、うちは見える所に置いたらそうでもないが、あちこち隠すでしょ。そういうものはわざと盗んで食べた。やっぱり、ひもじいから盗んで食べるさね。

ポンギさんが食べ物を探し出すことに熱中したのは、とりもなおさず、いつも空腹だったからだが、もうひとつの原因はいつもポンギさんの目に触れないように食べ物が隠されてしまったからだ。あたり前の親子の間であれば、腹を空かせてつまみ食いしても、行儀が悪いといった小言程度ですまされるだろうが、他人の家で暮らすポンギさんの不幸は、つまみ食いがそのまま盗み食いになってしまうことにあった。

ポンギさんと主人夫婦との食物をめぐる確執は、ポンギさんの飢餓感だけに起因していたわけでも、主人夫婦の悪意に因っていたのでもない。つまみ食いをつまみ食いとして、心易く見過ごすことのできなかった諸葛《チェガル》家のさし迫った食糧事情によっていたのだ。

当時の朝鮮には、春窮《しゅんきゅう》農家といわれる階層の農民が決して少なくはなかった。ポンギさんが諸葛家で働いていた一九三〇年前後の朝鮮では、韓国併合以前から行なわれた土地調査事業によって、土地所有は日本人地主をはじめとするわずか三・六パーセントの地主に集中し、農家総数に対する小作農の割合は五二・八パーセントにも及び、自小作農の二五・三パーセントを合わせると七八・一パーセント、約八割にも達していたのである。自作農はたったの一六・二パーセントにしかすぎなかった。（一九三二年、『朝鮮総督府統計年報』）

土地調査事業は近代化の名のもとに、土地所有権を確認し、地税賦課《ちぜいふか》の確定を目的として行なわれたのだが、これによって朝鮮総督府は植民地支配の財政的基盤をつくりあげた。その過程で日本人による朝鮮農民の土地収奪が画策され、それに協調する朝鮮人地主が擁護された。自作農の没落と、小作農の急速な増加はその結果であった。その頃の小作料の割合は平均六割、地主が本来払うべき公租公課も小作人の負担となっていた。そのため、小作農の中には、秋の穫入《とりい》れを終わり、地主に小作料を納め、公租公課を支払うと、残った乏しい収穫物で正月を越すのがやっと、五月の麦の刈入れまでの春窮期を、自らの作物ではまかなえない農家が少なくなかった。そのような小作農家は地主から食料を借り、せっぱつまると、翌年植えなければならない種子籾《たねもみ》まで売り、ついには高率な利子で借金をし、元金はおろか利子さえも払えない、という状態に陥ったのである。このような農家を春窮農家といったのであるが、諸葛家も、少しでも油断をすれば春窮期を越せなくなってしまう小作農家であった。

――御飯たくさんある時はそうでもないが、少ない時は食べた茶碗洗わなかったよ。それで、たまに「御飯炊きなさい」って言われたら、腹いっぱい食べたいからたくさん炊く。女親が茶碗に御飯入れようと思って蓋開けると、びっくりするよ。「またずいぶんいっぱい炊いたねえ」御飯が少しの時は茶碗洗う真似してカーラン、カーラン音たてて割る時もあったはず。いっぺんは男親がやさしくこんなに言うさね。「人間ていうものは、食事をたくさん作れる時もあるけど、少ししか作れない時もあるんだから、そんな時は我慢して辛抱しなさい」って。

家の中のことにはあまり口を出さない男親に言い含めるように悟されたのは、間もなく枯地に草の芽も萌え出ようとする春先のことであったろう。いつになくやさしい口調の諸葛《チェガル》夫妻も、その時、必死に春窮《しゅんきゅう》期をこらえていたに違いない。

厳しい寒さはいくぶんやわらいだものの、麦の刈入れまではまだ間のある三月、四月、ポンギさんは毎日、山菜採りを言いつけられた。その季節、紫色に霞《かす》む山々に白く蠢《うごめ》いていたのは、草や木の新芽を摘《つ》む人々だった。

——新礼院《シルレウォン》はね、野菜採りに行く人、山にいっぱいよ。山が人で真っ白い。食べられる草が山にあるのよ。それで、「食べられる草採って来なさい」って言うさ。これが一番嫌だったよ。たまにだったらいいが、ほとんど毎日さ。もう、やりたくない。ひもじくもある。粟《あわ》でお粥炊《かゆた》いて食べるさね。「お粥ばっかり食べてると、ひもじいんだから、草採って来て、茹《ゆ》でて食べたら少しは腹の足しになる」女親がこんな風にいう。

諸葛家では、普段も米を食べることはめったになかった。夏の間は麦ばかり。秋から冬にかけては粟、それに豆を混ぜたりして食べる。五月の麦の刈入れが待ち遠しい春先には、粟も残り少なくなって粥しか食べられない。午前中はまだしも、粥を食べたっきりのポンギさんは、昼になって他の一団が弁当を広げ、美味そうに頬張るのを横目で見ると、野草を摘《つ》む気も失せてしまう。そして、知恵を働かせた。午前中に摘んだ草々を谷間のせせらぎに、籠《かご》に入れたまま浸しておくのだ。すると、萎《しお》れかけていた草は水をたっぷり含んで嵩《かさ》を増した。午後はぼんやりと草の上に坐って過ごし、陽が傾きかけた頃合いをみて山を降りた。持ち帰った野草をおかみさんに見せると、家の前の川で洗っていらっしゃいという。それで、もう一度きれいに洗い、みずみずしくパリッとした菜を茹でると、午前中いっぱい山に這いつくばって採ったことが切なくなるほどわずかな量でしかなかった。おかみさんは、「持ち帰った時にはずいぶんあると思ったのに、茹でたら少ししかないねえ」と、暗にポンギさんの仕事量を咎《とが》めた。

ポンギさんは一四歳になった頃から、近くにあった日本人の家の仕事を手伝いに行くようになった。田中という家であった。田中家で働くと日当が支払われたが、その報酬は全額養い親である諸葛夫妻に渡さなければならず、ポンギさんの小遣いには一銭もならなかった。それでも、田中家の奥さんから「明日は手伝いに来てちょうだいね」と声をかけられようものなら、翌朝は喜んで田中家へ飛んで行った。田中家に行けば、三度の食事を思う存分食べることができたからだ。その上、三時の茶菓子までふるまわれる。茶菓子といっても、そうめんや欠き餅を油で揚げたような類のものであったが、ポンギさんにははじめて口にする日本風の食物が珍しかった。

田中家にはさまざまな果樹が植えられていたが、それらもポンギさんをこの日本人の家へ惹きつける大きな魅力のひとつとなった。

春先、桃は、暖かくなった光の中で、爛漫と花を咲かせていたし、りんごは薄紅色の可憐な花をつけていた。梨も楚々とした白い花を若葉の合い間に見せ、それらの木々の側を通ると、ほのかに漂う甘い芳香が心地よく身を包んでくれた。夏になるとポンギさんは暇な時には決まって果樹の根元でひとときを過ごした。涼やかな風が心地良かったし、桃はもうすでに、ていねいにかぶせられた袋の中で結実していたから、熟した二つ、三つをもいで食べるのが、何よりの楽しみだった。桃の次には梨、梨の次にはりんご、柿の木もたわわに実をつけていた。

日本人の朝鮮への進出は、一九一〇年の韓国併合を機にその数を急速に増した。当時、朝鮮総督府のもとで有利に土地を入手した日本人地主は、土地を失った朝鮮農民に高率の小作料で貸していた。そして、困窮する農民に土地を抵当に高利で金を貸し、期限内に支払えなければとりあげるといった方法で、次々に土地を増やしていった。

田中はいつ頃朝鮮に入り、財を築くようになったものか、地主でもあった。

ポンギさんは、養蚕《ようさん》の忙しい季節に、臨時に雇われたのだが、その時期には、ポンギさんばかりではなく、近隣の老若男女が大勢田中家へ賃稼ぎに来た。男たちが桑畑から穫って来た桑の葉を、女たちが蚕棚《かいこだな》の一枚一枚に敷きつめる。それが主な仕事だった。養蚕の時期以外にも、ポンギさんは家が近かったので重宝がられ、飯炊きの手伝い等にしばしば呼ばれて行った。

仕事の合間、梨の木の下でもいだ実を頬張っていた時のことだ。突然、日本兵に声をかけられた。ポンギさんはびっくりして飛び上がり、一目散に母屋に駆け込んだ。何か怪物にでも出遇ったかのように血相を変えて飛び込んで来たポンギさんの姿がおかしかったのか、田中の奥さんは笑いを嚙み殺しながら、「日本の兵隊はこわいわよお」とおどした。

その日、新礼院《シルレウォン》の表の通りいっぱいに隊列を組んで日本の軍隊がやって来た。隊長と思われる人物は、厳めしい顔つきで馬上に跨《また》がり、あたりを睥睨《へいげい》していた。日本軍の行進を避けて、大人たちさえも道端に身をすぼめるように寄り、見送ったものだ。行進する日本兵たちは満州へ向かう途中であった。

日本が中国大陸侵略を本格的に開始した満州事変は一九三一年九月に勃発している。それは、ポンギさんが田中家へ手伝いに行っていた頃と重なる。日本の中国侵略開始以来、朝鮮半島は、中国大陸に進駐する日本軍へ食糧や軍需物資を補給する兵站《へいたん》基地として重要な役割を果たすと同時に、中国大陸へ日本軍を送り込む要路ともなっていた。

田中家では、新礼院で休憩する日本軍に、貧しい家では正月ぐらいしか目にすることのできない牛肉を、大量に用意して歓待した。

――偉い人、隊長なんかは田中さんの家へいっぱい入って来てるさね。それで、ごはん炊いてやって、筵《むしろ》敷いてね。兵隊に牛肉切らせて、たくさん盛ってある。それを隊長が食い過ぎて、トイレに行って、下痢して汚したよ。そして、当番兵呼びよった。それで、便所汚したの、掃除させよった。

将校が牛肉に食傷して下痢する一方で、兵隊は近くの川で飯盒《はんごう》に飯を炊き、麦の多い飯に不平を言っていた。

――兵隊が川に行って米洗う。川に坐っておって飯盒で洗いよった。それで、ごはんを食べながら、「米が入っていない。麦ばっかし」「うちの班長は悪い」って悪口言ってるさね。

ポンギさんは、隣の諸葛《チェガル》家にも時々、手伝いに行った。「ちょっと手を貸して」と呼ばれるのは、たいていソネオメが洗濯をする時だ。気がねのいらないソネの家では、おしゃべりに興じながら手伝いをして、多少ともポンギさんは息抜きができた。それを知っていて、ソネオメは仕事にかこつけてポンギさんを呼んでくれたのである。

一六の年の冬のことだ。朝は晴れていたのに、川へ行くと、真綿のような薄い雲が拡がった。時折、雲間から淡い日射しが洩れてはいたが、川面に吹きつける風に、ポンギさんは震えあがった。いつも洗濯をする石の上に腰を下ろしたものの、川の流れになかなか手を入れられない。ソネオメは、桶《おけ》いっぱいに持って来た洗濯物を、一枚一枚流れに浸し、すすいでいる。ソネオメが何も言わないことをいいことに、ポンギさんは石の上にうずくまったまま、とうとう最後まで、洗濯物がすすぎ終わるのを、うしろめたい想いで眺めていた。

――ああ、寒いよ。洗濯できないよ。それでも手伝いしたつもりだったはず。晩に飯を炊いてね、どんぶり一杯くれおったよ。それ、食べたよ。今だったら恥ずかしくて、食えんさね。

何の代償もなしには報酬を得られないことを、その後の人生の中で骨身にしみて知った今のポンギさんは、仕事もせずに、出された食事を口にしたことを恥じる。

数え一七歳の時、ポンギさんはソネオメの世話で結婚する。本来ならポンギさんの結婚は諸葛夫妻が面倒をみるところだが、貧しい小作農家でのミンミョヌリというよりは無給の奉公人として働いているポンギさんを、ソネオメは見かねたのだ。

ポンギさんはソネオメの亭主に連れられて、だいぶ歩いて人家もまばらな山里へ入って行った。連れて行かれたのは、倉村《チャンマウル》という村である。新礼院《シルレウォン》よりは寂しい村であった。相手の男は三〇歳を過ぎていた。姓は朴《パク》、名前はもう覚えていない。朴家は多少の田畑を持ち、日々の暮らしには困らない程度の農家であった。家督は兄が継いでいた。ポンギさんの夫となる弟は出稼ぎに行っていたが、兄に呼ばれて帰って来ていた。けれども結婚話がまとまると、すぐにまた、どこかの町へ出稼ぎに行った。ポンギさんはひとり、兄の家に残された。夫が帰って来たのは半年後のことだ。稼ぎに行ったはずの夫は、一銭の金も持ち帰らなかった。

――たいした男じゃなかったよ。この男、だらしがなかったはず。旅に行って、あちこち、ブーラン、ブランする。

兄は怒った。家を借りて、妻を連れて出て行け、と言った。夫は一日家を探しまわった。だが、「急に家を探せ、といっても、見つかるはずはないよ。まあ、仕方がないから、今度稼ぎに行ったら、少しはお金を持って帰んなさいよ」と兄嫁に助け舟を出されたのを、これ幸い、といった様子で、夫はまたどこかへ姿を消してしまった。ポンギさんは再び居候の身となった。衣食を義兄夫婦に頼って暮らした。兄嫁は着替えも充分持たずに嫁いだポンギさんに、機《はた》を織って衣服をしつらえてくれた。夫からは何の音沙汰もなかった。出稼ぎに行ったきり、一年以上も放っておかれたままである。義兄一家の中で肩身狭く暮らしていたポンギさんを、近所の金持ちに囲われていた女友だちが誘った。村を出よう、というのである。結婚したといっても、夫とは数えるほどの日数しか一緒には暮らしていない。ひとまわり以上も年が離れ、少しも気持が通わない、そして、夜になると床に入ってくる男のたばこの脂《やに》の染《し》みついた体臭が、ポンギさんはたまらなく嫌だった。未練はなかった。友人は金を用意しておくように、と言った。持金はなかった。それなら麦を盗んでくるようにと知恵をつけた。留守がちの義兄が不在で、兄嫁も実家に帰り、二三歳になる男の子と二人きりになった時、ポンギさんは麦を盗んでその家を出た。麦は近所の人に一円で買ってもらった。その一円を持って友人と一緒に村を出た。友人は二歳になる男の子を連れていた。金持ちの家で友人は、本妻と、本妻の何人もの子どもたちとともに暮らしていた。連れていた男の子は、そうした暮らしの中で生んだ子である。妻妾共棲の生活にいたたまれず、友人はその家を出てきたのだ。

旧七月の満月の夜だった。明るい月に照らされて、幼な子を背負った友人と、ポンギさんは夜道をひたすら歩いた。一晩中歩いて、空が白み始めてからもさらに歩き、疲れ果てて道端で眠ってしまった。友人に揺り動かされ、気づいた時にはすでに夕暮れていた。前夜から何も食べていない。腹が減っていた。けれども、空腹をこらえて、トボトボ歩いて行くと、食事もさせ、宿泊客も泊める所があった。友人は金を持たずに出ていて、ポンギさんの一円をあてにしていた。その店でどうやら空腹を満たすと、友人は女将に何事か尋ねていた。女将は友人に同業の宿屋を教えてくれたようだ。友人はまた歩き出した。ポンギさんもついて行った。教えられた宿屋は瑞山《ソーサン》という町に近い片田舎にあり、老夫婦がこぢんまりと営んでいた。その宿屋に一晩泊った。友人は宿屋の老主人の囲われ者に、再びなった。

——この友だちはその宿屋へまた二号で入ってしまった。宿屋のおじさんは男の子どもがいないので、子どもを欲しがってこの女を家に入れたでしょう。この人も、馬鹿だよ。二号でいて、そこから逃げて来て、また他人《ひと》の二号に入って。本妻は年とっているさね。年寄りがごはん炊いて、みんな一緒に食べおったよ。

突然知らない所へ尋ねて行き、友人はもう次の日にはその家の住人になってしまった。老夫婦には娘が一人いたが、すでに嫁いでいた。長男が家督を継ぎ、老親の世話をするという習慣が朝鮮では日本以上に強固であったというから、老夫婦は、老いらくの行く末に不安を感じて、どんな大きな代償を払ってでも、跡とり息子が欲しかったのだろうか。老妻は、それまでの二人の侘しい食卓に、新しい同居者が加わった奇妙な家族のために、食事を運んだ。友人は、妻妾共棲の生活に再び入った。夜《よ》っぴいて歩いてきた逃避行が、何に向かっての逃避行であったのか。まるで水泡に帰してしまうような結果だった。しかし、金もない、おそらくは頼るべき縁《よすが》もない、そして、女が働ける職場など数少ない当時の朝鮮にあって、幼い子を抱えた友人にしてみれば、それが必死の生きる術《すべ》であったに違いない。

ポンギさんはというと、翌日、宿屋の老夫婦の世話で、近所の農家の三男と一緒になることになった。一度は、どこからか流れて来た女と結婚し、離縁した男である。二八歳であった。男には耕す土地がなく、近隣の農家に雇われて働いていた。いわば、ポンギさんの父と同じ階層の男である。長兄にも次兄にも、それぞれ妻子がおり、真面目に親から継いだ土地を耕していたが、ポンギさんの夫となった男は、人に雇われても仕事に身が入らず、始終そのことで兄たちに叱責されていた。ここでもポンギさんは、独立した所帯を持つことができず、長兄、次兄の大勢の家族の中に入って暮らした。

次兄もまだ独立できずに、長兄の家族とともに狭い家に住んでいたのだ。次兄夫婦は子だくさんであった。ポンギさんは、まだ幼いその子どもたちがかわいくて、よく面倒をみた。そのためか、次兄の兄嫁はポンギさんにいつも親切にしてくれた。こつこつと仕事に打ち込む長兄や次兄を見ていると、自分の夫も兄さんたちのように真面目に働いてくれれば、と願うのだが、夫のぐうたらな暮らしぶりは、ポンギさんと一緒になってからも改まらなかった。

たとえ、他人の家へ働きに行くように、フラリと始めた結婚生活であっても、夫となった人が、ポンギさんとともに生きてゆくことに真摯であったならば、父と同じような階層のこの男との貧しい生活に耐えることもできたかもしれない。それとも、当時の農家の約半数は春窮《しゅんきゅう》農家であったというが、春窮農家よりもさらに困窮して、他人《ひと》に請われるままに働く者の貧しさは、ポンギさんの両親がそうであったように、一対の男女が家庭を形成するという、ごくあたりまえの営為さえも許しはしなかったのだろうか。

ポンギさんは、ぐうたらな男との生活に自ら見切りをつけ、一人、村を出た。

興南《フンナム》から沖縄へ

興南は海沿いの町である。背後には春遅くまで雪を頂いた山々が峰を連ねていた。町にもしばしば雪が降るが、寒風に吹き晒《さら》されてたいして積もりはしない。ポンギさんの脳裏に強く残っているのは、雪の止んだ翌朝、冷気の中で鈍い光を放っていた軒先のつららである。

――興南は雪が降る。雪が降る時は寒くはないが、降った後、あーら、もう寒いよ。風も強い。屋根にね、雪が固まって氷になって、ちょうど大根みたいにズラーっと下がってるさね。

その季節、周辺の村々から、田畑の仕事が暇になった男女が、港に賃稼ぎに来た。

――大きい桟橋があるのよ。大きな船で、魚がたくさんとれる。それで、魚の目ン玉とるね。こういう仕事やりに行く。魚の頭とってね、ズラーっときれいに下がっている。魚の目ン玉、食べてみたらおいしいよ。

身を切るような風の中で、干魚や肥料を作る一群に、ポンギさんは加わっていたわけではない。住み慣れた町で見た、冬の日の光景だ。

ポンギさんの語った興南《フンナム》は、潮の香りのする北辺の小さな港町、といった印象であった。海に親しんで生きる人々の営々とした営みがしみついているような町の風景を想い描いていた私は、大きな工場があった、というポンギさんの言葉をうかつにも聞き過ごしていた。

興南は、ポンギさんがこの町にやってくる少し前、急遽でき上った新興の工業都市だったのだ。もとは咸興郡雲田面《ハムフングンウンジョンミョン》という戸数わずか二、三〇戸の半農半漁の村であった。東海《トンヘー》（日本海）に面した咸興平野のほぼ中央に位置し、後方には赴戦嶺《プジョンニョン》、黄草嶺《ホワンチョリョン》が高峰を連ねている。春になっても雪がとけずに、白い山々が町から見える、とポンギさんが言ったのは、これらの峰々であろう。赴戦嶺、黄草嶺は、鴨緑江《アムノクカン》に合流して黄海《ホワンヘー》に注ぐ赴戦江《プジョンガン》、長津江《チャンジンガン》と、東海に流れる城川江《ソンチョンガン》との分水嶺になっていた。北流する赴戦江、長津江の水を東海側に落下させ、水力発電を起こして、ふもとの咸興平野に工業地帯を建設しようと構想したのは日本の企業であった。

今、朝鮮の地図を開くと、興南北方の山岳地帯に二つの巨大な湖が見える。この赴戦湖《プジョンホ》、長津湖《チャンジンホ》は赴戦江、長津江を堰《せき》とめて造った人工湖なのである。興南から二つの湖に向かってそれぞれ鉄道が敷かれているが、工事はまず、ダム建設用の資材、人力、食糧を運搬する鉄道の敷設から着手する、という大規模なものとなった。この地形を造り変えるほどの大構想を実現したのは九州水俣《みなまた》に本社をおく日本窒素《ちっそ》肥料株式会社の系列会社である。一九二六年一月から、工事着工に先がけて朝鮮水電株式会社、朝鮮窒素肥料株式会社、新興鉄道株式会社、長津江水電株式会社、その他が次々に設立された。そして雲田面《ウンジョンミョン》には朝鮮窒素肥料株式会社の硫安工場、硫燐安工場、油脂工場等が建設され、一九三一年には邑（町）制が施行され、興南邑《フンナムウプ》と名称を変えた。第一代目の邑長に就任したのは、日本窒素肥料株式会社をはじめ、朝鮮窒素肥料株式会社その他の代表取締役である野口遵《したがう》であった。邑制施行後、朝鮮窒素肥料株式会社の工場はいっそう拡大され、マグネシウム、製鉄、合成宝石等を生産する総合工場として発展した。さらに、朝鮮送電株式会社、朝鮮窒素火薬株式会社等傍系会社も設立された。一九三七年発行の『日本窒素肥料株式会社事業概要』によれば、その頃の興南の人口は約六万、咸興郡《ハムフン》で最も活気に富む都市になった、とある。

興南邑が雲田面であった頃の、工事着工前の写真が同誌に掲載されている。丘に囲まれた平坦な地に藁葺《わらぶ》き屋根の家々が点在し、曲がりくねった細い道が家々を結んでいる。なだらかに起伏する丘のはるかかなたに霞《かす》んでいる山々が、春になってもなお白く雪を頂いていたという峰々だろう。浜には二、三艘《そう》の小舟が寄せられており、村の人々が、農業とともに漁業にも日々の糧を求めていたことが偲《しの》ばれる。

同誌にはまた、一九三〇年代にこれほど高度に機械化されていたのかと、目を見張るほどの工場内部や、整然と区画整理された町に建ち並ぶ社宅群、モダンな造りの病院や学校や郵便局、日の丸を掲げた警察署等の写真も見える。数々の写真は、のどかな村のたたずまいが跡形もなく打ち壊されたことを立証していた。そして、概説の文中にある「人情風俗を異にする鮮人の土地買収等にも随分面倒があったのである」という一節や「警察官立会の下に行はれた」工場用地買収の写真から、土地を追われた人々の苦渋が偲ばれた。

興南《フンナム》は帝国日本の国策に基いて一独占企業によってつくられた町で、肥料や火薬、その他を生産し、中国大陸侵略の兵站《へいたん》基地の心臓部ともいうべき役割を担うようになるのである。

この新興の工業都市興南へ、ポンギさんはいつ頃やって来たのか、明らかにしない。一九歳の時、ぐうたらな男との結婚生活に自ら見切りをつけて忠清南道《チュンチョンナムド》の村を出た、その後の足どりを、

——あっち転々、こっち転々、人の家、手伝い、あっちがいいかねと思ったら、あっちへ行くし、こっちがいいかねと思ったら、そこへ行くし、そんなさ。

これだけの言葉でくくってしまう。

ポンギさんが雇われたのは、いずれも農家だったという。村々での手伝いは、どこも似たりよったりの生活で、語るにあたらないと思ったのか。いや、当時の生活を偲《しの》ばせることがらを周到に避けている風の口ぶりは、自らは語れない深い傷を、二〇代のその頃に負っているに違いない。

一九四三年晩秋、興南でポンギさんは見知らぬ男に声をかけられた。当時、〝女紹介人〟と呼ばれ、主として軍と結びついて、若い娘の紹介斡旋を業としていた男である。ポンギさんは二九歳になっていた。〝女紹介人〟は日本と朝鮮の男、二人連れであった。朝鮮の男は朝鮮語を解さない日本の男の指図に従い、通訳も兼ねていた。

――皆、女商売する人はうまいこと言うね。「仕事せんで金儲《もう》かるところがある。行かないか」って言うさ。「仕事しないでどんな風に金が儲かるのかね？　誰が金くれるのかね？」「とにかく行ったら儲かる。洋服もいらない。布団も捨てて行きなさい。暑い所だからその辺の人は裸で暮らしている。くだものもたくさんある。パイナップル、バナナ、山に行ってバナナの木の下に口を開けて寝ていたら、バナナが落ちて口に入る」それで、「木の上に家を造って住んでる」こんな言うんで、「木の上に家を造ったら涼しいはずね」わたしたち、こんな言うたよ。「とにかく儲かる。あんた一人でこの金どうするか」そう言うもんだから、あんまり嬉しくてね、そんなに金あったらどうしようかね、あれこれ考えて、飯も喉を通らないくらいさね。

ポンギさんは即答はしなかった。けれども大金が入るというその話に心が浮いた。〃女紹介人〃は帰った。しばらくして今度は、通訳をしていた朝鮮の男がやって来た。どこからか、二人の若い娘を連れて来ていた。

ポンギさんは布団を友人に譲り、着替えのチョゴリ（上衣）を一、二枚、それに新しくあつらえておいたポソン（足袋）を二足包んで簡単な旅仕度を整えた。そして、〃女紹介人〃に従って、木枯しの吹く中を興南駅に向かった。興南はもう、冬を迎えていた。

駅では切符を買う人の列が長く続いていた。ポンギさんと若い娘二人を構内の一角に置くと、〃女紹介人〃はその列の後ろに付いた。ポンギさんは彼が切符を買ってくるのを待つ間、たばこに火をつけた。と、間もなく、巡回中の憲兵が側にやって来て、突然、日本語で何事かがなりたてた。

「女がたばこを吸うとは何事だ！」

後で知ったことだが、憲兵はそう怒鳴っていた。まったく日本語を解せないポンギさんにはわけがわからず、吸いさしを再び口に運んだ。一緒にいた若い娘が声を震わせて、「たばこの火、消した方がいいんじゃない？」と肩をつついた。それで、だまってたばこを消した。

「女ばかりでどこへ行く。男も一緒か」

若い娘が〝女紹介人〟を呼びに行った。事情を呑み込めないまま〝女紹介人〟はあたふたと憲兵の前にやって来た。

「この野郎、帽子をとらんか！」

突然、拳が〝女紹介人〟の顔面に飛んだ。その後、また、少し離れたところで、他の人を足蹴にしながら大声で怒鳴っている憲兵の姿が見えた。

「ここは朝鮮ではない。日本だ」

駅の構内に響いた日本語を〝女紹介人〟がポンギさんらに通訳した。

興南《フンナム》は、警察も、役所も、鉄道も、会社も、要職はすべて日本人が握っていた。この、日本の企業がつくり、日本人が牛耳る町を、ポンギさんは〝女紹介人〟に連れられ、若い娘とともに発った。

着いたのは京城(現ソウル)の近くの村であった。そこには〝女紹介人〟の家があった。貧しい農家だった。他に二人の娘が、やはり、どこからか連れて来られていた。興南に最初に一緒に来た日本の男もいた。が、その男は翌朝、日本へ帰るといって村を発った。ポンギさんは、日本の男が朝鮮の男にいくばくかの金を渡しているのを目にした。その金は、ポンギさん五人の女を集めた報酬であっただろう。

ポンギさんらは〝女紹介人〟の家で旧正月を迎えた。といっても正月らしいもてなしは微塵もなかった。見かねた隣の人が、ポンギさんらを呼んで正月料理をふるまってくれた。思いもかけない隣人の心遣いは、貧しい農家に若い娘が次々と集められてくるその目的を知っていて、娘たちの哀しい将来を憐れんでの親切だったのかもしれない。

旧一月中は〝女紹介人〟の家で過ごし、旧二月、ポンギさんらはカネコと名乗る朝鮮の男に引渡されて、釜山《プサン》へ連れて行かれた。釜山に着くと、一軒の旅館に入れられた。旅館にはすでに大勢の女たちが集められていた。その大きな旅館はコンドーという五〇歳位の日本の女衒《ぜげん》の貸切りで、他の泊り客はいっさい入れられていなかった。コンドーとその配下が、朝鮮各地から集めて来た女たちの宿舎として使っていた。ここに集められたのは、ほとんど一〇代後半から二〇代でも前半の若い娘ばかりだった。例外として三〇代が二、三人、一番の年長者は四〇歳だった。二九歳のポンギさんも年長の方だった。

女たちは毎朝、各自与えられた部屋の前の廊下に出、朝食前に点呼を受けた。点呼は日本語だった。朝鮮各地から集められた多くの女たちは、ポンギさんと同様、ほとんど日本語が分らず、ようやく覚えたたどたどしい番号は、旅館の中庭をぐるりと囲んだ廊下の上をぎこちなく進んだ。それをコンドーと配下の朝鮮の男が、中庭に立って睨《にら》んでいた。故郷からはるばる連れて来られた順のその番号は、後に行けば行くほど新参者で、後になればなるほど、いっそうギクシャクとした。

ポンギさんは、日本語の点呼を受けるのは、初めての体験ではない。日本人の支配していた興南で、定期的に行なわれていた防空・防火演習は、号令も点呼も日本語であった。朝鮮総督府は一九一一年朝鮮教育令を発令し、植民地教育を行なっていくが、中でも力を入れたのが日本語の普及であった。この教育令にもとづいて設立された公立学校では朝鮮語や漢文以上に、日本語が授業に多くとり入れられた。公立学校に入っていれば、出来不出来はあるにしても、日本語ができるようになったのだが、学校に通ったことのないポンギさんは、まったく日本語は分らなかった。それでも見様見真似で点呼を受け、号令に従って防空・防火演習を受けていた。集団行動ははじめてのポンギさんは、まるで運動会にでも参加するかのように、その日が楽しみでいそいそと出かけて行った。

——うちらは挺身隊もやりましたよ、二七、八の頃。一番初め出た時は、班長が「右向けーっ、右」って言っても分らんから、反対の方を向くさね。そしたら班長が一人一人直す。よくできたら「よし」と言って、また、あんまりできない人は真ん中に出して、「右向けーっ、右。左向けーっ、左」「前へ進め」「気をつけーっ」広っぱにずーっと並ばせて点呼もとるし、駆け足もする。まだ若いし、演習するのが楽しみさね。

ポンギさんの言う〝挺身隊〟の正式名称は「女子挺身隊」で、女子勤労報国隊が改称されたものだ。日本国内では働き盛りの青壮年男子が軍隊にとられ、労働力が極度に払底していた。約一五〇万人ともいわれる朝鮮（一部には中国）の青壮年が徴用という名目で強制連行されたのは、国内の不足した労働力を補うためであった。一方、辛うじて徴兵を免れている男子や女子学生、女子青年団等に対しては、各種の勤労報国隊を結成させ、勤労奉仕をさせた。朝鮮の若い女性も「女子挺身隊」として、日本の軍需工場や被服廠等での労働に従事させられた。そして、一九四四年八月になると、女子の労働力を生産現場へ投入しようという動きは、「女子挺身隊勤労令」として法制化され、強制力を持つようになったのである。

当時の新聞に、「接待業者が女子挺身隊を結成」（『京城日報』一九四四年一月一八日付）という記事が見られる。ポンギさんの〝挺身隊〟の演習も、地域あるいは職場をひとつの単位として結成された女子挺身隊での防空演習であったようだ。

――その当時はとにかく厳しかったよ。もんぺ着けないで歩く人は道通さんさ。「今日はもんぺ着けて歩きなさい」って言うさね。ない人は藁《わら》持って歩くんですよ、藁を水で濡らしてスカート（チマ）の裾をくくる。もんぺの代わりさね。藁で結んだらとてもおかしいさ。歩きにくいさ。アヒルみたいにチョボチョボ、チョボチョボ、歩くよ。

その頃、朝鮮でも毎月一日は〝愛国日〟と定められ、また、国民精神総動員強調週間や銃後報告強調週間等が設定されていた。さらに、邑《ウプ》（町）や面《ミョン》（村）が独自に防空・防火演習日を指定することもあった。それらの〝愛国日〟や強調週間や演習日は、朝鮮総督府が朝鮮の人々に対し、強引に推進していた皇国臣民化を強化する具体的な実践日であった。その日は国民服の着用、女性の場合はもんぺ服の着用が特に厳命された。けれども、緊迫する状勢下で日々の生活に追われ、当局の皇国臣民化に頓着する暇も意志もない女たちは、たおやかな襞《ひだ》のチマの裾を、水で湿《しめ》らして柔かくした藁《わら》で足首にくくりつけ、もんぺだといいのがれた。

釜山《プサン》の旅館に来てしばらくすると、大勢の女たちの中から先に出発する十数人が選ばれた。その中には日本の女も二人混っていた。一人は三〇歳前後、もう一人は二〇歳位であった。若い方は精神障害者だった。いつも餅を買って、自分の懐に入れて大事そうに持っていた。ある日、餅を懐からとり出し、ポンギさんにすすめてくれたことがある。餅は大の好物であるが、潔癖症でもあるポンギさんは、懐から出された餅は食べる気にはなれず、断わった。

十数人が釜山を発つ日、ポンギさんらは港へ見送りに行った。先に船出した女たちは、シンガポールへ向かったという噂であった。

日本の軍隊が慰安所を設置するようになったのは日中戦争以来である。

在上海領事館の一九三二年末の「邦人の諸営業」に海軍慰安所の開業一七、廃業が三、年末現在数一七と示す表がある。開業と年末現在数が同数なのに三カ所廃業していることから日中戦争開戦の一九三一年にはすでに三軒の慰安所が存在したことがわかる。

慰安所が急増するのは一九三七年一二月の南京占領直後からだ。南京占領を目前に中支那方面軍《なか》は指揮下の上海派遣軍に慰安所の設置を指示した。南京攻略戦から占領にかけて日本の軍人による性暴力や残虐行為がくりかえされ、国際社会で「南京レイプ」とよばれるほど顰蹙《ひんしゅく》をかった。北支那方面軍も翌年六月、参謀長が慰安所の設置を命じる通牒《つうちょう》を発し、軍人及び軍隊の住民に対する不法行為が治安に重大な悪影響を及ぼしていると指揮官の注意を喚起した。なかでも「日本軍人の強姦事件」が「実に予想外の深刻なる反日感情を醸成し」、「治安を害し軍全般の作戦行動を阻害」すると指摘、厳重に取り締まるとともに「速に性的慰安の設備を整」えることを命じた。

慰安所設置の目的は、①反日感情抑止のための性暴力防止、②将兵の性病予防、③防諜（軍機密の漏洩防止）、④慰安の供給があげられる。

一般社会でも性病罹患率が高かった当時、性病罹患による兵力低下は軍の大きな問題だった。派兵されると性病罹患率はさらに高くなったのだ。大規模な派兵実施にあたって軍慰安所を設置し、軍医による性病検査を徹底し性病を予防しようとしたのだ。慰安所の利用者は軍人軍属に限定した。そして、民間の性売買施設への出入りを禁止した。そうした施設で働く女性の性病罹患率は高く、また、女性を通じて軍の機密が漏れることを防止するためだ。欧米の軍隊は短期間のうちに休暇で帰国することができたが、日本軍の派兵は長期に及んだ。その上、上官の命令を絶対視するきわめて厳しい階級組織であった。そのような閉塞した隊内で生じる不満の暴発を防ぐため、また、戦意高揚策として性的慰安を供給したのである。

主要な駐屯地に慰安所を設置した日本軍の性暴力容認体質は個々の将兵にもしみこみ、作戦時に逃げ遅れた少女や女性を犯し、さらに拉致し拘束して継続的に性暴力を加えたことも被害を受けた当事者の証言で明らかになっている。駐屯地近くに住む子どもや女性もこのような被害に日常的に晒《さら》された。

慰安所には軍直営の慰安所と業者に日常的な運営を委任した慰安所があった。民間の施設を指定し、慰安所として利用した例もある。日常的な業務を業者が行なう慰安所も軍の管理統制のもとで運営された。慰安所にする建物の接収や建設、慰安所利用規則の決定、経営・経理などの監督、営業報告書提出の指示、将兵と「慰安婦」の性病検査、憲兵の定期的な見回りなどは軍が行なった。

朝鮮における「慰安婦」の徴募は、派遣軍の要請に基づいて朝鮮総督府、朝鮮軍が管理、統制し、憲兵、警察の連携のもとで行なわれた。台湾での漢民族の徴募も同様である。朝鮮や台湾の総督府及び軍は、多くの場合、選定した業者に女性を集めさせた。総督府や軍が集めるより効率的だったからだ。軍や総督府は選定した業者に徴募や渡航に際してさまざまな便宜を図り、軍の証明書を与え、軍属同様の待遇をした。アジア太平洋戦争開戦後は選定した業者を軍従属者とした。

朝鮮の女性の多くは人身売買や甘言でつられたり、騙されたり、脅迫されて国外の慰安所に連行された。台湾の漢民族の女性は朝鮮の女性と同様の方法で連行されたが、先住民族は地元で軍人に直接拉致された。

占領地となった中国、東南アジア、太平洋地域では軍の選定業者による人身売買や誘拐もあったが、軍が地元の有力者に集めさせたり、軍人や官憲による略取など暴力的な連行が目立つ。

ポンギさんが釜山《プサン》で過ごしたのは一か月余りである。間もなく出発という日、女たちはいっせいに検査を受けた。性病の有無を調べる検査であった。それはカエルのような形をした器具を使っての検査だった、とポンギさんは言った。

釜山を発ったのは、旧暦の、確か三月、まだ四月にはなっていなかったと思う。釜山では暖くなっていたのに、日本へ着いたその日は肌寒かった。

釜山を発った日の記憶は朧《おぼろ》である。釜山を発つことが、その後の人生を決定する大きな転機になったのだが、朝鮮から遠く離れることに、その時は、たいした感慨を持ってはいなかった。三〇年近い年月を朝鮮で暮らしてきたが、執着が残るような家も、財産もなく、別れを惜しむような愛する人もいない。遠い日に別れた親、姉、弟……肉親との絆もすでに淡く、とぎれそうであった。

父と最後に会ったのは一九歳の時、瑞山《ソーサン》の近くの村で、ぐうたらな三男と暮らしている頃、父が会いに来た。久しぶりにあった無口な父と語り合うべきことは思い浮かばず、言葉に窮してポンギさんは、

「父さん、いくつになったの?」

と一言だけ聞いたのを覚えている。五四歳だと言っていた。父富基《プギ》は五六歳で亡くなったから、その二年後にはこの世を去ったのだ。だが、その時、すでにポンギさんは瑞山の近くの村を出、父の死を知らなかった。姉とは数え六歳の時別れたきり、弟とも七歳の時に別れてから何の音信もない。文字を知らないこの姉弟には、互いの暮らしぶりを知らせ合う術《すべ》がなかった。

ポンギさんらは最初、門司《もじ》に着いた。そして、門司と下関の旅館に何日か泊った後、下関で日本軍の船に乗せられた。その船はシンガポールへ向かうと聞いた。ポンギさんらが乗船しても、船は下関港に碇泊したままで、翌朝になっても出港する気配はなかった。そして、夕方、朝鮮から連れて来られた女たちだけが降ろされ、かわりに兵隊が乗り込んで行くのが見えた。

紹介人が言った、木の上に家があり、山へ行って寝ていると、バナナが落ちてきて自然に口に入るという南国の楽園は、シンガポールのことだったのだ。

出発を目の前にしてシンガポール行きは変更になり、ポンギさんらは門司郊外の民家へ連れて行か

れた。寺と向かい合ったその家には夫婦と子ども二、三人が暮らしていたが、七部屋もある大きな家で、寺とともに、門司《もじ》港から中国大陸や南方方面へ向かう兵隊らの出発を待つ間の宿舎として使われていた。

釜山からはコンドーとカネコが女たちを連れて来たが、門司でさらにヨシムラとスズキが加わった。釜山の旅館で行なわれていた点呼はここでも繰返され、コンドーの配下の三人の男に、女たちの毎日の行動が監視されていた。数日おきに行く銭湯には、必ず三人のうちの誰かが見張りについてきたし、ちょっと川へ洗濯に行くのでも、班長にことわらなければならなかった。コンドーは女たちの中から四人を班長に選び、女同士互いに監視させていた。

所在なく日を送る女たちの間で起こったワンピース騒動は、日頃の食料不足が原因だった。

コンドーは門司に着くと同時に、女たち一人一人に衣類や寝具を買い与えた。薄っぺらな人絹の緋《ひ》色《いろ》の長襦袢《ながじゅばん》、ワンピース、シュミーズ、腰巻き、夏布団と毛布、粗悪な化粧品、それらは、これから行く先での、いわば、〝仕事着〟〝商売道具〟として用意されたものである。約六〇名の中にはごく少数の慰安所の経験のある者も混ってはいたが、多くの女たちはこれから先の仕事の内容も知らず、従って、自分たちの生活には馴染みのなかった長襦袢やワンピースがたいして貴重なものにも思えず、餅や大豆等の食料品に替えてしまったのである。

少し離れた所に同胞が商っている餅屋があった。一人二人が始めると、ワンピースと餅や大豆との交換は、瞬く間に女たちの間に流行し、次から次にワンピースが餅屋に運ばれた。そのうちに、ワンピース分の餅や大豆を食べ尽して、つけで買い食いする者も現われ、餅屋が勘定をとりに来て、女たちの所業がコンドーらに発覚した。コンドーは怒り狂った。餅屋を威嚇し、有無を言わせず、餅や大豆と交換されたワンピースを全部持って来させた。女たちがワンピースでは足りず、つけでまで食べた飲食代をコンドーはたてかえる意志など微塵もなく、朝鮮から渡ってきた人々が、戦前から住みついていた地域の餅売りは、結局泣寝入りをする他なかった。

さらに、コンドーらにとっては、少なからぬ打撃となった事件が起こった。夏になったある夜、四名が民家から抜け出したのである。約六〇名の中で日本語を話せたのはほんのひと握りだ。日本に何の足がかりもなく、金も何も持っていない女たちが逃げたとしても、その夜から、寝る所にも、食べるものにもこと欠き、逃亡はほぼ不可能に思われた。

――女が四名逃げてね、うちらは全員罰されたよ。朝から晩まで坐らせられて、たばこもくれない。それで、女連中がね、「女らの責任はあんたたちじゃないか。他の女が逃げたからって、なんで関係のないあたしたちを夜までも坐らせておく！」みんなで文句言ったんですよ。そしたら、ジュンコという女はビンタもらったよ。その時、コンドーさんは家に帰っていなかった。「なんであたしたちに責任があるか」って、女がみんな詰め寄るから、スズキとカネコは外に出て、ヨシムラは真ん中に坐ってずっと叩かれて、これも後から外に出て行った。

逃げた四人の姿を、その後、ポンギさんらは見ることはなかった。四人はコンドーらの手から、そして、慰安婦として戦場へ向かう運命から逃れることができたのである。だが、長く日本に住んでいる者さえ食料の入手が困難な状況下、同胞を頼って行ったにしても、四人のその後の生きる手だては、決して易かろうはずがない。
コンドーは、釜山《プサン》から連れて来た女たちのうち数名を選んで、自分の楼で働かせていた。日本国内ではこの頃になると、青壮年男子の多くが徴兵され、かつて賑《にぎわ》いを見せた歓楽街も灯火管制が敷かれ、客足も遠のいてひっそりしていた。一九四四年二月には「決戦非常措置要項」を閣議決定、国民生活の各分野にわたって非常措置を定めた。これによって全国の待合、料理屋は休業を命じられている。
こうした時代の趨勢をコンドーは軍と結びつくことによってきり抜けていたのだろう。八月には「学徒勤労令」「女子挺身隊勤労令」が公布され、軍需工場などに動員された。こうした趨勢の中でコンドーは軍と結びつき、ポンギさんらを戦地に連行したのである。

——六名ぐらいのはず。この人たちはね、うちらが近いうちに船乗るっていう時、あばれて泣いとったってよ。自分たちも一緒に連れて行け、門司《もじ》にいたくない、って言ってね。仕事しないで金が儲《もう》かるっていうデマがあったから、そう言ったでしょ。

いよいよ出発の日が迫った頃、門司で、他の女たちより先に身を売らなければならなかった数人の女たちが悲嘆にくれていると、ポンギさんらに伝えられてきた。態のいい甘言に操られて故郷を出てきたに違いないその数人は、コンドーの楼から出さえすれば、まだ未熟な肉体を男たちに玩《もてあそ》ばれる苦行から逃れられると思っていたのだろう。他の女たちもやがて戦地に向かい、自分たちと同じように、兵隊たちの性に晒《さら》されるということなど、想像もつかなかったに違いない。日本に来て、すでに半年近くが経過していた。夏の夜、民家を脱け出した四人、コンドーの楼で働かされている数人を除いた女たち五一人が、門司から鹿児島に移された。そして、一時、旅館に入れられた。旅館での食事は、

——メリケン粉でもカスのメリケン粉でダンゴを作ってね、このダンゴが二つだけ。

という状態であった。幼い時からの習性で、口に入る食物を通して自分をとりまいている状勢を嗅ぎあててきたポンギさんは、日本に着いた時、はじめて口にした門司や下関の旅館での食事より、さらに乏しくなった鹿児島のすいとんで、戦況が日増しに悪化していることを感じた。

間もなくポンギさんらは船に乗せられた。鹿児島から同じ船に乗ったという『慶良間《けらま》戦記』（叢文社刊）の著者儀同保さん（当時、船舶特別幹部候補生）によれば、その船は五五〇〇トンの徴用輸送船マライ丸であった。ポンギさんらは船上で兵隊たちと一緒に避難訓練を受けた。

——朝晩、甲板にあがって兵隊と並んで点呼とるしね。また、みんな寝てる時、「甲板にあがれー」って起こすのよ。それで、水筒とリュックサック、肩にかけてあがるさね。甲板から縄梯子下げてある。真っ暗でしょ。はじめはブーラン、ブーラン揺れてあがりにくいさ。あがれるか、どうか、心配さね。すると上で、「早く上がらんか！」班長が怒鳴るさ。それで、ようやく上がって。兵隊ずーっと並ばせて、

うちら女連中も並ばせて、リュックサック持ってるか、全部調べて。水筒も全部触ってみるのよ。水が入ってないのもあるさね。「これなんだ。水が入ってないぞ」。はじめは兵隊点呼とって、後は女ら点呼とって。毎日ですよ。また、夜中、兵隊二人、女二人、不寝番する。朝六時まで交替で立ってるんですよ。それで、カンパンに飴玉、星みたいな格好の氷砂糖あるね。これも混ぜて、ひとつずつみんなにくれおった。いざとなった場合、「海の中で食べなさい」こんな言いおったよ。海の中で食べられるもんね？　全部食べてしまった。

船の中では毎晩、救命胴衣を枕代りにし、水を入れた竹製の水筒を枕元に置いて寝た。避難訓練の号令がかかると、それらを身につけて甲板に上がった。ポンギさんがいうリュックサックとは救命胴衣のことである。カンパンと金平糖という非常食まで支給されて、攻撃を受けた際のささやかな防備が女たちにもほどこされた。けれども、海に放り出されたら、どのようにカンパンと金平糖を食べたらよいのか、まったく見当もつかず、支給されると間もなく、ポンギさんらは全部食べてしまった。

マライ丸は、ポンギさんらが乗船してからも、なかなか出航しなかった。マライ丸が出航できないのは、沖縄が空襲されたからだと聞いた。それは一九四四年一〇月一〇日の那覇空襲であった。

九月一五日に鹿児島に到着して以来、ずっと待機していた儀同さんがマライ丸に乗船したのは、一〇月二六日、マライ丸が鹿児島港を出航したのは、一一月三日午前八時である。

マライ丸に乗ってからだいぶ待たされ、それでもいよいよ鹿児島港を出る日、ポンギさんの記憶にあるのは、ひときわ栄華に〝あずきごはん〟である。

――船が出るその朝は、あずきごはん炊くね。とってもおいしそうなごはんだったけど、船酔いしてね。女連中、鉢巻きして、みんな寝ておったよ。うちはそんなではなかったが、ちょっと頭が痛い、気分も悪いので、ごはん食べなかったよ。今考えたらもったいない。あずきごはんだから、とってもおいしいさね。みんな食べないで海に捨てたよ。

『慶良間《けらま》戦記』によれば、マライ丸は一二隻の船団のほぼ中央に入って南下した。昼間は九州の基地からの護衛機が船団の上空を旋回しているが、夕方には帰ってしまい、暗くなった海上で、船団の外側を走る海軍のキャッチャーボートから、近くに米潜水艦が出たことを知らせる赤い信号が上がった。そのたびに船は方向もわからないくらいに蛇行し、船舶特別幹部候補生も女たちも船酔いし、甲板の舷側に寄りかかっていた。

マライ丸が、出没する米軍の潜水艦をぬうようにして、ようやく沖縄本島の島影を目にしたのが六日朝、そして、その日の夜には那覇沖まで辿り着き、翌七日朝、儀同さんは那覇港に降り立っている。ポンギさんら五一人が沖縄の土を踏んだのもその前後であろう。

――山にくだものがある。下で口開けて寝ていたら全部口に入る。女紹介人がそういってたけど、くだものどころか、那覇桟橋に降りてみたら、びっくりしたんですよ。とっても寂しいさね。何も見えない。人が住んでいるのかねえ、そのくらいだったよ。一〇月一〇日の空襲でみんな避難して、病院が空いてる、っていうさ。大きな病院だったがね、戸があちこち傷でね、穴ほかしてある。また、坐ったら全部見えるぐらいの浅い壕だったけど、そこに鍋やら飯盒《はんごう》やらあるしね。

ポンギさんが沖縄に着いてはじめて目にしたのは、十・十空襲で焼けただれた無残な那覇であった。所々に残る半壊したビルの残骸が、かつてそこが市街地であったことを偲《しの》ばせはするが、見渡す限り灰と瓦礫の原と化し、人影もまばらであった。焼け出された那覇市民の多くは、北部の国頭《くにがみ》方面へ避難していた。ポンギさんらは、マライ丸で一緒に来た兵隊たちと別れて、焼け残っていた病院に入れられた。患者も医師も看護師もいないガランとした病院で、ポンギさんらは一、二泊した。そこで五一人の女たちの最終的な行先が決められた。慶良間《けらま》諸島の中の渡嘉敷《とかしき》島、座間味《ざまみ》島、阿嘉《あか》島、それに那覇と大東《だいとう》諸島である。慶良間の三つの島には七名ずつ、那覇に約二〇名、残り約一〇名は大東諸島に配分された。采配を振ったのは、門司《もじ》に残ったコンドーから女たちを引き継いで沖縄に連れてきた男である。男は女たちに〝おやじ〟とか〝おとうさん〟と呼ばせていた。カネコ、ヨシムラ、スズキも一緒に来た。この四人の男たちは、後に慰安所が開設されると〝帳場〟として女たちを支配した。

ポンギさんは渡嘉敷島行きに入れられた。〝帳場〟は、〝おやじ〟が那覇にとどまり、渡嘉敷島にはカネコ、阿嘉島にはスズキ、そして、座間味島は七人の女のうちの一人が兼務した。その女は〝おやじ〟の内妻だと、ポンギさんは聞いた。

残ったヨシムラは大東諸島へ行ったのだろう。大東諸島には、南大東島に歩兵連隊本部、歩兵二個大隊、大東島支隊が、北大東島には歩兵一個大隊、沖大東島には一個中隊、というように計四〇〇〇名の日本兵が、一九四四年七月に上陸していた。那覇から約三七〇キロ東に位置する大東諸島は、沖縄の他の島々からはずれて、太平洋上に浮かぶ文字通り絶海の島である。学徒動員され南大東島に行った元少尉（匿名希望）によれば、約一〇名の慰安婦は最初南大東島に、後にその一部が沖大東島に来ていたという。

赤瓦の家

那覇の西方二〇～四〇キロの海上に美しい海峡を挟んで小さな島々が点在する。慶良間《けらま》諸島である。ポンギさんが行くことになった渡嘉敷《とかしき》島は慶良間諸島の中では最も大きな島であるが、それでも面積は約一八平方キロメートルにしかすぎない。慶良間海峡に沿って南北に細長く伸びた島の北部は小高い山々が連なり、島の中ほどの東海岸には渡嘉敷、南部の西海岸には阿波連《あはれん》、ふたつの集落があった。沖縄では珍しく水に恵まれ、米が収穫できる。また鰹《かつお》漁が盛んで、鰹節の名産地であった。漁師たちは慶良間近海だけではなく、サイパン、トラック等、南方方面に鰹を追い、その家族も南方へ渡り、一家あげて鰹節製造に励む者も少なくなかった。男たちの多くは召集され、出稼ぎに行ったまま帰れない者もいて、日本軍上陸前は島は閑散としていた。それは、座間味《ざまみ》島や阿嘉《あか》、慶留間《げるま》島も同様であった。

九州、南西諸島、台湾を航空作戦の根拠地にするとして、沖縄第三二軍が新設されたのは一九四四年三月である。そして、沖縄本島には八月を頂点に約一〇万の陸軍と約一万の海軍が、そして、離島にも相当の兵力が投入された。だが、その年の六月にはマリアナ沖海戦に惨敗、七月にはサイパンが全滅、米軍は近くまで迫って来ており、航空基地の建設、整備どころか、台湾ないしは沖縄での決戦も避けられない見通しとなっていた。そうした緊迫した状況の中で、第三二軍は米軍の主上陸地域を沖縄本島南部の西海岸と想定し、「米上陸船団を背後から襲撃する企図をもって海上挺進戦隊の約半数三〇〇隻を慶良間列島に配置することとした」（『沖縄陸軍作戦』朝雲新聞社刊）のである。

慶良間海峡を挟んだ四つの島に日本軍が入島したのは、一九四四年九月九日である。海上挺進基地第一大隊が座間味島に、同第二大隊が阿嘉島と慶留間島に、同第三大隊が渡嘉敷島に上陸した。続いて海上挺進第一～第三戦隊が到着する。基地隊は海上挺進基地の構築及び守備にあたり、戦隊が海上挺進作戦を遂行する。つまり、戦隊は通称㋹《まるれ》と呼ばれていたベニア製の小型舟艇に一二五キロの爆雷二個を搭載し、目標の艦船に体当りし爆破させる作戦である。任務を全うすれば生還は難しかろう。各戦隊には一〇〇隻の㋹が携行され、船舶特別幹部候補生一〇〇名が配属されていた。特幹と略称された彼らは、たてまえは志願であったが、実際には、その多くが志願を強要された二〇歳にも満たない若者たちであった。

ポンギさんは、渡嘉敷、座間味、阿嘉島行きにそれぞれ組み入れられた二〇人の女たちとともに慶良間に向かった。

——那覇からくる時、波が荒くて、しょっちゅう顔に潮かぶって……。始終、渡嘉敷往き来する小さな船だったよ。

ポンギさんらが乗ったのは、軍が那覇から物資を運ぶため使っていた徴用漁船である。船は座間味《ざまみ》島に着いた。渡嘉敷《とかしき》島行きの七人は、座間味島で一泊した翌日、渡嘉敷島に向かった。

前年の初冬、興南《フンナム》を出てからすでに一年になろうとしていた。興南から京城（現ソウル）近郊の村へ、そこから釜山《プサン》へ、釜山から門司《もじ》、門司から鹿児島、さらに沖縄へ、そして、ようやく目的地に着いたのである。那覇の桟橋に降り立った時もそうだったが、ポンギさんは、渡嘉敷島の小さな入江に船が着いた時、紹介人が語っていた南国の楽園像とは、あまりにもかけ離れている島の姿に失望した。十・十空襲直後の瓦礫《がれき》の原と化した那覇は論外としても、目前の渡嘉敷島も、ただ緑深く亜熱帯の木々に覆われ、静まりかえっている。紹介人は、山に行って口を開けて寝ていれば、バナナが落ちてきて自然に口に入ると、今思えば、人を小馬鹿にしたようなことをいっていたが、目の前にあるのは都会から離れた辺鄙《へんぴ》な島にしかすぎない。

ポンギさんらは、わずかな着替えと、寝具を携えて船を降りた。浜から部落へ通じる道を、カネコの後に従って歩いて行くと、島の人々が、鮮やかな色の寝具を頭上にのせた異国の女たちが珍しいらしく、興味深そうに見詰めていた。

——近所の娘たちがね、臼《うす》で米搗《つ》きおった。それで、杵《きね》を打っちゃり投げて、みんな入口に立って見ておったよ。

白いきれいな肌……。南国の強い日射しにジリジリと焼かれながら毎日野良仕事や軍作業をしていた島の娘たちは、朝鮮の女たちの白い肌をまぶしい思いで見ていた。ポンギさんは、自分たちに視線が向けられているのを意識しながら、沖縄も朝鮮と同じように米を搗くのだなあ、と思った。島の娘たちが放り出した杵と臼が、朝鮮の村々で働いていた頃、自分が使っていたものとよく似ていたからだ。

「ピ、ー、ぐ、わ、が来たよ」

口々に叫びながら、裸足《はだし》の子どもたちも集まって来た。「朝鮮ピーぐゎが来た」という噂は、小さな島の人から人へ、瞬く間に拡がった。

〝ピー〟は日本軍将兵が使った俗語だ。慰安婦は朝鮮の女であれば朝鮮ピー、日本の女であれば日ピー、中国の女であれば支那ピー、満ピーなどと呼ばれたのであるが、島の人々は沖縄流に〝ピーぐゎ〟とか、〝朝鮮ピーぐゎ〟と呼ぶ。ぐゎは沖縄方言の、やや愛称をこめて話し言葉の中で使われる接尾語で、文字で表記する場合は〝小《ぐゎ》〟があてられる。

はるばる朝鮮半島からやって来た七人の女たちが渡嘉敷島に到着する少し前、地元の女子青年団は慰安所設置反対を役員会で協議している。

元海上挺進第三戦隊長である赤松嘉次さんは、女子青年団員らの強い抗議を受けたという。

――女子青年団からものすごく抗議がありましてねえ。それは私の責任ではないから、鈴木さんの方へ行ってくれ、って言ったんですがね。夕方、二、三人が代表になって抗議に来ました。

〝鈴木さん〟というのは、基地隊の隊長である鈴木常良大尉である。赤松さんの率いる戦隊の隊員は、多くが二〇歳未満の志願兵だ。慰安所は、年齢の高い召集兵から成る基地隊用に設置されたものだから、と、赤松戦隊長は女子青年団の抗議をかわした。

慰安所は、酒保《しゅほ》や各種の慰問団と同様、主計部の管轄となっていたが、基地隊主計部の元伍長井上利一さんもほぼ同様の証言をしている。

――特に私は部落の女子青年団に相当いわれました。

当時の女子青年団の団長は、渡嘉敷《とかしき》村役場の軍事援護課に勤務し、銃後報国会の専任職員であった古波蔵《こはぐら》容子さん（現在の姓は伊礼）である。元女子青年団長の語る慰安所設置反対の理由はこうだ。

――沖縄でも渡嘉敷というところは貞操を守るという観念には昔から伝統的に厳格で、風紀がすごくいいところなんです。それで、日本軍が入って来ましても、ぜんぜん、男女関係でトラブルを起こすということもありませんでした。沖縄（本島）の方ではいろいろと、日本の兵隊との間に子どもができた噂があるわけですよね。そういうこともないし、また、昔から那覇に辻という遊廓がありまして、家が貧乏になったら子どもを売って家計を助けるというようなことがあったわけです。けれども渡嘉敷から辻に売られて女郎になった人は一人もいないわけですよ。そういう、とっても清い村ですからね、身を売るのは命より大事なものを売る、乞食より悪いという観念が伝統的にありますから、われわれも女子青年の指導的立場にあって、常日頃から決して兵隊と問題を起こさないようにと、話し合いしていたわけです。ですから、慰安婦が入ってくるということを深く考えずに、まず風紀の紊《びん》乱《らん》ということ、もう、どうして日本の兵隊は出先まで女を連れて来んといかんか、という観念でもって、これは断固抗議せにゃいかん、と協議したわけです。女子青年は未婚の女子ばかりですから、男性がいかなるものか、排泄作用がなくちゃならんということが分らないもんですからね。協議しまして、そういう人たちを入れると風紀が紊乱してたいへんなことになる、渡嘉敷の女性が内地から来た兵隊に、もしそういう女と間違われたら困る、ということで抗議しようということになったわけです。

まだ性的に未熟な一〇代後半から二〇歳をひとつふたつ過ぎた島の娘たちが、まるで禁忌に触れたように、性が売買されることを反射的に拒絶し、そこから身を避けようとしても不思議ではない。慰安所がどのように営まれるのか、具体的には分らなくても、日々の暮らしを営む場に持ち込まれるという、それだけで、自分たちの生活が侵され、身が汚《けが》されるような、そんな感性を娘たちは持っていたのだろう。そのような娘たちの、性の売買に対する本能的な拒絶を、女子青年団指導層は、〝内地から来た兵隊〟に〝そのような女〟と間違われる、という利己的な側面だけに矮小化した。女子青年団役員会の協議事項はどこからか漏れ、正式に抗議しようとしていた前日、村役場に勤務している古波蔵女子青年団長のもとに、隊長が出向いて来て、慰安所の設置理由が説明された。

――兵隊というものは遊びに呼んでいるんではない。だいたい戦地は慰安所を置いている。慰安婦たちを置くということは、むしろ、あなた方の身を守るためなんだから了承してください、ということで、村長なんかを前にして、懇々と説得されたわけです。なるほど、そういうことがあるんかな、そりゃもう、われわれが云々すべきことじゃないということで、一応は阻止運動はしないことになったんです。

慰安所設置に反対する理由が、性の売買そのものを忌避する根元的なものであったならば、阻止行動は、軍の圧力で潰《つぶ》されることになったとしても、もう少し異なった経過を辿っただろう。だが、反対理由の〝風紀紊乱〟を具体的には、自分たちの貞操が犯されることとしてとらえていたために、慰安所は島の娘たちの身を守る防波堤の役を果たすものだと説明された時、女子青年団長は反対する基盤を失ってしまったわけである。

ポンギさんらは最初、茅葺《かやぶ》きの小さな民家に入れられた。

――渡嘉敷《とかしき》に着いて、商売しない前は小《ちい》こい茅葺き家《やー》におってね、ごはんは兵隊がバケツに入れてたくさん持ってくる。「あんたたち可愛いから、めしをたくさん持って来たよ」って。七名でも全部食べられんほど、たくさんあったよ。

娯楽施設の何ひとつない島への女たち七人の到来は、日本軍将兵にたいへんに歓迎された。慰安所開設の準備は井上伍長の指揮のもと、大工や左官出身の兵隊らによって急遽行なわれた。民家が軍の接収によって業者に提供させられ、慰安所に改造されたのである。慰安所とされたのは、ナカマジョウの屋号で呼ばれていた仲村渠《なかんだかり》さんの家である。母屋が二二坪、家畜兼農具小屋が一五坪。台所と食堂の他に四部屋あった母屋をベニア板で六部屋に区切り、家畜兼農具小屋にも一部屋設け、七人の女たちの部屋にした。また、食堂の端にあった漬物や味噌、醤油等を置いておく庫裡《くり》は、〝帳場〟に造り変えられた。

仲村渠さんの家が慰安所として選ばれたのは、集落のはずれにある、という地理的条件によっている。それにもうひとつ、仲村渠さんの家の長女初子さんによれば、「改造便所になっていたから」だという。古くから沖縄では、厠《かわや》の下に豚小屋を配し、人間の排泄物で豚を飼う習慣があった。仲村渠さんの家の厠は、そのような旧式ではなく、当時としては新しい汲取り式になっていた。

集落のはずれの立派な家、という条件は、阿嘉《あか》、座間味《ざまみ》島とも共通している。

阿嘉島では、集落の東のはずれの二軒の瓦家《かわらやー》が慰安所となった。

座間味島では、座間味の集落より人家の少ない阿真《あま》の二軒の赤瓦の家が選ばれた。その二軒の家は、兵舎のあった座間味や古座間味から峠を越えて阿真へ入る、その出入口にあった。慰安所へ来る兵隊が集落の中を通らずにすむという点が考慮されたと思われる。

たてまえでは、軍が斡旋して家を提供させたことになっているが、実際には住人に有無をいわせず接収し、一業者に使わせたのである。

ポンギさんらが小さな茅葺き家にいたのは何日でもない。間もなく、渡嘉敷港の近くの大きな赤瓦の家に移された。慰安所として改造されたその家の前には川があった。海が近かったから満潮になると海水が逆流して水かさを増す。が、潮が引けばきれいな真水にもどる。島の人々は、穏やかに日々の暮らしが営まれていた頃は、昼休みに畑から帰ってくると、ザンブリと飛び込んで汗を流し、子どもたちも素裸で水遊びに興じていたという。

川岸では、アダンが刺々しく細い葉を突き出し、根を執拗にはびこらせていた。そして対岸には小高い山があり、赤瓦の家からの視界を遮っていた。仲村渠《なかんだかり》さんの家では軍から命令されて、その山の麓に慰安所の女たちのための避難壕を掘った。

仲村渠さんの家の隣の新里《しんざと》さんの家は酒保に指定された。だが、実質的には慰安所に来る兵隊たちの待合室として利用された。その家の主婦吉枝さんは、七人の女たちの食事の賄いも命じられた。（慰安所の炊事係は、後に、沖縄本島山原《やんばる》出身の女性に替えられる）

ポンギさんは、赤瓦の家では〝アキコ〟という源氏名で呼ばれた。他の六人の渡嘉敷での名はキクマル、ハルコ、スズラン、カズコ、ミッちゃん、アイコである。この時、ポンギさんは満三〇歳。七人の中では最年長であった。ポンギさんの記憶によれば、それぞれ数え年で、キクマルが二八歳、ハルコとカズコが二三歳、スズランが二〇歳、ミッちゃんとアイコは一九歳である。初子さんが女たちから聞いていた年齢は多少異なる。キクマルが一九二〇年生まれと言っていたから満二四歳、ミッちゃんとアイコは一九二八年生まれで一六歳である。また、井上元伍長によれば、アイコは一八歳であった。名前も、初子さんと吉枝さんの二人は、カズコはカツコ、ハルコはハルエと記憶していた。（ここでは名前については便宜的にポンギさんに従う）

七人の女たちが赤瓦の家に移って来て、いよいよ慰安所が開設されると、初子さんと吉枝さんは、まだ少女のようなあどけない表情が残っている娘たちが、毎日、目を真っ赤に泣き腫らしている姿をいたたまれない想いで見た。特に痛々しかったのが、一番若かったミッちゃんとアイコだ。島の女子青年団員らは、慰安所の設置を知った時、まるで自分の身が汚《けが》されるような拒絶反応で設置に反対しようとしたのだが、同じ年頃のミッちゃんやアイコ、その他の朝鮮からはるばる来た女たちも、同じように無垢な感性を持っていたのだ。女たちは、朝鮮で誘われた時には兵隊さんの食事の世話や洗濯をしたり、看護師として働くように、と言われて来たのだと、初子さんや吉枝さんに語ったという。

村のはずれの慰安所のある一角は、島の人々の目から見れば、奇妙な光景となった。

この小さな島渡嘉敷《とかしき》に軍隊が入ったのは初めてである。そしてまた、性が組織的に売買されるのも初めてである。それは軍隊が持ち込んだものだ。

慰安所使用に関する内務規定がある。沖縄本島に派遣された山第三四七五部隊に下付されたものだ（沖縄県立平和祈念資料館蔵）。主要な条項を抜萃してみよう。

附録第四　軍人倶楽部ニ関スル規定

三、防備地区内軍人倶楽部ハ地方官民ニハ一切利用セシメザルモノトス又軍人軍属ハ地方慰安所ノ利用ヲ厳禁ス

九、業婦ノ検黴《けんばい》ノ実施ハ指命軍医官ニ於テ毎旬一回之《これ》ヲ実施シ其結果ハ会報ヲ以テ一般ニ通知ス

一〇、前条検査ニ依《よ》リ不合格トナリタルモノハ治癒スル迄接客ヲ禁ズ又受検セザル者ハ不合格ト見

做《な》ス

附則第一　軍紀風紀ノ維持及取締ニ関スル件

（使用者）

六、使用者ハ必ズ衛生サックヲ使用シ罹病ヲ予防スルモノトス万一使用セズ罹病セル場合ハ処罰ス

山第三四七五部隊では、慰安所は「軍人倶楽部」の名で呼ばれていた。最初に、軍人倶楽部は民間人には利用できないこと、一方、軍人軍属は民間の遊廓及びその種の施設を利用してはならないことを明記している。そして、〝業婦〟に対しては軍医による定期的な検査を行ない、不合格の場合は〝接客〟を禁じた。また、〝使用者〟には〝衛生サック〟の使用を義務づけた。慰安所設置の目的は、ひとつには性病による兵力の減少を防止することにあった。これら一連の規定は、軍人軍属を民間の性病源から隔離し、軍隊内への性病の流入を防ごうとする目的にそわせたものである。

〝使用時間〟は一回四〇分を単位とし、料金は階級によってそれぞれ額が決められた。（単位は円）

一五、軍人倶楽部ノ使用料金左ノ如シ

区分	将校	下士官・軍属	兵	摘要
時間	〇、四〇	〇、四〇	〇、四〇	
料金	三、〇〇	二、五〇	二、〇〇	

一八、将校以下ノ倶楽部使用時間左ノ如シ
兵　　十二時ヨリ十七時迄
下士官　十七時ヨリ二十時迄
将校　　二十時ヨリ二十四時迄

「泊込ハ一般ニ之《これ》ヲ禁」じられ、月に一回八日が休業日とされた。将校を除いた下士官以下の者が軍人倶楽部へ行く場合、「軍人倶楽部使用許可証」を持参しなければならない。その交付は内務係の下士官が行なった。

その他、目をひくのが次の条文だ。まず、〝使用者〟に対しては「一般ニ営業婦ノ供《(ママ)》有観念ヲ徹底シ占有観念ヲ厳禁ス」とし、〝営業者〟に対しては「業婦ハヨク使用者ノ立場ヲ理解シ何人《なんぴと》ニモ公平ヲ第一トシ使用者ヲシテ最大ノ御奉公ヲ為《な》サシムルコトヲ念願シ如何《いか》ナル事情ニ依《よ》ルモ身ヲ誤ラシメ御奉公ヲ欠カシムルガ如キコト絶対ナキ様万事細心ノ注意ヲ以テ取扱フモノトス」とされた。

慰安所を考案して以降の日本の軍隊は、性的営為までも管理統制していたのである。慰安所へ行く場合には、下士官も軍属も兵隊も内務係の担当下士官に使用許可証の交付を申請しなければならなかった。また、〝営業婦〟の〝占有観念ヲ厳禁〟され、女たちとの個人的な結びつきは禁じられていた。一方、〝業婦〟は〝使用者〟に対して〝公平ヲ第一〟とし、〝最大ノ御奉公ヲ為サシムルコト〟、すなわち、戦場で最大限の働きをするよう性行為を通して激励し、決して〝御奉公ヲ欠カシムルガ如キコト〟があってはならないとされた。〝御奉公ヲ欠カシムル〟とは、性病による兵力減少、厭戦感情の触発、さらには戦場離脱等を意味していただろう。

この「軍人倶楽部ニ関スル規定」は「昭和十九年十二月二十日ヨリ施行」となっている。山第三四七五部隊が沖縄へ配置されたのは一九四四年八月、その四か月後に軍人倶楽部開設となったわけだ。渡嘉敷島《とかしき》でも基地隊が駐屯し始めた二か月後にポンギさんら七人の女たちが到着しており、間もなく慰安所が開設された。

渡嘉敷島の慰安所も、山第三四七五部隊の軍人倶楽部と、ほぼ同じような規定に基いて営業されたと思われる。赤瓦の家の営業開始時間は昼頃であったというから、山第三四七五部隊と同様、一二時であったろう。終了時間も帰営時間に合わせて午後五時であった。但し、これは一般の兵隊で、下士官、将校は、ポンギさんによれば、夜、こっそり来るという。人目を避けるように赤瓦の家にやって来た将校、下士官が、規定を破っていたわけではなかろう。山第三四七五部隊では下士官は「十七時ヨリ二十時迄」、将校は「二十時ヨリ二十四時迄」となっており、渡嘉敷島でもこれと同様か、近似の時間帯であったに違いない。兵隊の「十二時ヨリ十七時迄」は平日は拘束時間中で、休日しか利用できないことを意味している。それに対して下士官、将校らの〝使用時間〟は兵務時間からはずされており、平日でも利用可能なわけだ。

ポンギさんは兵隊が来るのは、日曜だけと言っていたが、軍関係者らによれば、日曜とは限らなかった。

一九四四年も終りに近い一一月後半から一二月、いつ米軍が襲来するか、という緊迫した状況下、小型舟艇㋹《まるれ》の秘匿壕掘りと陣地構築は急務であり、兵隊たちの定期的な休暇はとられていなかった。

作業の進行状況によって区切りのよいところで、各中隊の作業班ごとに休暇をとったのである。従って、兵隊が赤瓦の家へ行くのも不定期であった。

兵隊が赤瓦の家に来る時は、帳場でまず料金を払い、切符を買う。目当ての女に先客がいる時は、酒保になっていた隣の新里宅《しんざと》で時間を潰した。そして、自分の番が来ると部屋に入り、相手の女に切符を渡す。一日が終った時、女たちは切符を何枚持っているかで、稼ぎが計算された。といっても、それは帳簿の記帳上のことだけで、現金が女たちに手渡されるわけではない。故郷からはるばる渡嘉敷まで連れて来られる途上でかかった諸経費は、すべて借金として女たちに負わされていた。ポンギさんは紹介人から前借をしなかったが、前借金のある者はさらにその額と利子が加算される。一日一日の稼ぎは、借金と高率な利子にあてられるだけで、女たちの実際の収入になったのは、将兵が気紛れにおいていくチップだけだった。

——兵隊は子どもみたい。本当、おもしろいところもあるよ。入口にみんな並んで待ってるさ。そろそろ兵舎に帰る時間さね。もう、時間がない。こういう時は兵隊二人でジャンケンポイする。勝った人が先入って、負けた人が後になる。それで、先に入った兵隊が長く部屋にいたら、外で待ってる者が壁叩いて叫ぶよ。「早く出て来い。早く出て来い」兵隊遊ばすのは苦しい時もあるさね。一人が入って来てハバハバ（戦後の米軍占領下の沖縄でポンギさんが覚えた言葉。hurry over あるいは hurry back から転じたものか、急いで、といった意味）して、一人の人が出たら、次々入るんだからね。やさしいい人もいるけど、厭な者もいるんだからね。女に無茶苦茶するさ。部屋に入って何回もやるって言うさ。そしたら外で待っている兵隊が手を叩く。「早く出なさい」って。とにかく、兵隊は一回遊んですぐ出るんだからね。ハバハバするよ。洋服脱いで、すぐゲートルからはずすさ。そしたら女らはみんなこれ巻いておく。ゆっくりできないよ。他の兵隊が入口にたくさん並んでいる。腰も痛いさ。オメンコも痛いよ。兵隊はサックはめてやるでしょ。サックはめたら硬いから痛いさね。衛生にはいいさね。一番辛いのが生理がある時。しょっちゅう洗ってするのよ。日曜だけ兵隊がくるんだから、生理があっても休むことはできないし、それで始終洗ってやる。たびたび洗ったら縮まって、もうやりにくいさね。

将兵の間で最も人気のあったのは、ハルコである。ハルコは片言だが、日本語が話せ、容姿も美しく人目を惹いた。日本語が多少わかり、愛嬌のあったスズランも人気があった。若かったミッちゃんとアイコは、その若さの故に可愛いがられた。大柄な身体と太い声で目立つ存在であったキクマルは、渡嘉敷《とかしき》に来る前にも慰安婦として働いていたようで、開けっぴろげに、「中国では一日九〇人の兵隊の相手をした」と言い放ち、周囲の者を驚かせていた。おとなしい性格のカズコは、七人の中ではあまり目立たなかった。一番の年長者であるポンギさんも、赤瓦の家ではひっそりと暮らし、兵隊にもてはやされることはなかった。

それでも、どこかの作業班が休暇になると、兵隊がどっと押し寄せ、ポンギさんの部屋の前にも列ができた。兵隊が部屋に入って来てゲートルをはずしたら、まず最初に巻いておく。兵隊が服を脱いでいる間に巻いておけば、帰る時、兵隊がすぐそれを装着でき、その分、能率があがるからである。

山第三四七五部隊の規定では、〝業婦〟らの検査は一〇日に一度であったが、赤瓦の家では一週間に一度行なわれた。

海上挺進第三戦隊の衛生兵であった若山正三さんによれば、基地隊と戦隊にはあわせて三名の軍医と三名の衛生下士官がいた。はじめのうちは基地隊の軍医が検査にあたっていた。衛生下士官一名も、検査日には軍医に随行した。基地隊が沖縄本島へ移動した後は、戦隊の浮田堅太郎軍医について若山衛生兵も赤瓦の家を訪れた。検査は女たちを一人一人台の上に乗せて行なわれた。一人一、二分程度ですむ、簡単な検査であった。慰安所開設中、不合格となった者はいない。

自宅を慰安所にされた仲村渠《なかんだかり》さんの家では、空いていた水産組合の事務所を住居として使用するように指示され、移り住んでいた。だが、家畜小屋に豚や山羊を残しておいたので、初子さんは毎朝晩、餌をやりに行った。また、毎月一日と一五日には、従来の習慣通り、トートーメー（祖霊と一門の位牌）に供物を供えに行った。

朝晩、家畜小屋に餌をやりに行くうちに、同じ年頃の朝鮮の女たちと少しずつ言葉を交わすようになった。いつものように、もんぺ姿で家畜に餌をやっていた時のことだ。スズランが部屋から顔を出し、手招きした。側に行ってみると、

「こんな若い人がお化粧もしないで、汚ないものばかりいじってかわいそう……」

そういって化粧をしてくれた。

朝鮮半島南部の農村地帯全羅道《チョルラド》出身であったスズランは、沖縄に来る前は、初子さんと同じように家畜の世話をしていたのかもしれない。

家畜小屋の一部を改造した部屋をあてがわれていたキクマルは、初子さんが小屋に行くたびに、

「ああ、うるさい。この山羊うるさい。どこかへ連れて行ってよ」

と、持ち前の太い声を初子さんにぶつけた。

ハルコは、夕食後、よく新里《しんざと》さんの家へ遊びに来た。ハルコには四歳になる女の子がおり、その子を実家にあずけて沖縄に来ていた。母が吉枝さんと同じ年だと言って、「おばさんと話をしていると、うちのお母さんを思い出すのよ」と、時折、涙ぐんでいた。

女たちは、日本へ行ったらたくさん着物はあるから持って行く必要はないと言われて、誰も自分の衣類は持って来ていなかった。そして、門司《もじ》で与えられたワンピースを着ていたが、それはトンボの羽のように薄地のものだった。冬になって地炉《ジール》（囲炉裏）に火を焚く頃になると、夏服のままの女たちは新里さんの家にあたりに来て、寒そうに小さく背を丸めていた。

一九四五年正月は、島の人々も、全国各地から召集されてきた兵隊たちも、緊迫したおももちで迎えた。そして、ポンギさんら、朝鮮から来た女たちは……

——泡盛一升壜と、軍から日本酒も一本きてたかね。全部正月に飲んださね。もう、酔っ払ってるさ。みんな泣いておるさ。自分の親きょうだいいる人は思い出して泣くさね。正月の一日《ついたち》、夜、みんなアイゴー、アイゴー、泣いておったら、隣の人たちが寄って来て、もの陰から見ておったよ。泡盛は強いさね。とっても酔っ払って、朝起きたらとっても頭が痛かった。

慣れない酒を飲んで、堰《せき》を切ったように噴き出した七人の女たちの悲しみは、静かな正月の夜空に轟いた。闇のしじまに響きわたる女たちの悲鳴を不審に思ったのだろう、近隣の人々が赤瓦の家に様子をうかがいに集まってきた。そして、石垣越しに中を覗いた。ポンギさんは泣かなかった。残してきた子を偲《しの》び、親きょうだいを偲んで泣いている朋輩を、酒をあおりながら心虚《うつ》ろに見ていた。酒量はだいぶあがっていたようだ。翌朝、こみあげてくる苦い胃液を、しらじらと噛みしめた。

沖縄をとりまく状勢は、日一日と厳しさを増していた。一月二一日、二二日の二日間、艦載機による空襲があり、慶良間《けらま》と那覇を往復していた連絡用機帆船二隻のうち一隻が焼失した。この時、機銃掃射を受けた機関長が即死した。

――品物運搬する船長と機関長はよく遊びに来とったからね。せっけんなんかくれたよ。このせっけんが今のせっけんみたいじゃないさね。泡が出ない。それでもこれで洗濯したりして……。黒砂糖なんかも持って来てくれる。機関長は那覇からの帰りに途中でやられて死んだよ。死ぬ前、この機関長は、うちらがいる家の陰で、寂しそうに、ものも言わんで立っておったよ。

当時、渡嘉敷《とかしき》島には店らしい店はなく、ポンギさんらにはせっけんも黒砂糖も貴重な品々だった。

二月中旬になると、赤瓦の家へ出入りしていた兵隊が激減した。

沖縄守備軍の中では精鋭部隊といわれていた第九師団、通称武《たけ》部隊が台湾に移動し、その補充のため、慶良間の海上挺進基地第一～第三大隊は独立大隊として改編され、沖縄本島へ移動することになったのである。渡嘉敷《とかしき》島の海上挺進基地第三大隊は、勤務隊一六一名、整備中隊五五名、計二一六名が貧弱な装備で残され、第三戦隊の指揮下に入れられた。沖縄本島へ移動した約八〇〇名の基地隊と入れかわりに秘匿壕掘り、陣地構築の作業援助要員として配属されたのは、特設水上勤務隊第一〇四中隊の一箇小隊二二三名である。小隊長は斎田重雄少尉、以下下士官が一三名、他二一〇名は朝鮮から強制連行されてきた、いわゆる〝軍夫〟であった。

特設水上勤務隊員＝軍夫は武器を携行していない。戦隊の任務は海上挺進作戦を遂行することである。島の人々が最初「こんな小さな島まで私たちを守るために友軍は来てくれた」と歓迎した守備軍は、戦隊が本来の任務を全うし、特攻出撃してしまえば、二〇〇名余の残留部隊と七〇名余の現地召集された防衛隊の、心細い限りの小規模なものとなった。第三二軍は、秘密基地を設定した慶良間への米軍来襲を予想さえしていなかった。

第三戦隊では、新たな編成のもとでの陣地構築作業に拍車がかけられた。

島に残っていた青壮年はすでに防衛隊に組み込まれており、青年団も女子青年団も、国民学校の生徒たちさえも、作業に狩り出されており、軍民一体の陣地構築作業が連日続けられた。

めっきり客足の少なくなった赤瓦の家では、女たちが暇をもてあましていた。営業が開始された頃は、痛々しいほどに泣き暮れていたミッちゃんやアイコでさえ、「今日はお客さんなくて寂しいさあ」ともらすのを、家畜小屋に餌をやりに行った初子さんは聞いた。

基地隊の移動であわてたのは、帳場のカネコである。渡嘉敷島に来てまだ三か月しか営業していない。カネコは赤松戦隊長のもとへ、移動をとりはからってもらうべく依頼に行った。慶良間《けらま》の三つの慰安所のうち、阿嘉《あか》島では第二大隊が本島へ移動した時、朝鮮の女たちも一緒に連れて行った。だが、渡嘉敷島では許されなかった。赤松元戦隊長はいう。

――カネコさんからどこかへやってくれ、といって来られましてね。二〇〇か、三〇〇名位になったから、これではどうにも商売にならんと、そういう話があって、確か、主計を通じて上級部隊と連絡をとったところが、秘密兵器を知っているので、もう出すわけにいかんと、こういうことで、まあ……。

阿嘉島も渡嘉敷島も、朝鮮の女たちが秘密兵器、つまり小型舟艇㋹《まるれ》の存在を知っている、ということには変りはない。阿嘉島の慰安所が基地隊とともに本島へ移動したのは、第二大隊の古賀宗市大隊長の一存によったといわれる。

基地隊が渡嘉敷島に到着した当初は、渡嘉敷の集落にあった国民学校を一般の兵隊の宿舎にしていたが、島の西側の渡嘉志久《とかしく》に兵舎ができてからは、そこに移った。また、戦隊員は最初から渡嘉志久と阿波連《あはれん》の民家に分駐していた。基地隊が本島へ移動した後、渡嘉敷には通信や経理、医務室等、ごく一部が防衛隊とともに残されていただけである。小型舟艇㋹の秘匿壕は阿波連と渡嘉志久の海岸に掘り進められ、作業は渡嘉敷とは反対の慶良間海峡沿いで行なわれていた。

阿波連から慰安所のある渡嘉敷までは約四キロ、渡嘉志久からは三キロ弱、峠を越えるその道のりは、徒歩でフラリと遊びに来るには遠すぎた。それでも、下士官の中には、暗い夜道を峠越えして赤瓦の家へ通ってくる者もいた。だが、一般の兵隊は休養日にならない限り、赤瓦の家には来られない。

基地隊の本島移動以降、兵隊らの休養日はごく稀で、赤瓦の家はいわば将校、下士官専用になっていた。そのため、赤瓦の家の七人の女たちは、阿波連《あはれん》と渡嘉志久《とかしく》へ行って、臨時に兵隊を慰問することになった。

——（カネコに）もっと来てもらわんと困ると言われて、阿波連と渡嘉志久で慰安所を開設しましてね。非常に強行な作業しましたから、息抜き一回やった記憶がある。

臨時の慰安所開設は、カネコの要望に赤松戦隊長が応じた結果であった。軍が作業の休憩時に使うためにつくられていた茅葺《かやぶ》きの小屋が臨時の慰安所になった。

——茅でね、二、三名ぐらい眠る家が山の広っぱにたくさんあったさ。そこに慰問に行ったよ。米も釜も持って行って、二、三日おった。兵隊みんな遊ばす。女ら来てるからみんな喜ぶさね。兵隊が次々、次々入る。

突然、ピー屋に変った軍の休憩小屋の前に、切符を持って兵隊が並ぶ奇妙な光景を、阿波連の子どもたちはもの陰に隠れて見ていた。〝ピー屋〟という言葉を、どこから聞きかじったのか、「ピー屋が来たってよ、見に行こう」と誘い合って来たのだ。少女の日に見たその光景が阿波連の人には、今も強烈な印象となって残っている。

戦争

ポンギさんのいう〝戦争〟が始まるのは一九四五年三月二三日である。

――二三日ちょっと前にみんな遊びに来たさね。下士官だったよ。来た時、「いよいよ沖縄も危なくなる。自分は家に最後の手紙を出した」こんな話しおったよ。だけど、うちらは本気にしないさね。戦争があるとは思わなかったよ。それで、うちは「嘘だよ、嘘だよ」って、言ってた。

二月中旬以来、ぱったりと客足の途絶えてしまった赤瓦の家では、夜、たまさかに訪れてくる下士官や将校の相手をするくらいで、あとは七人の女たち誰もが暇をもてあましていた。そんな赤瓦の家に、どっと兵隊が繰り込んできたのは、三月二〇日、二一日である。この二日間、第三戦隊では、小型舟艇㋹《まるれ》一〇〇隻の秘匿壕が完成し、海上作戦準備作業を完了したとして休養日にした。軍作業に狩り出されていた島の人々も、ひさびさに軍作業から解放された。折しも彼岸《ひがん》を迎えていた。

慶良間《けらま》の晴れた空高く、米軍のB29が飛来したのは休養日二日目の正午である。新たな陣地構築作業が始まった翌二二日、午前一〇時頃と、午後二時半頃にもB29が飛来した。

その夜、ポンギさんは、赤瓦の家の前の川に群れてくる鳥の鳴き声が、普段よりもひときわ耳障りで、なかなか寝つけなかった。

そして二三日、朝の光がさんさんとふりそそぐ頃、赤瓦の家の七人の女たちは起き出した。島の人々はもうすでに軍作業に出かけ、村はひっそりと静まりかえっていた。起きた時からハルコが、しきりに母や子どもに会いたい、朝鮮へ帰りたいと、湿った声でつぶやいていた。午前中、空襲警報が出された。耳慣れたその音に七人の女たちが気づかなかったわけではない。またいつものように警報だけで、たいしたことはないだろう、とタカをくくっていた。ハルコだけが、「姉さん、早く避難しようよ。早く壕へ行こう」と皆をせかしたが、誰も応じる者はいなかった。

隣の吉枝さんが、頭に荷を載せ、背に乳呑児《ちのみご》を負い、一〇歳の長男を先頭に幼い子どもたち五人を連れて、前の川を渡って行く姿が見えた。川の向こうの山の壕に避難するのだろう。ポンギさんは、赤瓦の家の出入口に立って、その姿をぼんやりと眺めていた。

「うちらも昼ごはん食べたら壕へ行こうね」そう言って昼食をとっていた時のことだ。突然、前の山から家の大きさ程もある飛行機が現れ、赤瓦の家に覆いかぶさった。と、思った瞬間、凄まじい音が聞こえた。とっさのことで壕へ避難する暇はなかった。ポンギさんは風呂場に駆け込んだ。キクマル、カズコ、スズランが一緒だった。ハルコとアイコとミッちゃんは炊事場に逃げた。小さく身を丸めていると、間もなく狭い風呂場に黒煙がたちこめ、天井がきしみ、埃や木切れや得体の知れない落下物に襲われた。最初に風呂場を出たのはキクマルだ。ポンギさんもすぐ後に続いた。その時、下駄を履いたので、出入口の敷居につまずいてしまった。無我夢中で起きあがって、川岸のアダンの茂みの棘《とげ》の中にどのように入り込んだか覚えていない。機銃掃射が続いていた。天地が大きく揺れた。無数に落ちてくる機銃弾が耳元の空気をかすめた。ポンギさんは土砂降りの雨のように落ちてくる機銃弾に、今度あたるか、今度あたるか、とアダンの茂みの下で肝をつぶしていた。

飛行機が赤瓦の家から遠ざかったすきに、ポンギさんらは壕の中に逃げ込んだ。逃げて来る時、「姉さーん、私たちも連れて行ってよう」と、泣き叫んでいる声が聞こえた。振り返ると、赤瓦の家の前に血まみれの太股をひきずって這い出てきたミッちゃんとアイコの姿が見えた。恐怖に手足はひきつり、自分自身が逃れることに精一杯で、負傷したミッちゃんとアイコを連れてくる余裕はなかった。赤瓦の家の川向こうの山麓に仲村渠《なかんだかり》さんの家の主人が軍からの命令で七人の女たち用の避難壕を掘っておいたが、逃げ込んだのがどこの誰の壕であったか、わかりはしない。夢中で入った壕の出入口の戸が、爆風を受けてか、機銃掃射を受けてか、始終、不気味な音をたてていた。

その日、面積約一八平方キロメートルの小さな渡嘉敷《とかしき》島に米軍機延三〇〇機が来襲、座間味《ざまみ》、阿《あ》嘉《か》、慶留間《げるま》島も同様の攻撃を受けた。米軍は徹底した殲滅《せんめつ》作戦で、慶良間《けらま》の島々を木端微塵に吹き飛ばそうとでもするかのようであった。渡嘉敷の役場や郵便局、その周辺の民家は焼かれ、渡嘉敷港近くにあった軍の糧秣庫も焼失した。糧秣庫には、軍の約半年分の食料が積み込まれていたのだが、その貴重な米が焼ける臭いがあたり一面たちこめていた。山も焼夷弾を落とされて焼け、生木のこげる臭いがいつまでもくすぶり続けていた。

一日中、渡嘉敷島上空で唸りをあげていた米軍機は、夕方になると嘘のように退いた。ポンギさんはキクマル、カズコ、スズランと一緒に国民学校に避難した。住民も軍も多くの死傷者を出し、国民学校は緊急の医務室になっていた。重傷を負ったミッちゃんとアイコも運ばれていた。ポンギさんらはそこで本島へ移動した基地隊の隊長鈴木常良大尉に会った。鈴木大尉は前日、第一～第三戦隊の作戦指導のため慶良間《けらま》を訪れた第一一船舶団長大町茂大佐に随行して来たのである。一行は二二日、第一戦隊の置かれている座間味《ざまみ》島に行ったが、鈴木大尉だけ別行動を許されて渡嘉敷《とかしき》島に来ていたのだ。

――二三日の晩は学校に入っておったよ。ミッちゃんとアイコは足に弾が貫通して、弾が出た所は大きく穴があいてるさね。それで二人とも泣いている。その時、ハルコはいない。もう炊事場で死んでいると思ってたよ。喉が乾くから、怪我人二人は「水くれ」って言う。「水は飲ますな」って言われて、タオルを濡らして口だけ拭いてやる。二人が泣くから、夜、鈴木隊長が、「死んだ者もおるのに、泣く奴があるか」って怒りおったよ。そして、カネコにも怒ってる。「妓《こ》どもたちみんな壕に連れて行ったら、こんなことはなかった」って。ハルコは鈴木隊長が自分の当番兵連れて行って、炊事場から外へ出したって聞いたよ。ハルコは鈴木隊長の女だったからね。

ポンギさんはその日、米軍機が赤瓦の家を襲った時、ハルコは炊事場で即死したのだと思っていた。飛行機の爆音が一瞬止んで壕へ避難した時、ミッちゃんとアイコは怪我した足をひきずりながら、庭先に出て来て助けを求めていたのに、一緒に炊事場に逃げたハルコは、その時も、それから後も、ずっと姿を見せなかったからだ。けれども、島の人々の証言によれば、ハルコは、まだその時は死んではいなかった。一人の兵隊が炊事場で傷を負って動けなくなっているハルコを避難させようと、赤瓦の家からかつぎ出した。そして、向かいの山の麓の壕へ行こうと、川を渡っている途中で米軍機が現れ、機銃掃射を受けて、その時、絶命した。ハルコをかついでいた兵隊は助かり、死んだハルコをその場に置いて向かいの山の壕に避難、米軍機が去った後に、再び引き返し、屍体を赤瓦の家の前にあった新里《しんざと》さんの家の壕の側まで運んできたのだ。

翌二四日は、朝早くから空襲が始まった。ポンギさんら傷を負っていない四人とカネコは、山へ避難するようにと、軍から一枚ずつ毛布を支給された。だが、渡嘉敷島の地形のわからないポンギさんらは、どこの山に避難すればよいものか、皆目見当もつかず、二、三日は国民学校の裏にあった軍の壕にひそんでいた。その姿を防衛召集されていた吉枝さんの夫が見ている。

軍から山へ逃げるようにと指示された日の夕方、ポンギさんは自分の荷物をとりに、赤瓦の家まで行ってみた。二日間にわたってこの小さな島を震撼させていた爆撃音はもう聞こえてはこなかったが、黄昏《たそがれ》の中で山は濛々《もうもう》と黒煙をあげ、集落の方ではあちこちの人家が火を噴いていた。ポンギさんが壕を出ようとした時、カネコも仲間の女たちも、「外に出たらあぶない」と、とめた。だが、ポンギさんは、「弾に当たって死ぬんなら死んだっていい」と、捨て鉢な気分でその手を振り切って来たのだ。

近くまで行くと、赤瓦の家は大方は焼け落ちたものの、まだ、時折、ボッボッと炎をあげているのが見えた。だが、庭の隅から大きく枝を伸ばしているがじゅまるの木はしぶとく残っている。石垣も崩れてはいなかった。ポンギさんは、家の側まで行ってみた。すると、門から一歩外へ踏み出したところにハルコの屍体が置かれていた。上半身が覆われていて、顔は見えなかったが、セルのもんぺと、それをきりりと締めた太い軍の皮ベルトが目にとまった。そのベルトは、ハルコが下士官からもらって着けていたものだった。もんぺは、近所にあった古物商から買って来た色合いのいいセルのきもので作り直したものだった。ハルコは太股を撃ち抜かれたのであろう、セルのもんぺはチリヂリに引き裂かれ、周りに黒々とした血痕が染み込んでいた。だが、太股の傷が致命傷になったのではあるまい。ポンギさんには見えなかった上半身に、ハルコの生命を奪った傷があったに違いない。

米軍の容赦のない慶良間《けらま》攻撃はさらに続いた。二五日も早朝から空襲が始まり、さらに、米艦船が慶良間海峡に侵入、艦砲射撃が加わった。二六日午前八時にはついに阿嘉島《あかじま》に、午前九時には座間味《ざまみ》島に米軍が上陸、慶良間海峡の米艦艇は続々とその数を増し、終日、空襲と艦砲射撃が繰り返された。

この間、赤松戦隊長の率いる第三戦隊は、小型舟艇㋹《まるれ》の出撃を準備し、本島船舶団本部からの出撃命令を待ったが、船舶団本部では慶良間の戦況を把握できず、那覇への転進が命令された。だが、武器らしい武器もなく後に残され、敵前に晒《さら》される勤務隊、整備中隊、特設水上勤務隊は、小型舟艇㋹を秘匿壕から出し、海に浮かべる泛水《はんすい》作業に協力的ではなかった。折しも干潮で作業が遅れ、爆雷を装着し、㋹の泛水を完了したのは、午前五時を過ぎていた。明るくなってからではベニア製の小型舟艇一〇〇隻が、編隊を組んで沖縄本島まで到達することは不可能である。前夜、視察中の阿嘉島から、米艦艇の哨戒をくぐり抜けて渡嘉敷《とかしき》島に上陸した第一一船舶団長大町大佐は予定を変更、舟艇の揚陸を命じた。だが、揚陸作業の中途で空襲が始まり、残っていた六〇余艇の㋹の自沈を余儀なくされたのである。

ポンギさんは、キクマル、カズコ、スズラン、それにカネコとともに、国民学校の近くにあった壕を出て、地理もわからないまま山の中へ避難した。負傷したミッちゃんとアイコとは、二四日の朝、医務室がわりに使われていた国民学校を出る時に別れて、それっきりになった。

ミッちゃんとアイコのその後の行くえに関しては、いくつかの証言がある。

役場の兵事主任であった富山真順《とみやましんじゅん》さんは、最初に空襲のあった日から何日目であったか、離ればなれになった自分の家族を探している途中、重傷を負った慰安所の女が小川のほとりの田の畔《あぜ》に放り出されている姿を目にしている。

——その人、おそらく、いけなかっただろうと思います。大腿部をやられて、切断はされていなかったが、肉とられて、晩までもつか、と思うぐらいでした。渡嘉敷から阿波連《あはれん》へ通じる峠がありますが、その登り始めのちょっと下に大きい壕があって、その後、そこに収容されていました。そこからまた、座間味村に収容されて、引き揚げたような、そういう覚えがあるんです。

富山さんが目にした瀕死の女がミッちゃんであったか、アイコであったか分らない。けれども、次の井上元伍長の証言と合わせて考えると、アイコではなかったかと思われる。

——私、アイコを贔屓《ひいき》にしていたんですよ。一八で一番若かったから、妹みたいに思っていました。空襲があって、私も壕に逃げたんですわ。爆撃がおさまって出て来て、兵隊に聞いたら、慰安所で死んだ者もおるし、怪我した者もおる。アイコは負傷している。あんたの名前呼んでいますから行ってやってください、って言うから、私、行きましたんです。村の人がつくっている洞窟がある。そこに戸板に乗せられて運ばれていました。その時、もう息をひきとっていたけれど……。島の人は嫌がっていました。死んでいるし、朝鮮の人を嫌っていた。だから、早くかつぎ出してほしい、と言うんですが、運び出したりする間がない。私自身、隊長から呼ばれて、飛んで行ったように思うんですわ。

井上元伍長は、アイコから帯をほどいて作り直した枕を贈られたことがあった。その帯地《おびじ》の枕には、「愛子」とていねいな刺繍がほどこされていた。井上元伍長は、慰安所に関しては軍の直接の監督者であったから、その立場上、赤瓦の家の七人の女たちと接触する機会が多かった。濃《こま》やかな心根が偲《しの》ばれる「愛子」の刺繍入りの枕は、自分たちの世話をしてくれる兵隊さんへ、といった以上のアイコの想いがこめられていたのだろう。

島の人々の間では、アイコは死んだ、という噂が多い。古波蔵《こはぐら》元女子青年団長は、「愛子」の刺繍入りの枕がうち捨てられていたことを、アイコの死と直結させていた。だが、富山さんは、瀕死の状態に陥りながらも、アイコが米軍の手によって座間味《ざまみ》島に運ばれたと聞いており、アイコの生死に関しては、証言が二つに分れている。

井上元伍長は、渡嘉志久《とかしく》に運ばれたミッちゃんの姿も見ている。

――ミチコは大腿部を怪我していて、相当の負傷でした。渡嘉志久の山の方へ入ったところに大きな壕がひとつあったんですが、そこに一人で置かれていました。私の助手をしていたモリタという兵隊が懇意にしていたから、軍医さんに「面倒みてやれ、側についていてやれ」といわれて、渡嘉志久まで連れて行ったんじゃないかと思います。

座間味島と阿嘉《あか》島には米軍がすでに上陸し、渡嘉敷《とかしき》島への米軍上陸も時間の問題になっていた。第三戦隊は六〇隻の㋹《まるれ》を自沈させた。そのことは、課せられた使命の六割を失ったことを意味していたのだが、赤松戦隊長は残る四〇隻の特攻攻撃も、この時点では諦めて、二七日午前二時、渡嘉敷島北方の二三四高地への撤退を決定、開始した。その直前、二六日の午後一一時三〇分に渡嘉志久を発った大町大佐を見送った帰り、医務室に慰安所の女、おそらくはミッちゃんを見舞った。

――二六日までは渡嘉志久に医務室を開設していました。慰安所の女の人を見舞ったのを覚えてますよ。二六日の夜、大町大佐を海岸へ送りましてね、帰りに医務室に寄って、負傷しているのを見舞って、それから本部へ行って、二七日に移動することになりましたからね。

第三戦隊は、渡嘉志久、旭沢《あさひざわ》、阿波連《あはれん》の陣地をひき払い、二三四高地へ移動した。壕の医務室に負傷したミッちゃんはたった一人置き去られた。この時、眼前の慶良間《けらま》海峡は無数の米艦艇で埋めつくされ、島の人々はもちろん、兵隊も去り、人気《ひとけ》もなくなっていた。米軍が留利加波《るりかふぁ》、渡嘉志久、阿波連、東部海岸から渡嘉敷島に上陸してきたのは、第三戦隊が撤退した四時間後の午前六時である。

国民学校の裏の軍の壕を出てから、ポンギさんらは地理も分らないまま山の中に入った。そして空襲の激しい昼間は、鬱蒼《うっそう》とした木々の下に身をひそめ、夜になると集落の近くまで降りて行き、谷川の水で喉をうるおし、小指ほどのヒゲ芋を掘って辛うじて飢えをしのいでいた。

――五日間、何にも食べない。ひもじいさね。スズランが黒砂糖持っておった。これ、少しずつくれて、嘗めたらちょっと腹の足しになるさね。それで、ひもじいのもひもじいが、一番水が飲みたい。昼間は飛行機が飛ぶし、船からも艦砲やるでしょ。艦砲射撃する時は頭がチリチリするんですよ。こわかったよ、本当に。暗くなったら、艦砲も飛行機も来ないさね。ホーヤホヤ、下に降りて、山からチョンチョン水が流れる。これ、飲むのよ。部落に近い所だから小《ちい》こい畑があるさ。葉っぱも何も見えないけど、掘ったら小指くらいの芋が出てくる。これ掘って、一つ二つ食べても、ちょっと腹の足しになるね。

米軍の空襲が始まって以来、晴天が続いていたが、二七日は土砂降りの雨となった。

――軍が毛布くれおったからね、木の下で毛布をかぶって寝ておったさね。そしたら、急に水がざんざん出てきて、毛布が流れる。流れる毛布をひっぱって木の下に坐っておった。ああ、うちらがこっちに隠れてるの分って、アメリカーが海から水揚げて、うちらに水をぶっかけてると思ったよ。それで、ちょっと木のない所へ出てみたら雨が降ってる。大雨。もう、この戦いであっち避難、こっち避難、こわいでしょ。ひもじくはある。頭がボンクラになって、そんなに雨が降っても分らなかったよ。それで、ホーヤホヤ、山降りたらね、友軍の兵隊がいるさね。スズランが道に出て、「兄さーん」って呼んだら、あっちは敵と思ったはず。「誰だ！」「私よ」それで兵隊が「何食べてるか」「何も食べてない」「こっちへ来い」って。うちとスズランと行ったさね。そしたら、山が全部焼かれて木も何もない広っぱがあって、兵隊なんか飯炊いて食べよった。そこで、握り飯と金鵄《きんし》たばこ、たくさんもらって来て食べたり、喫ったり。毎日雨だからたばこもマッチも濡れてるさ。

二七日、米軍が渡嘉敷《とかしき》島に上陸した大雨の日、島の人々は「二三四高地の裏の谷間に集まれ」の伝言を伝え聞いて、篠つく雨の夜道を山へ登って行った。そして、翌二八日、第三戦隊が新たに布陣した二三四高地の山ひとつ隔てた谷間で約三〇〇名が自決したのである。

二七日に大雨が降った後、二八日朝は小雨、昼間少し晴れて夜また小雨、二九日は雨が降ったり止んだりしている。ポンギさんらが軍から支給された握り飯で空腹を満たすことができたのは、二八日か二九日になっていただろう。

日本兵に遇い、数日ぶりに空腹を満たすことができたポンギさんらは、山の麓に一軒ポツンと建てられていた小屋を見つけ、そこで雨露を凌ぐことにした。島の人が米軍の来襲に備えて立てておいた避難小屋だ。小屋の主は、集落からたいして離れていないその小屋を危険に思い、もっと山深い谷間に移動したのか、それとも、二八日の集団自決の犠牲となったのか。後者の可能性の方が強い。というのは、小屋には決して少なくはない玄米が残されていたからだ。普段でもサツマイモを常食とし、米はハレの日ぐらいしか食べない島の人々にとって、米は貴重品である。もし、山奥へ移ったのであれば、四月に入って米軍の攻撃がいったんおさまった時、小屋の主は玄米をとりに来ただろう。残されていた玄米は、何もないポンギさんらの生命をつなぐ大事な食料となった。

その避難小屋は、山と山の狭間にあったが、近くには壕もなく、米軍機の攻撃に晒《さら》されれば逃げ場がない。島の人々は山の深い谷間に籠《こも》り、軍も二三四高地に陣地を築いて、焼けただれた集落付近に留まっている者はほとんどいなかった。時折、人影を見るとすれば、集落に残っている食料を夜陰に乗じて取りに来た島の人か、島の人が避難場所へ連れていくことができずに放置している山羊や豚や鶏等を、上官の命令で盗みに来た兵隊や軍夫たちである。

ポンギさんらは米軍機の来襲を怖れて、昼間は煙を出さないようにひっそりと暮らしていた。そして、飛行機の爆音が聞こえると、爆音に向かって走り、山際にへばりついた。飛行機が来る方角が死角になり、そこに身をひそませれば危険率は低くなる、ということを、避難小屋で日を重ねるうちに覚えたからだ。

玄米はポンギさんらとカネコの五人が食べて、何日ぐらいもっただろうか。カネコは玄米を食べ尽してしまうと、軍へ相談に行った。ポンギさんらもカネコに従って二三四高地の第三戦隊陣地へ登って行った。折良く、本部へ辿り着く前に、井上伍長に出会った。井上伍長は炊事班長になっていた。炊事場は煙で陣地のありかを探知されないように、本部から約三〇〇メートル下の谷川沿いに置かれていた。

――山（二三四高地）に入ってしばらくは慰安所の人たちと関係なかったんですがね。カネコさんが女の人たち四人を連れて山に登って来て、偶然、私らに会った。軍の方で面倒みなくては仕様がない。ただし、食料は充分でないから、あくまで兵隊なみで、ということで面倒みることになりました。

ポンギさんらは井上班長の尽力で、炊事班に組み入れられた。それまで炊事班は、井上班長を中心に、防衛隊員二名、軍夫二名、計五名で組まれていた。そこにポンギさんら四人が加わったのである。カネコも時折、薪拾いや水汲みなどを手伝いはしたが、ポンギさんらのように毎日仕事があるわけではなく、この慰安所の帳場をしていた男は、第三戦隊の中では中途半端な存在になった。カネコは、慰安所時代に女たちを使って稼いだ金をトランクに入れ、大事そうに持っていた。

第三戦隊の陣地は谷川沿いにつくられていた。ポンギさんははじめて陣地に登って行った時、あまりにも数多くの壕が掘られているのに驚いた。それらの壕掘りには、主として、軍夫が使われた。かなり山腹深く入り込んだ壕もある。壕の出入口近くは、爆風を避けるためジグザグに掘られていた。谷間の上の方には赤松戦隊長の壕があった。その三、四〇メートル下に小屋が建てられ、普段、赤松戦隊長はその小屋に控えて指揮をとっていた。戦隊長の小屋からさらに三、四〇メートル下の壕がポンギさんらの壕に決められた。炊事場はさらに下の方、狭い谷間がやや開け、少し広くなった所にあった。谷川の流れはそこでいったん滞留し、丸い窪みをつくって再び流れ出す。その丸い窪みが食糧や鍋などのちょうどよい洗い場となった。竈《かまど》は山の粘土で固められ、山腹を這うようにして煙の通路が作られていた。山腹に溝を掘り、木の枝や木の葉をかぶせて煙を通すのである。溝は長ければ長いほど炊事場の在処《ありか》を紛らすことができる。この仕組を井上班長に教え、作ったのは軍夫だった。

山にたてこもってからの第三戦隊の食糧不足は、きわめて深刻なものであった。三月二三日、空襲を受けた最初の日に糧秣庫を焼かれ、その時点で約六か月分あった糧秣は一人一日三〇〇グラムとしても約二か月分しか残っていなかった。

第三戦隊では四月七日、次のような戦隊命令が出された。

二、戦隊は食糧確保のため蘇鉄澱粉を採取せんとす。

八、明八日夕食より各隊は雑炊又は粥食を実施すべし（定量は一人一日三百瓦《グラム》以内とす）

十、各隊は野菜家畜類其の他の物資を自由に集収《(ママ)》することを厳禁す。

ソテツには毒性があり、発酵の方法を誤ると生命を奪われる。古くから沖縄では長期間の早ばつや台風等で食料に窮した時、人々は野山に自生するソテツの実や茎を発酵させて食し、飢えをしのいできた。その時、島外からの食糧補給の見通しはほぼ絶たれ、辛うじて水だけは確保できる谷川沿いの陣地で、第三戦隊は、天災によらない飢餓状況にじりじりと追い込まれていたのである。

野菜家畜類の収集を厳禁するとの項目は、住民に対しても適用され、渡嘉敷《とかしき》島のあらゆる作物、家畜類は第三戦隊の統制下におかれた。島の人々が山奥の壕や避難小屋に連れて行けずに、やむなく置き去りにしてきた豚や山羊や鶏は、軍に収集され、軍の食糧となった。

――豚やら鶏やら、はじめはこういうものよう食べたよ。兵隊が軍夫を連れて行って取って来るさね。豚は脂肪《あぶら》っ気がなくて赤身ばかりだったがね。これを炊いて、塩つけて食べたら、あーら、とってもおいしいこと。鶏、豚、芋、この土地の人が作ったもの、軍が全部取って来て食べるさ。島の人も食べるけど、少ないさね。島の人、困ってますよ。

第三戦隊では、四月七日に発令した事項だけでは、持久戦に備えての抜本的な食糧不足の解決にはならないとみて、三〇日、現地自活班編成を発令した。

一、戦隊は現地自活班を編成し所要の各種糧秣類の栽培採集加工等の一切の作業を担任せんとす。

二三四高地には戦隊本部を中心に第一、第二、第三中隊、整備中隊が配置されていたが、現地自活班はこの本隊からはずされ、食糧の支給も断たれた上、栽培採集その他で入手した食糧を、本隊へ補給するのである。地元渡嘉敷島から召集された防衛隊員と朝鮮人軍夫らで編成された現地自活班は、阿波連《あはれん》、阿利賀《ありが》、恩納河原《おんなかーら》等、数か所に配置された。

ポンギさんは毎日、カズコと一緒に雑炊を作った。キクマルはスズランと組んで仕事をしていた。わずかな米に潮水と真水を半量ずつ、それに芋の葉や芋づる、桑の葉等を加える。潮水を雑炊に入れたのは、味噌、醤油、塩等がなくなっていたから、塩分補給のためである。

潮水は、班長が軍夫を連れて海岸まで汲みに行ったが、赤松戦隊長の壕の出入口に出ていた湧き水や、谷川の水を汲むのはポンギさんらの仕事であった。重い軍のバケツに水をいっぱい汲み入れると、とても一人では持ちあがらない。ポンギさんは、カズコと二人でバケツを持つと、いつもじめじめとして足場の悪い谷川沿いを炊事場まで降りて来た。米は籾《もみ》のまま保存されていたが、籾米を臼《うす》で搗《つ》いて精米するのも骨が折れた。一人の量はわずかなものでも、二～三〇〇人分の量になると、人力で搗くのは容易なことではない。が、水汲みや米搗き以上に厭だったのは、たきつけ拾いである。薪《まき》は軍夫が拾ってくるが、危険に身を晒《さら》して取ってくるそれらは生木である。煙ばかり出てなかなか燃えつかない生木を燃やすため、ポンギさんらは井上班長からたきつけ拾いをいいつけられた。陣地周辺には、島の人々が山原竹《やんばるだき》と呼んでいる細い琉球竹《りゅうきゅうちく》が生えていた。その枯れ竹がよく燃えるので格好なたきつけになった。はじめのうちはたくさん落ちており、陣地の近くで拾えたのだが、日を経るごとに少なくなり、次第に遠くへ足をのばさなければならなくなった。うっそうとした木々に覆われている陣地を一歩外に出れば、いつ迫撃砲や機銃掃射に見舞われるか知れない。陣地から遠く離れれば離れるほど、その危険が迫ってくるように思われ、ポンギさんはいつもビクビクしながら枯れ竹を探した。

四月初め、いったん渡嘉敷《とかしき》島から姿を消していた米軍は、その月の半ばから再び散発的にではあるが、攻撃を開始し、五月中旬には阿波連《あはれん》、渡嘉志久《とかしく》から、陣地を渡嘉敷に移した。小さな島の、わずか標高二三四・二メートルの山の谷間にたてこもっていた第三戦隊は、いよいよ米軍に追いつめられた。

二三四高地に来て、まだ幾日も経たない頃のことだ。ポンギさんとカズコは風呂を沸かすことを命じられた。石の上に置いたドラム缶に、谷川の水をバケツで何度も汲み入れてようやく満杯にし、ポンギさんは火の番をしていた。

と、その時、米軍機の近づく音が聞こえてきた。こちらに来る、と思う間もなく、爆音が谷間を覆い、気づいた時には目の前のドラム缶から湯がものすごい勢いで噴射していた。頭上のテントに小さな穴がいくつも空いている。機銃弾がドラム缶を射抜いたのだ。

――ああ、魂抜《たましいぬ》けて（沖縄方言で「たまげて」）な、どこへも逃げることができない。そこにそのままずっとおったよ。そしたら班長が、「こういう時は壕に入らんと」って、言いおった。壕に入るも何も、腰抜けてできないさね。ドラム缶はバカバカになったさ。

昼食が済んで谷川で食器を洗っていると、すぐ後で迫撃砲が落ちたこともある。幸い不発弾だったが、もし爆発していたら、怪我だけではすまなかっただろう。炊事場で仕事をしているとき爆撃され、気づいてみると、目の前にあった木が跡形もなく吹き飛んでいたこともある。また、夜、便意をもよおして壕の入口まで来たのだが、爆音が聞こえたので外には出られず、疲れていたので、そのまま眠り込んでしまうと、突然、火の塊りが落ちてきたこともあった。

――そんなこと何べんもあった。ま、それでも死なん人は死なんね。だけど、その時はひもじいから、死んだらこわい、そういう気も起こらなかったよ。戦争始まった頃は怖かったけどね、もう後はひもじい、このことばっかり。あーら、ひもじいのは、怖いのより、もっと辛いですよ。それで、山にいる時から月経はなかったよ、全然。山でこれがあったらたいへんさね。八か月ぐらいなかったよ。

栄養不良で……。なくてよかったさ。

ポンギさんは山にいる間、正常な機能が止まったことを「これだけは、本当にありがたいね」という。それは、ポンギさんだけではなく、沖縄の多くの女性が戦場で共通して体験したことだ。栄養失調だった上に、精神障害を起こしかねないほどの衝撃に繰返し襲われていたためだろう。

ポンギさんはある日、谷川の水で股間を洗った。空襲が始まって以来、風呂には入れずにいて、いたたまれなかったからだ。

——山に何か月もいるので臭いでしょ。風呂にも入らん。そのままさね。だから洗ったさ。小《ち》こい川があるさね。その川で洗って、黴菌が入ったはず。腫れて歩きにくい。それで、四、五日、壕の中で寝ておったよ。軍の医者が来て、注射入れたかね、薬だったかね？　それで治った。

五月中旬、渡嘉敷《とかしき》に布陣した米軍は、兵力を拡大し、物資を集積した。それと平行して四月に占領した伊江《いえ》島の住民一五〇〇名を渡嘉敷島に移動させた。こうした動きを第三戦隊は「敵は渡嘉敷島を掃討する如き兆候」と見、迎撃態勢を固める一方、「挺進斬込隊」を編成した。弾薬糧秣の爆破、迫撃砲陣地の夜襲等を目的とした少人数によるものである。

陣地の通行口は炊事場のすぐ近くにあったから、ポンギさんは斬込みに行く兵隊をその都度見ていた。それは哀れな姿であった。機銃掃射、艦砲射撃、迫撃砲と手当り次第に銃砲弾を撃ち込んでくる米軍に対して、日本兵は夜陰にまぎれて、せいぜい機関銃を抱えて少人数で出て行くだけだ。

——アメリカーは飛行機から船からやるでしょ。日本は武器がないさね。兵隊が斬込み行く時は、機関銃持って行くんだよ。あれで撃てますか？　アメリカーは飛行機から船からやるのに。兵隊は「ああ、もうできない」と言ってもどって来たよ。これ見たら胸がいっぱいで、涙が出る。ああ、日本は武器がないんでこんなだねえ。

「挺進斬込隊」は、たいした成果をあげることなく犠牲を重ねていった。

——兵隊の一人が斬込みに行って迫撃でやられてね、顔が滅茶苦茶になってる。死んではいないがね、傷だらけになって、（血の気がひいて）真っ白くなっておったよ。

ポンギさんは、斬込みに行って血まみれになって帰ってくる兵隊たちの軍服を洗った。軍服に固くこびりついた血痕は、谷川で手が痛くなるほど洗っても、決して洗い落せはしなかった。

朝鮮で生まれ、朝鮮で育ったという下士官も、斬込みに行って死んだ。朝鮮語のできるその下士官は、ポンギさんが親しみを覚えていた数少ない一人だ。下士官の方でも折にふれ、朝鮮から来た女たちに暖かく接していた。その下士官は渡嘉敷島に来て昇進したのだが、昇進祝いに赤瓦の家へ仲間たちと遊びに来たことがあった。

——最近下士官に上がったって言って、三、四名、喜んで遊びに来たよ。皆、二五、その位の年頃さ。それで女と遊ぶでしょ。誰かが何回もするって言うたはず。なんだかんだ、うるさいこと言う。そしたらこの下士官が、「ああ、あんまりしつこくするな」こんな言った。この下士官たちが斬込みに行くさ。その時、際々、炊事場にちょっと坐って、班長と話して行くよ。斬込みに行ってアメリカたばことって来るさね。一本くれおったよ。吸ったらフーラフラして、吸えなかったよ。ずーっと山でたばこなんか吸わないでしょ。斬込みに行く時はいつもアメリカーのズボン、青いズボンだったかね？ これ着けて行くさ。それが、ある日、日本軍の軍服をちゃんと着けて、斬込みに行って、死んだよ。きれいな人だったよ。ミッちゃんによく遊びに来ておった。とってもいい体格して、やさしい男だったが、死んだよ。

米軍が渡嘉敷《とかしき》に布陣して以降、二三四高地の監視哨からほぼ毎日のように米兵の姿が見られた。第三戦隊は兵力に差をつけられながらも、目前の米軍に対して斬込みを繰返し、両軍の小競り合いは六月も続いた。

朝鮮人軍夫の何名かが最初に逃亡したのは、第三戦隊が、たいして戦果をあげることができないまま斬込みを繰返し、消耗していた時期、五月二八日である。第三戦隊は捜索隊を出したが、逃亡者を見つけ出すことはできなかった。陣中日誌にその数は記されておらず、何名逃亡したかは不明だが、何人かの軍夫の逃亡は成功したのである。

赤瓦の家ではポンギさんは、同胞である軍夫たちと接触する機会がなかったが、谷間の陣地に入って以来、二人の軍夫と同じ炊事班で仕事をしていた。

――炊事の井上班長はとてもやさしい人。カズコと私、それに軍夫が二人で、朝鮮人四名さね。班長を入れて五名。壕の中で班長が「朝鮮語習わしてくれ」って言うから、朝鮮語教えたら、発音がとってもおかしいさね。それで五名で笑ったよ。笑ったのを、兵隊連れて斬込みに行く連中に見られて、軍夫二人、班長、男三名ひっぱり出して、ビンタ叩きよった。うちらがあんまり大きな声で笑ったんでこんな目にあって、かわいそうだった。

徴用できた軍夫たちは、令状も、何の手続きもなく、例えば、田畑やそれぞれの職場で働いているところを突然襲われて、家族との連絡さえとらせずに強引にトラックに乗せる、といった野犬狩りさながらのやり方で集められ、連行されてきた。第三戦隊でも、軍夫はピラミッド型の階級制の最底辺に置かれ、最も危険な作業、過重な労働を強いられていた。ポンギさんも、日本軍から虐待される同胞のみじめな姿をたびたび見た。

――夜、軍夫を連れて、班長が芋掘りに行くんですよ。それで、ひもじいから掘りながら軍夫が芋食べたって。これ、軍のものでもないし、民間人が作った芋でしょ。別に悪いことないさね。将校が自分の長い剣で、コロしおった（沖縄方言で「叩いた」の意）よ。ウッ、ウッ、ちょうど豆叩くみたいに。

これ見て、本当、かわいそうだった。この人、二、三日、起きられなかったよ。また、いっぺんは夜中さね。軍夫たちが畑に行って芋掘って来て、壕の中で鉄兜で炊いたよ。夜だったらいいけど、明け方だったはず。壕の中から煙が出て、これを見られて、班長に芋は全部とりあげられたさ。大きな芋、いっぱいだったよ。見たらおいしそう。将校の壕にこの芋を置かせてから、後手《うしろで》に縛って坐らせて、罰しおったよ。それで、この炊いた芋は将校と炊事班長、二人で食べた。

通常の、ごくあたり前の感覚からすれば、島の人々が作った芋を、栄養失調の軍夫が食べたからといって、日本軍から罰せられる筋合いではない。しかし、この島のあらゆる食料は第三戦隊の統制下に置かれており、芋ひとつ、勝手に採取することは禁じられていたのである。だが、固形物一人一日三〇〇グラムと決められた食事は次第に減り、最終的には一人一日二五グラム、雑炊にわずかマッチ箱一杯ほどの米しか入れられなくなった。蜥蜴《とかげ》、蛇、野鼠、椎の実、桑の葉、芭蕉の茎、食べられそうなものを見つけると、兵隊らは競うようにしてそれらを拾い集めた。そして、井上炊事班長のもとにこっそり塩をもらいに来る者もいた。拾い集めたものを自分で煮炊きするためだ。蜥蜴や蛇や野鼠や椎の実までは、さすがに第三戦隊の統制下におかれなかったのだろう。しかし、芋は、それが島民の作ったものであるにもかかわらず、すべて第三戦隊の統制下におかれていた。

炊事班にいたポンギさんは、恒常的な飢餓感にとりつかれていたには違いないが、兵隊や軍夫ほどではなかった。

——炊事班で雑炊炊くさね。豆腐豆《とうふまめ》も入れて炊く。上の方は米粒があんまりないさ。全部汁さね。井上班長は雑炊の汁のところは全部兵隊に分配して、下に固いの残るさね。炊事班の人はちょっと固いのを食べられる。夏は暑いからね。この班長、茶碗二つ置いて、熱いからひとつはとっておいて、もうひとつの茶碗にまたいっぱいとって食べる。食べる間に冷ますさね。冷めたの、また食べる。これ見て、私も負けてはいけない、っていうんで、茶碗いっぱい入れておいて冷める間にもうひとつのを食べたよ。ひもじいはひもじいが、炊事におったから兵隊ほどではない。

赤松元戦隊長によれば、もうほとんど固形物の見えないような雑炊の、その固形物の分配が不均衡にならないように、雑炊を受け取りに行く順番は、始終変えられていたという。けれども炊事班は常に最後に残った雑炊を食べたので、一人一日二五グラムの固形物の平均以上を摂取できたわけだ。それでもポンギさんは空腹だった。兵隊の真似をして、食べられるものを見つけると、何でも食べた。しかし、食べられそうなものを見つけることは、ごく稀だった。

——山から流れる川、水がチョンチョン流れてる。蟹が、ホホホホ、這って歩いている。これ取って食べるよ。とってもおいしいさね。生で食べるさ。中身、卵色みたいさね、殻とって、中身食べて、足も食べて、とってもおいしかったよ。

ある日、炊事場に雑炊を受け取りに来た軍夫に、ポンギさんは「麦を盗んでくれ」と頼まれた。麦も米も井上炊事班長の壕にあった。ポンギさんは隙をみて麦を盗むこともできたかもしれない。だが、それをしなかった。

――麦、叺《かます》にたくさん入れてある。軍夫が二人ずつ飯かつぎに来るさね。それで、「ひもじいから、少し麦を盗んでくれ」って言うさ。どんな風にして盗むね？　班長が寝ている所に置いてあるでしょ。盗まれんもの。

栄養失調で身体を衰弱させている軍夫に同情はしても、そのために自分が危険を犯すことはできなかった。麦を盗んだことが見つかればどうなるか、ポンギさんは重々承知していた。わずかな芋を食べたぐらいで、三日も起きあがれないほどに、軍夫が打ちつけられている姿を見ていたのだから。

第三戦隊は六月二二日、沖縄本島の第三二軍司令部の「玉砕」必至の報を傍受する。

六月二十二日　本部無電《(ママ)》機にて本島軍司令部最後の斬込を敢行するとの電報を傍受す。

翌二三日の午前四時三〇分、牛島満司令官、長勇参謀長、二人の高級参謀の自決を機に、第三二軍司令部は崩壊した。これで沖縄本島における組織的な戦闘力はほぼ壊滅した。

ある朝、ポンギさんが目覚めてみると、同じ壕に寝起きしていたキクマルとスズランの姿が見えなかった。二人は谷間の陣地を抜け出したのだ。曾根清士一等兵が率いる約二〇名の軍夫と一緒であった。六月三〇日未明のことである。朝鮮から連れて来られた仲間は、ポンギさんとカズコたった二人になった。

軍夫らが逃亡した翌々日、防衛召集されていた渡嘉敷《とかしき》国民学校の大城《おおしろ》徳安教頭が第三戦隊によって〝処刑〟された。同七月二日、米軍に指示されて投降勧告に戦隊本部に来た伊江《いえ》村村民四名も〝処刑〟された。

谷間の陣地での、ポンギさんの生活はさらに続く。

――いい天気の時ね、山にちょっと登ってみたら海が見えるさね。アメリカーがボートに乗って遊んでる。ああ、いつあの道歩く時があるかね、いつもそう思ってた。

沖縄本島ではすでに戦争は終っている。六月中旬に、地雷による被害者を出して以降、第三戦隊は斬込みにも出なくなっていた。米軍はほとんど反撃のない第三戦隊に対し、時折、気まぐれのように迫撃砲や高射砲を乱射してきた。そして、夜になると、周囲の海に浮かぶ米艦艇から人を喰ったように賑やかな曲が流れてきた。いや、昼間でさえも、水浴をしたり、ボートで遊び興じている米兵の姿が夏の紺碧の海に見えた。

栄養失調による死亡が、日本兵に限って陣中日誌に記録され始めるのは七月一〇日である。

七月十日　一八三〇　片桐一等兵、栄養失調のため戦病死す。

これに似た栄養失調死の記録は、敗戦により第三戦隊が二三四高地を降りるまで繰返され、わずか一か月余の間に一一名にのぼっている。これに戦病死も加えれば、その数は戦死者よりずっと多くなる。このまま戦争が長びけば、心身ともに衰弱しきっている兵隊の戦病死は、ますます増えただろうし、病に犯されなくても、栄養失調で次々に倒れていったに違いない。補給を断たれた第三戦隊は、米軍が攻撃を仕掛けるまでもなく、放置しておいても自滅は必至であった。

住民の食料も底をつき始めていた。田畑の貴重な作物は軍に供出させられ、ソテツ等の他、知恵をしぼって集めた食料も兵隊がくればとられてしまう。住民たちの間でもやはり、母親が栄養失調で乳が出ないため、乳呑児が衰弱死する等、餓死者が出はじめていた。

こうした中で、八月一一日、徳平秀雄郵便局長が米軍斥候《せっこう》に捕えられた。それを機に住民は谷間の仮小屋や避難壕を出、米軍に投降をしはじめた。米軍が「二十日以降日本軍軍隊及残った住民に総攻撃を加え全滅せしめる」との情報を得た第三戦隊は、一四日、最後の斬込みを計画する。持久戦に備えて爪に火を灯すように使われていた米は、その必要がなくなり、最後の斬込みが決定されると、雑炊は白米の握り飯に変った。

——アメリカーがビラ撒いてね、二、三日後だったかね。貝の缶詰やら、固いごはん炊いたよ。炊いたが、急に固いごはん配給しても誰も食べられん。あんまりおいしくない。食べたら下痢する。その時、将校がこう言ったよ。「ごはんをおいしく炊きなさい」って。ごはんがたくさん配給されて、腹いっぱいだから、口が肥えて、あんなこと言った。

渡嘉敷島《とかしき》に、米軍水上機から投降勧告ビラが散布されたのは八月一二日である。真夏の強い光の中をひらひらと舞い降りてきた米軍の投降勧告ビラは、あたりの山々でひときわ白く映え、鬱蒼とした亜熱帯植物群に覆われた谷間の木々の枝先に、無数にひらめいていた。その下でポンギさんは白い飯を炊き、兵隊らはそれを食べ、消化不良で下痢をした。

白い握り飯で力をつけて行なう予定であった最後の斬込みは、包囲態勢を組んだだけで未遂に終った。そして、一五日、「本部通信室故障の無線機にて終戦の詔勅を傍受、敵陣地よりの放送により終戦投降の呼び掛けを受」けた。投降勧告ビラは再び二三四高地頭上に舞った。

天皇の詔勅を壊れた無線機で傍受した次の日も、三度目の住民への〝処刑〟が繰返された。〝処刑〟されたのは、まだ召集年齢にも達していない少年二名であった。二人の少年は、他の若者二名と投降勧告文書を持って、米軍の軍使として二三四高地に登って来たのだ。

第三戦隊は〝処刑〟した二人の少年が持って来た投降勧告書を検討、一七日、四名の軍使を派遣する。赤松戦隊長と米軍司令官との会見は一八日となった。無条件降服の調印は二三日、武装解除は二六日と決まった。その日、ポンギさんは、「いつ、あの道、歩く時があるかね」と何度思ったかしれない、その渡嘉敷の白い道へ向かって、第三戦隊とともに二三四高地を降り、武装解除式にのぞんだ。

――ずーっと山に隠れている時、日本は勝つ、日本は勝つ、いつも心の中で思ったよ。そう思ってたのが、はい、日本は敗けてね。それで、隊長が、剣をアメリカーに渡しおったよ。隊長の剣さ、捕虜されてるから。ふたつの手でとって、アメリカーにあげよった。アメリカーがとるの見たら、悔しかったよ。

武装解除式が終ると、ポンギさんらは所持品の検査を受け、座間味《ざまみ》島に送られた。その時、ポンギさんが持っていたのは、もんぺ等、二、三枚の着替えと、赤瓦の家にいる時に兵隊からもらったチップを貯めておいたわずかな金だけである。

——風呂敷包み、小さいの持ってるさね。一緒に捕虜されてるから、うちらの風呂敷もみんなアメリカーが調べてみるさ。見たら、変な上等じゃない洋服あるさ。おかしかったはずね。

戦火をかいくぐって後生大事に持っていた品々は、米兵にうながされて拡げると、人前に晒《さら》すのが恥ずかしいようなものばかりであった。

皇軍の地下足袋《じかたび》

おびただしい量の砲弾が撃ち込まれた跡が蜂の巣のように、まだまだ埋められていない、あばた面《づら》の地面を、ポンギさんは小さな風呂敷包みひとつ頭にのせ、皇軍の地下足袋一足《いっそく》手にぶら下げて、来る日も来る日も歩いた。それは、日本がポツダム宣言を受諾した一、二年後、あるいはそれ以上だっただろうか。二三四高地の谷間を出た後、石川の民間人収容所に入れられていたが、そこにどのくらいの期間いたのか、途中で収容所内の大きな幕舎から、中が四所帯分に区切られたテント家《やー》に移ったが、それはいつ頃だったのか、また、そこを出たのはいつだったのか、ポンギさんにはまるで記憶がない。

とにもかくにも、沖縄の人々が収容所のテント生活から、米軍に与えられた急ごしらえの規格家《きかくやー》に移り、かっ払って来た板切れやテント等で掘立小屋を作る者は作り、それぞれが一応は銃砲弾におびやかされない生活を始めた時、ポンギさんも、石川の四所帯共同のテント家を出たのである。出てみたところで、もちろん行く当《あて》など、さらにない。ポンギさんは歩いた。ひたすら歩いた。

「だまされて日本軍に連れられて来て、知らん国に棄てられた」との思いに打ちのめされたのは、十・十空襲直後の那覇港に降り立った時でもなく、渡嘉敷《とかしき》の空襲が始まった時でもなく、日本の敗戦で谷間の陣地を降りて来た時でもない。石川収容所を出て、はじめて一人で沖縄の地を踏みしめた、その時である。

――一番はじめは、もうどこへ行っても落ちつかんさね。あっちへ行って一晩、こっちへ行って三晩、よくおったのが一週間。もう歩きどおしさね。名護《なご》にも行く。屋慶名《やけな》にも行く。歩きどおしだったよ。はじめはどこか行って、「女中に使ってくれんか」って言ったら、まだ若いから「どうぞ」と言って入れるさね。「女中はいるから上でサービスしなさい」って言うさ。もう一日中歩きどおしだから、〝客場〟におって居眠りした時もたくさんあったよ。お客が酒飲んでるのに、その前で居眠りして夢まで見る。それで、一晩泊って朝起きたら、またどこかへ行きたい。昨日来て「使ってくれ」って入って、そこを出る時、「家へ行って着替えとってくる」、そんな嘘ついて出てくる。一日中歩いて暗くなる。暗くなっても寝るところがない。また飲み屋に行くのよ。小遣いは一銭もないさね。二、三日おってバス賃ができたら、また他所《よそ》に行く。着替えも何もない。風呂敷包みひとつ頭にのせて、一か年はずーっと歩きどおしだった。どこに行っても落ちつかない、落ちつかんのよ。ああ、その当時は地下足袋《じかたび》履いてたよ。友軍の地下足袋。それを手に持ってわざと裸足《はだし》で歩く。知らんくにへ来て、知ってる人もいない、言葉も通じない、金もない、なんにもないさね。やけくそになってるさ。そうなるんですよ、人間。

銃砲弾跡の一角に、早くもせせこましくバラック歓楽街ができはじめ、その臭気を嗅ぎあてて、ポンギさんの足は知らずその方角に向く。日はたそがれて、と同時に息づき始めたバラック歓楽街の、とある一軒の店先で、歩き疲れて棒のようになった足のポンギさんは、中に声をかける。

「女中で使ってくれませんか」

必死なひとつ覚えの、たどたどしい日本語の、地下足袋ぶら下げた三十路《みそじ》過ぎの女に、バラック小屋の女主人は、見知らぬ国の目の前の女の辿った運命を、漠とではあるが直感しただろう。

「女中はいるから、上へ上がって客にサービスしてね」

「女中で使ってくれ」はポンギさんの精一杯のとりつくろい。バラック歓楽街の女たちの仕事が何であるか、百も承知のあいさつである。

バラック飲み屋に入って〝客場〟に坐れば、歩きどおしに歩いたその日の疲れがどっと出て、客がトウモロコシ等で造った酒に浮かれて歌をうたい始める頃、客も歌も夢現《ゆめうつつ》、ゆらりコクンとポンギさんの上体を、睡魔が揺すった。

夢を破り、歩き疲れて棒のようになった足を押し開いた客が、いつ帰ったのか知らず眠りこけ、翌日、目を覚ましてみると、すでに昼過ぎ、疲れがとりきれない鈍重な身体を得体の知れない嫌悪が覆う。ジリジリと太陽はバラックを焼き、安酒の臭いと男の体液が染みついて、蒸《む》されるような小屋には、もういたたまれず、外に出る。

「マダム、着替えを置いて来たところがあるから、ちょっと取りに行ってくる」

ようやく覚えた三つ四つの日本語を総動員して、その場をとりつくろい、ほうほうの態で逃げてくるのだ。風呂敷包みと地下足袋が、その時のポンギさんの全財産である。取りに行くべき着替えの服などありはしない。バラック小屋を出たところで行く当《あて》があるわけでもない。どうせまた、行き着く先は、他の町のバラック歓楽街。それでもポンギさんはバラック小屋を出る。

――もう、どこにいても落ちつかん。あっちこっち歩いたんですよ。名護《なご》からコザから屋慶名《やけな》から平良川《てーらーがー》から、嘉手納《かでな》にまた行ってね。「どこかで女中を使う人いないかね」言うたら、どこかのおばさんが、「ありますよ」って。行ったら若い女らが二人おった。この若い女二人は、アメリカー相手する、こういう所だった。「働いてくれ」って言うさ。月給は五〇〇円。それで、そこに泊って、朝、あれたちがかぶったシーツ、カバー、「洗ってくれ」って言うさね。その時は水道も何もない。シーツ、カバー洗おうと思ったら、ここの井戸はものすごい深い。釣瓶《つるべ》が針金で吊してある。汲み出す時、針金だから手が痛いよ。それが浅かったらいいが、まあ、こんな深い井戸があるかね。洗濯より、水汲むのがたいへん。もう歩きどおしで元気もないさねえ。栄養もないし。この女二人は映画見に行ってる。それで、洗濯やめて、朝炊いたごはん、塩で握り飯二つ作って、持って出たよ。女二人は映画見て、自分の家に帰ったら、人はいない。シーツ、カバーは洗ってない。ごはんは減ってる。おかしかったはずよね。握り飯持って、もう、喉が渇くもんだから、屋台店に入って、てんぷら五円分買って、てんぷら買ったらお茶飲めるさね。それでお茶飲んで、読谷《よみたん》に行ったよ。それで、また飲み屋に入ったさね。「女中で使ってくれ」って言ったら、「女中はいるから上でサービスしなさい」って言うから、まだ時間もあるし、断って出て来た。読谷に、石川の収容所で一緒におった人がいたよ。このおばさんのとこたずねて、一晩泊って、コザに行った。それで飲み屋に入ったら、男の主人は酒飲んでゲエゲエして、夫婦喧嘩しおった。ああ、この主人は酒くらいだね、たいしたことないね。酒飲んで暴れるからこわいしね。それで、朝、みんな起きないうちに窓から逃げて来たよ。逃げて来て、えー糞、歩けるところまで歩く。沖縄中歩くんですよ、毎日歩きどおしさね。そこへ入った晩に、飯もらって食べて、疲れて疲れて、眠たくて眠たくて、朝も起きたくないさね。昼過ぎまでグーグー寝る。それで、また出るんですよ。えー糞、屋慶名はどんな所か、行ってみた。遠いんですよ。茅葺《かやぶ》きの旅館があったよ。そこに一〇日おった。部屋賃は一五〇円かね、部屋賃入れて、わたしの分からまた主人が半分取る。こんな汚い所だったよ。どこもそういう所ないんですよ。部屋賃入れれば客からもらうのは全部自分のもの。このマダムはよからぬ女で、満州で軍の配給係の下の仕事やってたって。狸タヌキしてね、おそろしい女だった。この婆ぁはとってもうまくしゃべる。いい二才《にーせー》ぐゎ(若者)がいつも来とったが、「あんたの客、彼があんたを他所《よそ》へ行かすな」こんな言うたって。本当か嘘か分らんが。

部屋代をとり、さらに、女が自らの肉体を代償に男から得た報酬の五割をもピンハネした満州帰りの鬼狸は、「軍の配給係の下の仕事」をしていたというから、あるいは、日本軍の命を受けて、女をかき集め、慰安所経営にあたっていたのかもしれない。

こうしたある日のこと、屋台で隣り合わせた男にポンギさんは肴屋《さかなやー》(飲み屋。性売買をともなう店もある)に売られそうになる。コザでのことだ。歩き疲れて屋台に入り、てんぷらを注文した。先客が一人いた。ポンギさんが食べ終って出てくると、その男もついて来た。

「遊びに行こうか」

どこにも行く当《あて》のないポンギさんは男の誘いに乗じた。まだ日は高かったのに、肴屋に連れて行かれた。男は慣れた様子でマダムの部屋に上がり込み、酒を飲み始めた。ポンギさんは所在なく、土間に坐っていた。男とマダムのやりとりが自然に耳に入ってきた。男は「女を連れて来た」と言って、マダムに金を請求しているようだ。ポンギさんは自分は売られると直感した。この男と一緒にいたらたいへんなことになる。「便所はどこですか」とっさに用足しへ行くふりをした。幸い厠《かわや》は外にあった。ポンギさんは逃げた。もう、日は傾き始めていた。夢中で走って、とある民家に逃げ込み、一晩、その家に泊めてもらった。

風呂敷包みひとつ、かつての皇軍の地下足袋《じかたび》一足ぶら下げて放浪するポンギさんの切ない仕事を、男は見抜いていたのだろうか。売春宿の女主人との取引きがすめば、男は金を持って姿をくらましただろう。いや、もっとあくどく、始終まとわりついて、ポンギさんの稼ぎを搾れるだけ搾りあげたかもしれない。ポンギさんは身に覚えのない借金のためにがんじがらめになるところであった。

それにしても、尻に火がついたようにポンギさんが場所を変えていったのはなぜなのか。「なぜ?」の問いに、ポンギさんは言葉をつまらせ、苛立たしげに悲鳴をあげた。

「落ちつかん、落ちつかんのよ」

一九四五年八月一五日、日本の敗戦と同時にポンギさんの故郷《くに》朝鮮は、植民地支配から解放された。強制連行などによって、沖縄に送り込まれていた同胞の多くは、新しい歩みを始めたばかりの故国へ帰っている。朝鮮への帰還船の出発日もつゆ知らず、同胞の群れからはずれて、焼けただれたあばた地面をポンギさんは歩く。

ポンギさんの放浪は、死線すれすれの渡嘉敷島《とかしき》での体験と、異境へ来なければならなかった三十数年の、自らの境涯への、それこそ身も砕けんばかりの、激しい拒否反応ではなかったか。少なくとも、バラック歓楽街のせせこましい一室にとどまるよりも、あばた地面をさすらうことの方が、時を過ごす過ごし方としては、まだましであったのかもしれない。安酒の臭いと、男たちの体液の染みついたバラック小屋に「落ちつかん」のはごく自然の反応だ。ポンギさんは歩いた。「えー糞。名護《なご》はどんなところかねえ、名護へ行ってみよう」

ポンギさんの、日々宿を変えての放浪は、約一年間続いた。それから次第に気に入った店では一か月、二か月と腰を落ちつけるようになり、さらに、移動の周期が半年から一年となり、いつしか沖縄の住人となっていたのである。

移動の周期は緩慢になりはしたが、ポンギさんは、やはり、ひとところにとどまることができず、沖縄の飲み屋を転々とする。飲み屋といっても、ポンギさんの歩いた多くの飲み屋では、酌婦としての収入は皆無である。そこで働く女たちの収入源は、酒を飲みに来た男たちに性を買われる、その報酬である。しかも、男たちから得た全額が自分の収入になるわけではない。店によって比率は異なるが、およそ半額を〝部屋代〟として主人に収めなければならない。店では稼ぎの多い女を置けば、それだけ〝部屋代〟もあがる。もちろん、客の支払う飲み代は全部主人の方へ行ってしまう。

——飲み屋の商売もとっても辛いんですよ。何時間も坐って勘定もしないで難しい話ばっかかニチャニチャして。本当、たいへんですよ。包丁で腹刺したいぐらい。勘定したら放っといて逃げるけど、勘定とるのにたいへんな人がいるんですよ。さっさと飲んで、すぐ勘定して帰ればいいけどね、ビールを一、二本置いて、飲まない。長く坐っておって、「これは愛嬌がない」「酒が高い」、なんとかかんとか言って、とってもやりにくい客がいるさね。ビールをつごうとするでしょ、「ああ、つぐな」って言う。コップを持って口だけ濡らす。本当に癪にさわるさ。仕事終って二時、三時、寝るでしょ。眠り始めた時、また客が入る。マダムが入れるのよ。これが一番辛い。起こされて出るのがね。お客が憎らしいよ。はじめ入って来た時はふくれているさ。酒持って行って顔にぶっかけたい。でも、そうはできないさね。飲み屋より兵隊の方がいいよ。まあ、中には難しいことという人もいるけど、兵隊はすぐすませて、すぐ出て、次々入るんだから。

飲み屋を転々とすることに疲れて、ポンギさんは何度か他の仕事を試みたことがある。

那覇のグランド・オリオン通りにあった食料品店で働いたのは、石川のテント家《やー》を出て間もない頃だ。まだ家らしい家は建っていなかったその当時、その店も小さなバラックであった。夫は戦死、残された三人の子を抱えての女手ひとつの商いであったが、野菜は農事試験場から安く仕入れて売り、菓子類も置いてなかなか繁昌していた。ポンギさんは食料品店で働き始める時、戦時中、谷川沿いの壕でずっと寝起きして身体を冷やして以来、足腰が痛むので水汲みはできない、と伝えた。その条件は了解され、水汲みは一番上の娘にやらせるからよい、ということになった。その頃はまだ、グランド・オリオン通りのあたりでも水道はなく、井戸さえ数少なかった。食料品店から井戸は遠かったので、水汲みは骨の折れる仕事だった。はじめのうちは、娘は学校から帰ってくると水を汲んでいた。だが、次第にそれを怠るようになり、そのたびに母親に叱られていた。

——そうさ。女中がいるのに、なぜ自分が水汲みをしなければならないか、そう思ってるさね。水を汲まないので毎日喧嘩、私のためにすぐ叩かれるのよ。これ、見ておられんさね。それで、一か月位おったかね、五〇〇円ぐらいもらってやめたよ。

那覇で野菜売り、餅売り、空壜《あきびん》の回収もしたことがある。

——商売も知らんくせに野菜なんかバーキ（籠）にいっぱい買って、朝から出て、九時まで坐っておって、二、三束売ったかね。

野菜売りを始めたのは、元手が少なくてもできる商売だと思ったからだ。だが、路面に野菜を並べただけの小さな露店なのに、それぞれになじみ客がついている。新入りで、言葉の不自由なポンギさんは、客を呼びとめることさえ思うようにはできず、道端にずらりと並んでいる露天商の中に喰い込んで競り合うのは、ひどく難かしいことのように思われた。一晩おけば、萎《しお》れて売り物にならなくなるバーキいっぱいの、売れ残りの野菜を、仕方なく、他の店へ持って行って、元手を割って、買ってもらうより他なかった。元手さえとれない商売を、儲《もう》けが出るようになるまで続けられる金も、気力も、ポンギさんにはなかった。

餅売りを始めた時は、野菜売りを始めた時よりも、少し金を余分に持っていた。建具屋に行って、ガラスの蓋のついた陳列箱を作ってもらい、仕入れた餅を入れて道端で客を待った。だが、その木製の陳列箱は、台がついていたが、底が深くて、中を覗き込んでも見ない限り、餅が見えはしない。そのため、餅もたいして売れなかった。

――えー糞、全部喰ってしまえ。全部喰って、死ぬんなら死ね。

残った餅を、もったいなくて捨てることができず、むりやり腹に押し込んだポンギさんは、刑務所の近くにあった店へ、陳列箱を持っていって売っ払った。その頃、楚辺《そべ》の刑務所裏の二畳ほどの部屋に間借りしていたのだ。

空壜回収は、もう少し長く続いた。酒壜、ビール壜、醤油壜、コーラ壜等、あらゆる空壜を一軒一軒まわって買い集める。そして、買い集めた空壜を頭にのせて、安里《あさと》の回収業者の所へ持って行って売った。だが、その仕事では、肩にくい込む重量に耐えて黙々と運ぶことが馬鹿馬鹿しくなるほど、わずかな収入にしかならなかった。

ポンギさんは、また飲み屋を転々とした。転々としながらその日暮らしを続けるポンギさんが固く守ったことは、借金をしないことと、ヒモと呼ばれる男たちにひっかからないことだ。

飲み屋で働く女たちは、家が貧しく、多額の前借金を負ってこの世界に入って来ている。前借金には高率な利子が加算され、それを返済するのは容易なことではない。数年かかって元金、利子ともにようやく返済した頃になると、また、貧乏のどん底から抜け出られずにいる親が新しい借金をあてにする。自分の働きで家族を一時的にでも救えるものなら救いたいと女は思うし、雇い主は借金を負わせて女を自分の店につないでおきたい。借金の抜けた女には、雇い主は高い衣裳や化粧品を押しつけるなど、何かと理由をつけて借金を負わせようとする。自前で働く女は、雇い主の思い通りには使えないからだ。こうして女たちは、親からも雇い主からも、そして、己れからも呪縛され、借金で身動きできなくなる。

借金を返済し終えて身軽になった女が、ヒモと呼ばれる類の男にひっかかることがある。いや、多額の借金を負っていてさえ、男に入れあげ、より大きな借金に埋もれていく女もいる。こうした女たちをポンギさんは何人も見てきた。

――借金したらたいへんさ。自分で儲《もう》けて返すっていったら、簡単にはできないさね。まあ、運よくいい人が見つかって、借金でも払ってくれたらいいけど、自分で払うっていったら、もう、難しいですよ。儲かる、っていっても洋服も買うし、化粧品も買うしね。たいがい借金があるからね。まあ、男にだまされて、男に惚れて借金する人もいるんですよ。飲み屋でも惚れた男にかけ（つけ）で飲ます。かけで泊らす。これが全部女の借金になる。男に喰わせて、借金だらけの女がたくさんいるよ。だらしない！　男は遊んで、女は儲けるには儲けるが、男に全部喰わせてしまう。喰わせてコロされて、目をあざで真っ黒くして。あっちもこっちも真っ黒にして按摩膏薬《あんまこうやく》貼る。阿呆だよ、こういう人は。

按摩膏薬《あんまこうやく》というのは、打身、肩こり、腰痛等に使われる塗り薬だ。神経痛で足腰の痛むポンギさんも、ろうそくの火で暖めて溶かし、痛む部分によく塗ったものだ。沖縄の方言では母親をアンマーと呼ぶことから、おかあさん膏薬とも通称され、一般に広く愛用された。その按摩膏薬を、男にいたぶられて、始終、身体中にあざを作り塗りつけている女がいる。

――二〇〇〇ドルも三〇〇〇ドルも借金がある人はたいへんですよ。こういう人は男とグルになって逃げる。逃げて捕まるでしょ。男も女も主人にコロされる。私はメンスがある時は、あるたびに腹が痛い。それで、二、三日は何も食べないで、薬ばっかり飲んで寝ておるさね。またおいしくもないのにたばこ吸う。胸が悪いさね。そうしている時、男と女が、私が働いていた所に逃げて来て、二、三日おったよ。トイレに行こうと思って起きたら、私の並びの部屋だったから、他所《よそ》から来た女と男が寝てるのが見えたよ。きれいな女だったよ。そしたら、前の主人が入り込んできて、この男を柱に打《ぶ》ちつける。この家は柱が真ん中に立っておったさね。何度も打つんだよ。血がダラダラ、気持悪かったよ。借金たくさんして、男と逃げまわるでしょ。主人が探して男も女もコロすんだ。叩かれた男はそこに一日おったよ。血ィダラダラ流して。それで主人は女を連れて帰りおった。女は家へ連れて行ってコロすさ。

前借金のある女に逃亡された雇い主は、あらゆる手段を使って女の行方を追う。狭い沖縄のこの業界では、逃亡の噂は瞬く間に拡がり、沖縄から遠く離れない限り、女が借金や業者の手から逃れることは、ほぼ不可能に近い。

この世界に入って決して短くはない年月を経て来たポンギさんは、借金の怖ろしさを身にしみて知っている。

一日に何人もの兵隊を相手にしなければならなかった赤瓦の家よりも、民間の飲み屋にたまさかに訪れる客を相手にする方が辛かった、とポンギさんは言った。軍の慰安所だった赤瓦の家では、女たちの性だけが売買の対象にされたのに対し、民間では、性だけにとどまらず、容貌とか情、色香といった多様な女性性が売買の対象となった。雇い主は女たち同士の競争をあおり、客のつかない女は全存在を否定されたような錯覚に、そこでは陥《おとしい》れられる。そうした女に〝ヒモ〟と呼ばれる男がつけ入る。いや、最初は〝ヒモ〟でなくても、よほど金まわりがよくない限り、女のもとに何回も通いつめられない。飲み代は瞬く間に自分の稼ぎを上まわり、こつこつと働いていることが馬鹿らしくなるほど、大きな金が女の肉体を通して動いていることを知る。女にのめり込めばのめり込むほど、〝ヒモ〟にでもならなければ、つきあうことなどできなくなるのだ。

飲み屋で働く女たちが怖れたものが、もうひとつある。それは客に性病を移されることだ。ポンギさんもこの仕事に慣れない頃は何度も病気を移されて、病院通いをした。

――飲み屋におって、金儲《もう》けようと思ってお客相手するでしょ。病気したらたいへんですよ。直すのに借金する。客とって気持悪いね、と思ったらすぐ医者のところへ行ってペニシリン打つさ。すぐだったら治るさね。この商売始めて一か年はしょっちゅう病気移されたよ。これがたいへんだった。

治すのに金かかるでしょ。お客が「遊ばせなさい」って言うさね。だいたい顔見たら、ひと目でわかるよ。この人、変なじゃないかねと。

性器が爛《ただ》れ、膿《うみ》を出しながら、それでも女を買いに来る男もいた。

ポンギさんは四〇代の頃から食堂の皿洗いや料亭での洗濯婦、飲み屋の雑役婦等、時折は月給で雇われたこともあった。だが、多くの場合は定収入がなく、飲み屋にくる客との取引きで得た収入で身を支えてきた。ポンギさんが、五、六〇〇〇円といった低額ではあるが、月給で働けるようになったのは、沖縄が本土復帰し、売春防止法が適用されるようになった一九七二年以降である。飲み屋でのポンギさんは、決して借金をせず、そのかわり、たいして稼ぎもせず、性を弄《もてあそ》ばれる残酷に淡々と耐えたかのように見える。が、性を売買された自らの半生を、今、年老いて、ポンギさんは呪う。

――だから、狂う。しょっちゅう頭が痛い。包丁で、もう、首を刺したい気持もありますよ。本当に。目が痛い、頭が痛い、神経痛。いやになって、サロンパス貼りながら鋏《はさみ》でイーイッ、首を刺したい時もあるが、それですぐ死んだらいいが、すぐ死なれなかったらまた重ね重ね余計哀れになるさね。戦《いくさ》の時、弾一発で死んでたらこんな苦労しなかったがね。

天候が崩れ、周囲のサトウキビが風にざわめく中で、ポンギさんは小屋の板戸をピタリと閉ざし、拭き浄《きよ》めた二畳ほどのビニール筵《むしろ》の上で、いささかでも痛みをとり払おうと、貼り薬を切る。よりにもよって、こんな時に、鼠は天井を駆け、厠から這い出してきたやもりは、どこからか忍び込み、節穴や隙間を紙テープでピッチリと塞いだはずの板壁を伝う。ポンギさんは、鼠とやもりとサトウキビのざわめきと、鉛で頭を締めつけられるような鈍痛にさいなまれる。

釜山《プサン》を発ってすでに四〇年余、朝鮮半島よりは沖縄で経た日々の方が長くなった。

ポンギさんは、年老いて決して忘れることのできない夢を見た。それは、故郷新礼院《シルレウォン》へ帰った夢である。

——私は沖縄にきて三〇年以上おったけど故郷《くに》に行ったのは……二、三回、夢見たんですよ。夢でね。故郷に行っても、家もない、何にもないでしょ。外をブーランブーラン歩くんですよ。家がないもんだから家に入らんさね。夢でもそんなですよ。

一七歳の時に新礼院を出てから、父には一度、一九歳の時に会ったきりだ。姉はポンギさんがもの心ついた時には他家に奉公に出されていたし、弟とも数え七歳の時別れて以来会ってはいない。父はおそらく、もう他界しているだろう。幼い時に新礼院を去った姉や弟が、いま、新礼院にいるとは思えず、ポンギさんの身を寄せるべき縁《よすが》はありそうにもない。夢の中でさえ、故郷に帰ったポンギさんは、村の中をさまよい、行くあてもなく、幼い頃よく遊んだ川の、女たちが洗濯に使うにほどよい大きさの、美しい石に坐っていた。

夢の中に父や姉が現れたこともある。

――終戦になってから見た夢さね。親父が道端に叺《かます》を敷いて坐っておったよ。私はその前を通って、何にも話をしなかったよ。目ェ覚めたら夢だったさね。ああ、夢でも話をしたらよかったのに。こう考えるさね。いっぺんはまた、「足がないので行かれない」って言う。こんな夢見たから、うちの親父は亡くなったかね……。もう一回は、屋根は茅葺《かやぶ》きで、小《ちい》こい家に何にもないさ。土間の所に女が立っておるんです。「苦労したよ」こんな言う。そして、起きてみたら夢だ。ああ、これはうちの姉さんだったね……。

ものの心ついた時にはすでに別れ別れになっていた姉の現在の姿をポンギさんは知らない。夢の中に現われた女を、ポンギさんは見定めることができず、目覚めてから、故郷の茅葺きの小さな家の土間に立っていたから、姉だろう、と思うばかりだ。

渡嘉敷《とかしき》へ

ある春のこと、ポンギさんと渡嘉敷島へ行った。

天候は変りやすく、神経痛のポンギさんのためにも、雨が降らなければいいが、と祈るような気持であったが、幸いその日は晴れて、海は穏やかだった。視界が遮られたうっとうしい船室に入る気にはなれず、少し寒くはないか、とも思ったが、甲板のベンチに腰をおろして、さんさんとふりそぐ明るい陽射しに身を晒《さら》していた。

「うちらが渡嘉敷来る時は小《ちい》こい船だったよ」

三十数年前のその日をポンギさんは神妙に回想した。暖い陽射しが神経を緩慢にする。私はだまって聞いていた。ポンギさんもそう言ったきり、微かな潮風に目を細めていた。渡嘉敷島のだいぶ手前に点在する小さな島々に目をとめると、

「あれは座間味《ざまみ》かね、渡嘉敷かね?」

と、ベンチから身をのり出した。ポンギさんは最初座間味島に寄り、それから渡嘉敷島へ渡ったので、那覇から行った場合、座間味島が手前にあると思っているのだ。船はその無人の小さな島々を通り過ぎ、それからしばらく行くと、前島が見え始め、そして、渡嘉敷島が見えた。私が渡嘉敷島を指

差すと、ポンギさんはじっと喰い入るように、その消炭色の島影を見つめた。その頃から急に空に雲がかかり、海の色はあっという間に黒ずみ、そして、船が大きく揺れた。甲板の前の方にいた私たちのベンチに容赦なく波飛沫《なみしぶき》がかかり、船員に助けられるようにして船室に入った。が、船室に入ると同時に、もう前島の暗緑色の木々が船窓に迫り、船は大きく揺れながら渡嘉敷《とかしき》港に入った。

——渡嘉敷の海は、あーら、とってもきれいなこと……。

と、ポンギさんが言った三十数年前とは、渡嘉敷港周辺はだいぶ変っている。三十数年前は〝赤瓦の家〟のあったあたりは人家もまばらであったが、いまでは港近くまでコンクリート建ての家々が建ち並ぶ。私たちはとりあえず宿に荷物を置くことにした。

宿で昼食をすまし、仲村渠《なかんだかり》初子さんや新里《しんざと》吉枝さんとの約束の時間にはまだ早かったが、〝赤瓦の家〟の近くまで行ってみようと、私たちは外に出た。宿からはほんの三、四分の距離である。港へ向かう道を真っ直ぐ行き、右に曲がる路地を入ると、もうその右側は新里さんの家であり、左側はかつての〝赤瓦の家〟だった仲村渠さんの家である。吉枝さんが塀の外に出て洗濯物を干していた。

「少し時間は早いと思ったんですが……」

と私は挨拶した。吉枝さんはいかにも懐しそうにポンギさんの手をとって、自分の掌に包んだ。それは、あの激しい戦争をお互いによく生きのびてきた、といった想いからの仕種であっただろう。だが、ポンギさんは両の手をとられて、とまどった様子で曖昧な反応をした。

三十数年ぶりに渡嘉敷島を訪れたペ・ポンギさん（中央）。
左側が仲村渠初子さん、右側が新里吉枝さん

ポンギさんと一緒に来る前に、私は渡嘉敷島に何度か足を運び、吉枝さんにも初子さんにも会っていた。最初に新里さんの家を訪れた時、吉枝さんは不在であったが、息子夫婦から、ポンギさんが特別在留許可を受けた際の新聞報道を見て、新聞社に問い合わせまでしてポンギさんを探そうとした、という話を聞いていた。また、私が問われるままにポンギさんの様子を伝えると、吉枝さんも初子さんもぜひ会いたいと、何度も言っていた。その旨を伝えると、ポンギさんの反応は多少異ったものだった。渡嘉敷の話を懐しがりはしたものの、吉枝さんに対しても、初子さんに対しても、ポンギさんは特別な感慨を抱いていたわけではない。吉枝さんや初子さんの憐憫《れんびん》や同情に対して、渇ききった感情しか持ち合わせなかった。それでも、たいして強く誘ったわけでもないのに、渡嘉敷島に来る気になったのは、渡嘉敷島をもう一度見ておこう、という想いとともに、ハルコの遺骨を吉枝さんが最後まで面倒をみてくれた、ということを知ったからだったか

もしれない。

一九四五年三月二三日に死亡し、新里《しんざと》さんの家の緊急用の壕の入口に置かれていたハルコの屍体は、住民が山深い谷川沿いの壕や避難小屋に籠《こも》り、軍も二三四高地に撤退して人影のなくなった渡嘉敷《とかしき》に、そのまま放置されていた。ハルコの屍体を埋葬したのは、二週間後、米軍の攻撃が一時おさまった時に渡嘉敷に降りて来た知念朝睦《ちねんちょうぼく》副官である。知念副官は、ハルコの屍体が置かれていたその場、つまり、新里さんの家の壕の側に埋葬した。その時、屍体はすでに腐爛《ふらん》していたという。戦争が終って、新里一家が山の避難壕から降りて来た時、骨が見えていた。吉枝さんはその骨を掘り返して壺に入れ、いつかハルコの縁《ゆかり》の人が朝鮮から訪ねてくるかもしれないと、山の麓に埋めておいたのだ。しかし、一九六二年、戦没者慰霊の白玉《しらたま》の塔ができる時、ハルコは軍と一緒に来たのだからと、軍人の遺骨とともに合祀《ごうし》したというのである。ポンギさんはその話を吉枝さんから改めて聞いて、

——ハルコの遺骨をそんなにまでしてくれて、ありがたいよね。


と言った。と同時に、ハルコの遺骨を探しに来る人など、決しているはずもないことを吉枝さんに伝えた。〝赤瓦の家〟にいた七人の女の親族の誰一人、釜山《プサン》を発ってからの彼女らの行先を知らされていなかったからだ。

その日の午後、戦争当時、役場の兵事主任であった富山真順《とみやましんじゅん》さんの案内で、私たちは二三四高地へ向かった。蛇行しながら登る舗装道を車で十数分も走ると、もうそこは山の頂上であった。戦後、

米軍の基地として使用されていた跡地に、国立沖縄青年の家が建ち、周辺の広場は公園のように整備されている。私たちは展望台に立った。慶良間《けらま》海峡と、座間味《ざまみ》島、阿嘉《あか》・慶留間《げるま》島、その他の小さな島々が一望のもとに見渡せる。海峡は鈍い灰色をしていた。島影も薄黒く霞んでいる。眼下には所どころ小山をつくりながら起伏する亜熱帯樹林が続いている。富山さんが峰々の手前のひとつを指差した。

「あの山が日本軍と米軍がとり合ったA高地ですよ」

島の人々からはアクガナファギと呼ばれている山だ。三月二七日に上陸した米軍が、すでにアクガナファギまで来ているとの情報で、二八日、初子さんは、もう、この小さな島には逃げ場はないと、自決を覚悟した。そのA高地のさらに手前、展望台の目と鼻の先に第三戦隊が複廓陣地を築いた二三四高地があると富山さんはいった。島の人々が集団自決をした谷間は、その第三戦隊の陣地があったという濃緑の樹林のなだらかなうねりをひとつ越した北側である。上から見ると、樹林の下に小さなせせらぎが流れていることなど、想像もつかない。

私たちは展望台を降り、整地された広場から深い茂みに分け入った。富山さんが茂みの中に、ようやく人ひとりが通れるくらいの小径をみつけた。急峻な小径を木につかまりながら七、八メートルも伝い降りると、谷川があった。私たちが降りた小径は、第三戦隊が陣地外へ出る際、通用口にしていたという。小径を降りきったところは谷間がいくぶんひらけていた。谷川もそこでは小円を描いて滞留している。第三戦隊の炊事場は、谷川のその丸い窪みの傍につくられた。水を湛《たた》えている窪みが、一人当たりマッチ箱一杯分の米や、現地自活班から運ばれてくる芋や芋づる、あるいは食用となる野草の洗い場に利用されたのだ。突然、三十数年前の炊事場に降り立ったポンギさんは、すぐにはそのことに気づかなかった。

「このあたりに山の粘土を固めて竈《かまど》を作ってましたよ」

谷川の丸い窪み近くの山際に足を押しつけながら富山さんがいった。

私たちは谷川に沿って陣地跡を登ってみることにした。上の方には赤松戦隊長が入っていた壕もあるはずだ。谷間の左右に百足《むかで》の足のように何本もの壕が掘られていた。ある壕は、つい数週前に掘ったかのように、鋭利な掘り跡を粘着質な土壁に残している。水のたまった壕の入口に破れた軍靴が見えた。

「米軍のものでしょう」

戦後のある時期、日本軍の遺留品はほとんど回収したと富山さんはいった。

富山さんと初子さんが戦時を回想する間、終始口を閉ざしていたポンギさんは、ふと気づくと、足場の悪い斜面にかがみ、せせらぎに向かって合掌している。

この谷間では、強制連行されてきた朝鮮人軍夫は死んだが、ポンギさんの仲間は死んでない。ポンギさんは何に向かって合掌しているのだろう。ポンギさんが語ったこの谷間の死者は、炊事場の傍にあった通用口から貧弱な装備で斬込みに行き、負傷して、血の気も失せてかつぎ込まれてきた日本の将兵たちである。米軍の近代兵器を前にして、手も足も出ず、傷つき、引揚げてくる将兵を、ポンギさんは、まるで身内の不幸のようにいたたまれない想いでみていた。そして、谷川で、何度こすっても落ちない、血糊で黒く固まった軍服を手の切れるほど洗った。この谷間は、日本軍の若い将兵と朝鮮人軍夫の血を吸い込んでいる。

谷間にいる間、ポンギさんはずっと、日本軍は勝つと信じていた。だが、八月中旬、降服勧告ビラが頭上に舞い、八月二六日、日本軍と一緒に谷間を降りて武装解除式に臨んだ。日本の将校が武器を捧げ持って米軍将校に手渡すのを見た時、ポンギさんは悔しくて涙が出た、と語っていた。だが、ポンギさんを沖縄へ連れて来、その後の人生を変えてしまったのは、まぎれもなく日本軍ではなかったか。日本軍将校が菊の紋章の入った軍刀を米軍将校に手渡した時、渡嘉敷島《とかしき》に君臨していた大日本帝国の第三戦隊は解体した。その時、ポンギさんの故国朝鮮は、すでに、日本の植民地支配から解放されていた。けれど、ポンギさんは故国の独立を意識にのせることもなく、この谷間で五か月の間生死をともにした敗軍将校の哀れな姿に涙を落していたのである。

おもえば、ポンギさんが見た〝国〟は、常に異族の国家であった。ポンギさんが生まれた時、朝鮮はすでに日本の植民地支配を受けていた。米軍支配下の沖縄に生きた戦後も、沖縄の施政権が返還された後も、ポンギさんにとって〝国〟は異族の国家である。ポンギさんが〝くに〟という時、それはいつも故郷を意味していて、国家を想起させることはない。ポンギさんは〝国〟を超えて、この谷間の死者の霊に合掌していたのかもしれない。

頭上を見あげると、樹間からチラチラと薄曇りの空が見えた。谷間はじっとりと湿気を孕《はら》んで暗い。ポンギさんはと見ると、危うい姿勢でまだ瞑目していた。

翌日、渡嘉敷港近くの海岸を、ポンギさんと歩いてみた。ポンギさんが渡嘉敷にいた頃は、村の中をみだりに徘徊することは禁じられていた。そのため、ポンギさんらは、役場や郵便局や学校等があった村の中心部の方へ足を向けることはめったになく、なすことのない日々、村のはずれの赤瓦の家か

かつて洗濯物をすすいだ小川のほとりに立ち、唄をうたったペ・ポンギさん

ら浜に出た。浜で海草や貝を拾い、小波《さざなみ》と戯れた。

戦後、米軍が基地を置いていた頃、渡嘉敷港周辺は防波堤や米軍専用の桟橋が築かれ、大きく様変りしたという。ポンギさんはなかなかに三十数年前の風景を見出せなかった。港の周辺を一巡して、そろそろ宿へ引き返そうとしていた時、ポンギさんの足がハタと止まった。視線は、密生する薄《すすき》の陰の小川に注がれている。ポンギさんはその場にへたり込んだ。桟橋に立つ見張り兵が投げかけるひやかしの声をはね返しながら、洗濯をした山麓の小川だ。ポンギさんらは洗濯物を小川の水ですすぎながら、よく唄をうたった。私はその唄を問うた。ポンギさんは一曲だけうたった。

蝉が鳴き　かぼちゃの花が咲く
わたしのふるさと
みめ美《うるわ》しく　純情な　愛《いと》しのお嬢さんは
ヨルム（漬物の一種）　オイキムチ
漬物上手で　料理上手

まめまめしく働いて　切り盛り上手
いつの日か　男の子も女の子も授かるでしょう
愛しのお嬢さん

唄にうたわれていたのは、平穏な家庭に収まってつつましく生きる女の姿だ。少女時代、新礼院《シルレウォン》でミンミョヌリとして働いていた頃、折にふれポンギさんに親切にしてくれたというソネオメのことがふと想い浮かんだ。けれど、ポンギさん自身は、新礼院から遠く、果てしなく遠くさまよい続けてきた。そして、そんな平穏な家庭の女の生活から遠く離れて生きてきた。覚えていたことが不思議なくらい、久しく口誦《くちず》さむこともなかったはるかな唄だと、ポンギさんはいった。

初子さんは一九四五年三月二八日、二三四高地の裏、今では玉砕場と呼ばれる谷間で受けた傷が原因で婚約を解消され、傷だらけの身体で一人で生きなければならなかった。戦後しばらくして、赤瓦の家の焼跡に、親戚の人たちに頼んで掘立小屋を作ってもらったのだが、その際、初子さんは家屋敷を汚したとの想いから、村のユタ（土着の巫女）にお祓いをしてもらった。米軍の爆撃で〝赤瓦の家〟が跡形もなく焼け落ちてもなお、女たちの性が売買された因縁が染みついているように思われたからである。今はそこに立派なコンクリート造りの家を建て、普段は那覇で暮らす初子さんの留守の間、村の保健婦さんに貸して、入ってもらっている。

息子夫婦と暮らす吉枝さんは背の高い、ガッシリとした体躯で毎日野良へ出、畑仕事に余念がない。

この旅行から帰って間もなく、ポンギさんはサトウキビ畑の中の小屋を出て、那覇に移り住んだ。

——隣の人が飼ってた犬が子ども産んださね。三匹産んだが、一匹が気違い犬だったよ。それで、井戸に落ちて死んだよ。これ、すぐ引揚げたらいいが、腐って、井戸の水はもう、使えんさね。

洗濯をしたり、小屋の中を拭き浄《きよ》めたり、がじゅまるの木陰の井戸水が腐れ水になっては、潔癖症のポンギさんには一日とて暮らせない。それで、長い間、難渋していた引越しを仕方なく決意したのだ。六畳、といっても畳のない一部屋、四畳半ほどの広さの台所、厠《かわや》は外だが、電気、ガス、水道は通っている。玄関の両脇には、以前のように盛塩をしていた。六畳にはビニール筵《むしろ》を敷きつめ、引越し祝いに知人から贈られた電気ゴタツを薄い布を掛けただけで置いた。赤外線ランプの暖い色が掛け布から透いて見える。柱の日めくりカレンダーは正確な日付を示し、夜具は、長火鉢のようなものの上で、地紋の入ったコバルト・ブルーの美しい布の中に納まっている。

その部屋に二つある窓は、昼でも二つとも雨戸を閉ざし、終日、蛍光灯の仄白い明りに頼っていた。

——雨戸を開けたら子どもが石を投げて、ガラスを割るよ。

窓のすぐ脇の坂を登り降りする車の振動でひび割れたガラスが、時折震える。ポンギさんはここでも、サトウキビ畑の中の小屋にいた時のように家に籠《こも》って暮らしている。

隣の、同じような造りの貸家で蛇口を捻ったのだろう、耳障りな不調音が水道管を伝わってきた。台所の窓には雨戸がなく、麦茶を沸かすといって流しに立ったポンギさんの手元にまばゆいほどの陽光が射し込み、水がきらめきながらはねた。

ポンギさんが那覇に移ってから二、三年を経てもなお、私は作品を完成できずにいた。ようやくヨチヨチ歩きを始めたものの、まだ襁褓《おむつ》のとれない子を連れて、久しぶりに訪ねたその年、

——頭が痛くて、ボンクラになって、話なんかできるかねえ。

と、力なくつぶやいた。三月であった。変りやすい天候が続いていた。湿気を孕《はら》んで刻々変る雲行きが、筋張った小さな躰をいたぶっているように思われた。背筋をピンと伸ばし、向かい風に身を晒《さら》しているような張りは、痩躯から失せていた。コマ落としのフィルムを見るように、老いが、急速にポンギさんに忍び寄っていた。

気晴しにどこかでおいしいものでも食べましょう、と前もって約束しておいて訪ねると、玄関に錠が下ろされていた。戸をノックし、外から声をかけると、いつもとは違って、脇の窓の雨戸が開けられた。私は窓辺に寄った。小雨がパラつき始めていた。

——今日は頭が痛いよ。せっかくだけど行けないよ。

頭痛がひどいなら、病院へ行った方がいいのではないか、と私は気を揉んだ。病院へ行くには市役所まで行って医療切符をもらって来なければならないという。医療切符を使えなくても、近くにある病院へ行ってみようか、と一緒について行くつもりで聞いてみた。ポンギさんの頭痛を、なんとか紛らわせたかった。だが、私のさしでがましい口出しに受け答えすることさえ苦痛のようだった。

口唇が歪んだ。片頬がひきつった。顎がひしゃげた。

発作が起こる。この発作をとどめる妙薬などないことを、ポンギさんは誰よりもよく知っている。

――子どもの頃、ひもじかった時も、戦争で山にいる時も、戦争が終ってからも、苦しいには苦しかったがね、若かったから今ほどではない。年取って、身体が思うように動かなくて、あちこち痛い。始終病む。戦争の時より何より、今が一番苦しいよ。

家族がともに暮らすこともできないほどの貧困、幼い時の一家離散、飢え、奉公、渡嘉敷《とかしき》での慰安所生活、戦争、見知らぬくにの焼跡に放り出され、一宿一飯を得るためだけに酔客に身を委ねた日々、そして、戦後の沖縄での長い飲み屋暮らし……。生まれてこの方、ポンギさんは、いつもいつも、ひとかたならない苦難の中に身を置いて生きてきた。しかし、苦渋に満ちた六十数年のどの時より、今が苦しいのだと、襲いかかる発作に抗《あらが》い、夜叉のような面相で呻《うめ》いた。

II

三つの島の慰安所

渡《と》嘉《か》敷《しき》島

その１　初子さんの体験

幾重にも積もった枯葉の弾力が、踏みしめるたびに心地よく伝わってくる。雑木林の、とある木の根元に、そこだけ異質なひと塊りが目にとまった、怪訝《けげん》な思いで目をこらす私に、初子さんはつぶやいた。

「今年は終《うわ》い焼香《すうこう》ですもんねえ。みんな山に登ってくるんですよ」

よく見ると、酒や菓子や果物類が供えられた跡で、線香の燃え残りもあたりに散っている。戦後三〇年余を経ていたその年は、一二三四高地の山ひとつ隔てた谷間で生命を絶った人々の三三回忌にあたっていた。一、二度、雨に打たれたようであったが、なお色鮮やかに目を射る酒壜《びん》のレッテルや菓子袋は、一九四五年三月二八日、自決した人の霊をなぐさめる焼香の跡だったのである。第三戦隊の陣地跡をポンギさんと確認した後、初子さんの足は、自然にその谷間に向いていた。案内をしてくれていた富山真順《とみやましんじゅん》さんは、

「あっちにも行くんですか」

と、当惑したような、複雑な表情を見せた。いつしか玉砕場と呼ばれるようになったその谷間で、約三〇〇名の人が亡くなっている（さらに他の場所でも約三〇名が生命を絶った）。富山さんは、当時、島にいた住民の半数近くが自決するという惨事に、できれば触れてほしくはない、といった様子であった。だが、初子さんは、吸い込まれていくように、その谷間に向かった。

第三戦隊の陣地跡からその谷間まで、十数分歩いただろうか。小高い山ひとつ隔ててはいたが、たいした距離ではなかった。人々が集まったという谷川沿いのゆるやかな傾斜地は、木々に覆われてほの暗かった。ほどよい間隔を空けて林立する木々の合間には、小灌木も笹の類もなく、まるで下刈をしたようにスッキリとしている。人々はそこに家族同士、親戚同士寄りそって腰を下ろしていたのだという。ゆるやかな傾斜であるにしても、常時、下の方を向いていない限り、長時間そこに坐っているには不安定な勾配だ。傾斜地の上の方に太い赤松が倒れていた。富山さんは、横たわっている赤松を片足でトントンと叩きながら、「白蟻にやられたんですね」とつぶやいた。その、一本高く聳《そび》えていた赤松の下に、村長や郵便局長ら村の指導層がいたという。そこからは、集まった人々を一望のもとに見下ろせたろう。

谷川は、傾斜地を鋭く浸蝕して流れており、簡単には降りられそうにもなかった。が、富山さんは段差のゆるやかなところを見つけて降り、米軍がダイナマイトで谷川の岸を削りとり、自決者の屍体を埋めたという箇所を探した。

初子さんの父も母も妹も、その谷間で亡くなった。初子さんは迫撃砲を受けて重傷を負い、生死の境界線上をさまよいながら、数日間、その谷間に埋もれていたが、村長と駐在巡査の率いる少年たちに運び出されて、一命をとりとめたのである。
弟も、召集年齢が一歳きり下げられたために召集され、沖縄本島に渡って戦死した。たった一人残された初子さんにとって、家族とともに暮らした少女時代の記憶は、ほっくりと懐かしい響きでよみがえってくる。

——渡嘉敷《とかしき》というくには、昔から皆が、とにかくよく働いてですね、物質的にも何にも不自由しない、とっても豊かなくにでしたよ。漁業が盛んでしたからね。わたしたちがもの心つく頃、まだ支那事変にならない昭和七、八年、お父さんが鰹《かつお》とってくれれば、腹わた取って、鰹節こしらえて、鰹節にならない他の魚はおかずにして自分たちで食べてました。慶良間《けらま》鰹の名産地ですから、これを売り出せばお金は入るし、また、農業もできますからね。食べるものは買わなくても、何でも豊富に贅沢に暮らしてたんですよ。

初子さんの父親は漁師であった。長い間、南洋方面へ出かけて漁をしていた。初子さんは留守中の父から洋服や学用品が送られてくるのが、何よりの楽しみであった。父は「一番棹《いちばんじょう》」と呼ばれる鰹つりの名人だった。鰹船では、漁をする時、一番棹の場所が舳先《へさき》、あるいは艫《とも》と決まっていた。その場所を占めることは漁師の誇りであった。
一番棹である父は〝花金〟として、さまざまな記念品を家へ持って帰って来た。記念品は毛布や目覚し時計やそろばん等であったが、それらを初子さんの家では家宝のように大事にしていた。そして、「これはお父さんが鰹漁でよく働いた時の賞品だから、大事にして、孫の代にもおじいさんが働いた記念品だと教えるんだよ」と聞かされていた。だから、慶良間の島々が米軍の攻撃を受け、山へ逃げる時にも、父の一番棹としての記念の品々を、他の貴重品とともに非常袋に入れて持ち歩いたのである。

一九四四年九月九日、鈴木常良大尉の率いる海上挺進基地第三大隊は、阿波連《あはれん》の北の美しい入江、渡嘉志久《とかしく》から上陸してきた。漁師の多くが鰹を追って南洋方面へ出稼ぎし、また、召集年齢にある者は次々と戦地へ出征し、島から男たちが消えていた。稀に働きざかりの男の姿を見かけるとすれば、公務員など、例外的な存在だった。どこの家も女と子ども、それに年寄りばかり、戦況が次第に悪化していく中にあって心細い毎日を過ごしていた。

当時、島に残されていた住民は七〇〇名前後である。そこに約一〇〇〇名もの軍隊が上陸した。人々は、こんな小さな村まで守りに来てくれた、とたいへん感激して日本軍を迎え入れた。村長の指揮のもと、婦人会も女子青年団もあげて接待にあたった。

ひっそりとしていた島の様相は一変し、その日から、ものものしい喧噪の渦に巻き込まれた。わずか二〇名ばかりになっていた青年団、約八〇名ほどの女子青年団、小学生までもが連日軍作業に出ることになった。また、広い家の一番座（客間）や二番座（仏間）は兵舎ができるまでの間、将校や下士官の宿舎として使われることになり、民家に入りきれない兵隊の宿舎は国民学校があてられた。

初子さんも女子青年団の一員として、毎日軍作業に出た。

――若いからはりきって、自分たちも兵隊と同じと思っているわけ。銃後の女性として兵隊の次は自分たちと教え込まれているんですよね。だから、どんなことでも軍に協力して、女子青年としての務めを果たしていれば、お家のことはどうであろうと、ぜんぜん構わない。「今日は軍の作業は休んでお家の手伝いしなさい」といわれても、誰も休まないくらいでした。兵舎を造るから茅《かや》を刈るといったら、前の日から鎌をゴシゴシ研いで、地下足袋《じかたび》履いて、モンペつけて出て行きましたよ。

初子さんの属していた班は、女子青年の中でも比較的年長の二〇歳以上の者が多かったから、兵隊が、「自分たちの班は、大きな女子青年ばかりだから得してるよ」と、作業がはかどることを喜んでいた。その年の一〇月一〇日はカラッと晴れて、透きとおるような空であった。

初子さんはその日、足をくじいて軍作業を休んでいた。そして、米軍機の来襲に備え、父が赤瓦の屋根にアダンの葉で擬装するのを手伝っていた。赤瓦は遠くからでも目立つので、標的にされるのを怖れたからだ。初子さんは、朝早く渡嘉敷《とかしき》島上空から那覇へ向かって戦闘機が編隊を組んで飛んで行くのを見た。日本兵は味方機の演習だといっていた。だが、しばらくすると、晴れわたった空が水平線と交わる那覇のあたりに、薄黒く煙があがるのが見えた。そして、みるみる濃度を増した黒煙は、終日、消えることはなかった。編隊を組んで那覇方面に行ったのは、米軍機だったのである。この日の空襲で那覇市内がほぼ焼き尽されたことを、渡嘉敷の人々は間もなく知った。

渡嘉敷島でも、沖縄本島の第三二軍に鰹を供出していた徴用船嘉豊丸《かほう》が漁撈中に機銃掃射を浴び、機関長が銃弾を受けて死亡した。渡嘉敷港に避難していた連絡船と漁船各一隻も空襲され、沈没した。

九月九日の日本軍上陸、そして十・十空襲を機に、渡嘉敷島は急速に戦争の渦中にまき込まれていった。最初、「こんな小さな島まで守りに来てくれた」と歓迎した〝友軍〟は、実は「戦争そのものをこの島に運んだのだ」という認識を、後に約三三〇名の自決者を出すという大きな犠牲を払って島の人々は持つに至るのだが、その暗い予感を、十・十空襲を目のあたりにし、また、小さな島に住民の数よりも多い軍隊を迎え入れて接触するうちに、次第に強めていったのである。

一九四五年三月二三日、空襲が始まった時、初子さんは旭沢《あさひざわ》で二中隊の使役作業についていた。その四日ほど前、それまで突貫工事で行なわれてきた小型舟艇㋹《まるれ》の秘匿壕がようやく完成した。それで、二〇日、二一日の二日間、久々の休暇となった。折しもお彼岸にあたっていたから、各家庭ではささやかながら馳走を作り、それを兵隊にも食べてもらおうと女子青年たちは持ちよってきて、使役作業が再開されたばかりだった。

渡嘉敷の方では空襲警報は朝から出ていたと後に聞いたが、初子さんらは、午前中はまだ作業をしていた。空襲が激しくなって、作業を続行できなくなったのは、正午頃だったと思う。それからは島が焼き尽されてしまうのではないかと思われるような、大規模な空襲になった。初子さんは、班長の指揮に従って、一緒に作業をしていた女子青年らとともに避難した。兵隊が、役場や郵便局と、その周辺の民家は焼けたけれど、慰安所のあたりは焼けていないと伝えた。それを聞いて、郵便局のすぐ近くに家のある女子青年は泣き出した。初子さんは、頭上を飛び交う戦闘機の鋭い金属音に身体をひきつらせながら、自分の家は焼けていない、家族もきっと無事だと、ひとつ覚えの呪文のように胸の中で何度も唱えていた。夕方になると、島中を震撼《しんかん》させていた無数の戦闘機は、一機残らず姿を消した。

行動をともにしていた作業班は解散になったが、いつまた空襲になるか分りはしない。渡嘉敷《とかしき》に帰るのは危険に思われた。また、渡嘉敷がどのくらい焼かれたのか、想像もつかない。初子さんは、他の女子青年と一緒に恩納河原《おんなかーら》の避難小屋の方へ帰った。避難小屋には父も母も妹も来ていた。

恩納河原上流には、仲村渠《なかんだかり》一家ばかりではなく、多くの住民が谷川沿いに壕を掘り、避難小屋を建て、空襲に備えていた。その辺一帯は鬱蒼《うっそう》とした木々に覆われ、簡単には発見されそうになかった。初子さんの家では、避難時用の芋畑や野菜畑もその近くにあらかじめ作っておき、しばらくはそこで暮らせるように備えを整えていた。恩納河原以外にもいくつか山の中の谷川沿いに住民の避難所がつくられていた。谷川沿いが選ばれたのは、飲料水を確保するためである。

翌二四日は、前日に勝るとも劣らないおびただしい数の戦闘機が、早朝から島を襲撃した。いつ止むとも知れない轟音に一歩も身動きできず、仲村渠一家は一日中避難壕に籠《こも》っていた。が、五時頃になると急にあたりは静かになった。外に出てみると、空を覆っていた戦闘機は一機残らず姿を消していた。前日も、夕方になると米軍の戦闘機は潮が引くように島から去り、引き返しては来なかった。米軍は夜間攻撃はしないようだ。初子さんは、家の様子を見に行くという父について渡嘉敷に行ってみた。恩納河原沿いに谷を下ってしばらく行くと、生木の焦げる臭いがただよってきた。焼夷弾が山に落とされたのだ。幸い燃え拡がることはなかったが、いつまでもくすぶり続けて濛々と黒煙をあげていた。

渡嘉敷は無惨に焼けただれ、宵闇《よいやみ》の中で鬼気迫る廃墟と化していた。まだ時折、ボッボッと炎を噴きあげている家もある。すっかり焼け落ちて、瓦礫《がれき》だけが薄暗がりに黒々と影を落としている家跡もある。初子さんは、見知らぬ世界に足を踏み入れたかのようにおそるおそる父の後に従った。

顔見知りの人に出遇うと、「慰安所の人が死んだってよう」と声をかけられた。誰が死んだのだろうと歩を早めて行ってみると、昨日は無事だと伝えられていた自分たちの家は焼けていた。ただ、庭の隅の大きながじゅまるの木と、屋敷の周りの石垣だけが残っていた。

アキコ（ポンギさん）が初子さんらより先に来ていて、門の前に茫然と立ちつくしていた。よく見ると、その足元にハルコの屍体があった。初子さんは棒立ちになっているアキコに合掌をうながした。アキコはいわれるままに手を合わせた。がじゅまるの木の下に、慰安所の女たちが使っていた色鮮やかな洗面用具や化粧品が散乱していた。初子さんは思わずそれを拾おうとして、父に叱られた。

父と二人、初子さんは恩納河原へ帰った。そして、二六日まで避難小屋で米軍の猛攻撃を避けていた。

仲村渠一家が恩納河原を後にしたのは、赤間山（一般に赤間山周辺は北山《にしやま》、西山と総称される）のカシーガーラ上流に避難するように、という赤松戦隊長からの伝令が伝わってきたからだ。座間味《ざまみ》島、阿嘉《あか》島には二六日、米軍が上陸した。渡嘉敷島への米軍上陸ももはや時間の問題であった。

第三戦隊は二七日午前二時、渡嘉志久《とかしく》、阿波連《あはれん》の陣地撤退を決定、二三四高地への移動を開始した。その時、住民の処遇について安里喜順《あさときじゅん》駐在員に尋ねられた赤松戦隊長は、軍の布陣予定地の裏の谷間への避難を指示した。その谷間の背後には断崖絶壁の海岸線がひかえており、前面には軍が布陣するので、避難場所として適当だと、赤松戦隊長は地図だけを頼りに判断したのである。

初子さんは、二三四高地の裏の谷間へ向かう直前、家族とともに囲んだ大鍋の味噌汁の味を、今もなお忘れられない。

――あの時の食事が本当に私たちの〝最後の晩餐〟。大きな鍋に鰹をうんと削って、野菜もお肉も入れたおつゆ……。お肉といっても新鮮なお肉じゃなくて、脂肪《あぶら》をとったカス。あれは保存できたから。それを入れて、鰹のダシがきいているからとってもおいしいわけ。子どもたちにも腹いっぱい食べさせてから登ろうね、といって、たくさんあげて。また、ごはんの残りはお握りにして、籠に入れて、肩にかけるようにして持って……。あの時の最後の食事のおつゆの臭いが今も……。いくらおいしいものを食べても、あの時のおつゆよりおいしいものは、絶対にない。

仲村渠《なかんだかり》一家が恩納河原《おんなかーら》を発ったのは、二七日未明である。父、母、初子さん、妹、それに母の叔父の妻子、従姉とその子どもたち、総勢一〇人で暗い山道を手探りで登って行った。だが、いくらも進まないうちにもう夜が明けてしまった。明るくなれば、空襲が始まる。島をとり囲む米艦艇からは、艦砲も飛んでくる。日中は危険で歩けはしない。壕を見つけて、暗くなるのを待つことにした。午前中は晴れていたのに、午後から土砂降りの雨となった。夕方、激しい雨音に混っていた爆音が止んだのを確かめて一行は壕を出た。あたりはすでに暗くなっていた。雨が闇をいっそう濃くしていた。時折、たき木とりなどに来て、知らない山ではなかったが、何ひとつ定かには見えない闇の中で、何度も方向がわからなくなり、斜面を行きつもどりつした。

雨が容赦なく全身を打った。一人一人が前の人の腰につかまり、おそるおそる歩を運んでいたが、ぬかるみに足をとられ、流れる草に滑り、石につまずき、そのたびに腰が砕けた。足元に何かひっかかるので拾いあげてみると、赤ん坊の小さな布団であったり、また新しい丹前《たんぜん》であったりした。それらは先に山を登って行った人たちが落していったものであろう。ずぶ濡れになって、夜通し歩いて、指定された二三四高地裏の谷間に着いた時には、もう二八日の朝が明け、東の空が白み始めていた。そこは、人々がカシーガーラと呼んでいる川のずっと上流の方である。谷川沿いの山の斜面に渡嘉敷《とかしき》の人も阿波連《あはれん》の人も続々と集まって来た。そして、家族同士、親戚同士、肩を寄せあうようにして、木々の合間に腰を下ろした。第三戦隊が前面に立ちはだかり、背後に絶壁の海岸線をひかえていたにしても、その谷間が安全な避難場所であったかどうか、集まって来た人々は砲弾を除ける壕もなく、食糧も手持ちの弁当ぐらいしかなく、伝令に従ってこの谷間に登ってきたものの、不安定な状態でその場に腰をおろしていたのである。苦労して山を登って来る時には、激しく降っていた雨も、午前中にはあがり、昼頃にはチラチラと谷間に木洩れ日が揺れた。初子さんは濡れたもんぺ服を木の枝にかけ、揺れる陽にあてた。

その谷間で、何が自決のひきがねになったのか、初子さんには分らなかった。

二三日以来、無数の爆撃機が島を舐めるように旋回し、二五日からは慶良間《けらま》海峡をビッシリと埋めつくした米艦船からの艦砲射撃が加わった。村はすでに焼かれ、二七日早朝、上陸した米軍はA高地に布陣したという情報が、谷間にいる人々に伝えられた。A高地といえば、人々が集まっている谷間から三〇〇メートルほどしか離れていない。自分たちが築いた避難壕や仮小屋を後にして、赤松戦隊長の指定した避難場所へ篠つく雨の中、登って来たものの、米軍はもう目と鼻の先まで来ていたのである。人々は追いつめられた。この小さな島に逃げ場はないと思われた。

人々が集まっていた谷川沿いの斜面の上の方に大きな赤松があったが、その根元に村長や郵便局長や役場の兵事主任らがいて、〝天皇陛下万歳〟を唱える姿が見えた。

――みんなが「天皇陛下万歳」いいましたよ。「自分たちの屍を越えて日本は必ず勝利する」と言っていました。「ただいま敵は三〇〇メートルまで接近している」というもんだから、どんなことしても、もう生きられないと思ったんですね。だから、みじめな思いして死ぬよりは、自分たちは立派な日本《やまと》魂《だましい》を抱いて死ぬ、というような考えで死ぬ気になったんです。捕虜になったらいろんな残酷な死に方させられると、みんな教え込まれていますからね。赤ちゃんなんかドラム缶に入れて焼くとか、股ひき裂いて捨てるとか、男は手をくくって石油かけて焼くとか、女は強姦して焼き捨てるとか、日本軍も支那であんなやり方しているという話聞いてますから、そんな死に方するよりは自分たちで死んだ方が幸せだと思って、死んだ人見ても、かわいそうとも何とも思わなかったですよ。生きていてどうなるかと思って……。

死は、いずれにしても、避けられないように思われた。もしその時生きのびたとしても、もっともっとむごたらしい死が待っているように思われた。自決を覚悟した時、友人の一人が化粧を始めた。その友人は化粧道具を持って来ていたのだ。中には晴着を着ている者もいた。化粧道具は、近くにいた女子青年の間を行き交《か》った。もんぺ服で山を登ってきた初子さんは、せめてもの身繕いにまわってきた化粧道具を借りた。

万歳三唱の後、防衛隊員が持っていた手榴弾が一五名ないし二〇名に一個の割で配られた。谷川沿いの傾斜地に、手榴弾を囲むいくつもの円陣ができた。傾斜地の上の方は渡嘉敷《とかしき》の人々が、下の方は阿波連《あはれん》の人たちが占めていた。仲村渠《なかんだかり》一家は阿波連の人たちのすぐ上にいた。

――玉砕の現場っていうのはね、みんな坐っているんですよね。だけど手榴弾はほとんどが不発で、それでワイワイ騒いだですよ。それからすぐ弾撃ち込まれました。すぐ下の方に谷川がありましたでしょう。その辺に一発の弾がヒュー、パンって落ちたんですよ。そこには友だちの家族、キクちゃん、ミツコ、トミタなんかがいましたけど、弾が飛んできたかと思った瞬間、いったん跳びあがるようになってから落ちて、キクなんか川にポトンと……、顔みたら血をダラダラたらして。もう死ぬつもりできれいなボイルのきものをモンペの上から羽織っていたんですよね。敵の飛行機は山をかすめるようにヒュー、サーとくる。弾撃ち込まれて上の方にいた人は、みんなすぐ逃げたんですって。私たちは逃げませんでした。アクガナファギ（A高地）といえば、よく知っている所だから、敵は三〇〇メートルの所まで来ている、ということは、逃げたって、結局はみじめな死に方するんですね。それを思えば、かえってここの方がいいと思って……。

信管をうまくはずせず、手榴弾をしきりに叩く者、それが発火しないために木を折って、家族をめった打ちにする者、木を伐ったり、壕を掘ったり、山へ避難する時の必需品だった鉈《なた》や三叉鍬《みつまたぐわ》を振りまわす者……。そこへA高地から迫撃砲が撃ち込まれた。谷間は騒然とした。米軍機は谷間を舐めるように行き交い、そのたびに山の木々はざわめいた。
最初の迫撃砲が撃ち込まれた時にその場を逃げ出して、第三戦隊の陣地になだれ込み、救いを求めた者もいた。だが、足手まといになるからと、軍から追い帰された。追い帰された一部の人々は、陣地東方の盆地へ移動し、そこで改めて手榴弾を発火させ、迫撃砲も撃ち込まれて三十数名が死亡した。
仲村渠《なかんだかり》一家が囲んだ手榴弾も不発であった。

――伊野波《いのは》さんというお医者さんがいたんですね。そのお医者さんの意地を借りて死ぬ、という気持でとりまいて坐っていました。だけど手榴弾を、パンパン叩くけど、ぜんぜん破裂しないんですよ。そこで伊野波さんが、「この手榴弾は破裂しないからだめ」と言って捨てて、「さあ、母ちゃん、横に来なさい」って、奥さんを坐らせて、「さあ、みんな、父ちゃん、母ちゃんとりまいて坐りなさい」って。子ども三、四名ぐらいでしたからね。そして、男の子に「ジュンちゃん、ナイフ持ってないか」。四年生ぐらいの男の子が、「持っているよ、お父ちゃん」「じゃあ、母ちゃんから先にね」って言って、奥さんの首撫でて……。奥さんはウーウー唸って、血がダラダラ流れる。こんなことするのまで見たからね、もう、そんなにまでしては死ねないと思ったから逃げたんですけど、その時にはもう、私もやられて分らなくなっているんですよ。A高地からバンバン迫撃砲の弾がきてましたからね。

伊野波医介補が最初に妻の頸動脈を小刀で断ち切り、血が噴き出すのを見た時、初子さんは本能的に死ぬのが怖ろしくなった。そして、その場を逃がれようとした途端、身体に大きな衝撃を受け、そのまま意識を失ってしまった。迫撃砲を受けたのだ。

どのくらいたってからだろう。

「お姉ちゃん、お姉ちゃん、水飲みたいよ」

自分に向けられている従姉の娘の声が聞こえた。

「お姉ちゃんは死んでしまったんだから、水なんか飲ませられないよ」

それは母の声だった。母は初子さんが死んだと思っていたようだ。

「アンマー（お母さん）」

「ヤー生チチョーティ、ウターヨ（生きていたのか、ウタ〈初子さんの童名〉）」

「お父さん、ミッちゃんは？」

「アンルナトンロ（こんなになっちゃったんだよ）」

見ると、母の膝の上で毛布にくるまれた妹は、土色の顔をして、すでに絶命していた。母も片方の足を吹き飛ばされていた。父は、谷川につき出た松の木にひっかかって死んでいた。父はおそらく即死、母に抱かれていた妹も迫撃砲を受けて間もなく死んだのだろう。

父と妹は死んだ、と、夢でもみるように反芻《はんすう》しているうちに、再び意識が薄れてしまった。それからどのくらい時間が経過したのか、遠くで母の呻き声が聞こえたような気がした。気づいた時には母も死んでいた。

母は、意識不明になっていた初子さんも、死んだと思っていたようだ。そのために逃げていれば生きのびられただろうに、親戚の年寄りに「あんた一人でも生きよう、生きよう。歩けるなら、ゆっくりゆっくり上の方へ行こう」と励まされた時、「何を言うね？　初ちゃんもミッちゃんもお父さんも亡くなって、自分一人生きたってどうするね？」といって、その場を離れなかったという。最初に迫撃砲が撃ち込まれ、傾斜地の上の方で手榴弾を囲んでいた人たちが逃げ出した時、父も母も「逃げよう」と言った。それを止めたのは初子さんだった。

——私が逃がさなかったんですよ、くやしいですよ。逃げてもどうせ敵につかまって、みじめな死に方するんだから、ここの方がいい、といって、そうこうしているうちに弾が撃ち込まれてきて、もう、さんざん撃ち込まれて……。

手榴弾で自決した者、手榴弾が不発だったため持っていた鉈《なた》や三叉鍬《みつまたぐわ》や小刀等を使った者、それさえもなく、木の枝で殴り合った者、A高地からの迫撃砲で爆死した者、さして広くはない谷間の斜面に約三〇〇の屍体が重なり合った。死ぬ者は死に、生きている者はその場を立ち去った。けれど、迫撃砲の破片を後頭部や足の脛《すね》等数か所に受けて重傷の初子さんは身動きできなかった。父も母も妹も死んで、助けに来る者は誰もいなかった。

日本軍が屍体の埋葬に来て（陣中日誌によれば二九日）、初子さんの首をひっぱる者がいた。だが、生きていることに気づいたのか、そのままそこに放り出された。その後、米軍も来て、日本軍が埋葬しきれなかった屍体をダイナマイトで処理した。それでもなお、四名の生存者が谷間に残っていた。

——みんなはそこら辺、腐っている人なんか臭くて、息もできなかった、というけど、私は鼻がぜんぜんきかなくて、何の感覚もないんですよ。頭やられたから出血多量で貧血だったんでしょうね。目もぜんぜん見えない。死んだ人はみんな持ち物捨ててるんですよね、生きている人たちは生きのびるために鰹節やお砂糖を探しに玉砕場に来よったんですって。そしたら、私たちが地面に埋まってて、ムズムズ動いて、化けものみたいに目をジロジロ開けて、「助けてくれ」って言ったって。その人たちは、敵は近くにいるし、私たちは幽霊みたいでこわいから、助けることもできずに知らんふりして、ものを探して行きよったっていう話ですよね。また、兵隊なんか通ると、年とったおばあが、「兵隊さん、助けてくださいよ」って大声出すと、「シーッ、敵がいるから大きな声出すな。すぐ助けに来るから」っていって、そのまま。また、ある日、防衛隊のおじさんが、「渡嘉敷《とかしき》の娘か」というから、「仲村渠《なかんだかり》のウターよ」と言ったら、「ひもじいか」って。お握りが毎日一個とかもらえるから、「明日の晩、持って来てあげようね」と言ったけど来ないわけ。ああ、もうみんな嘘ついて、自分たちから逃げようとする、と思って……。何にも食べていなかった。水がとっても欲しかったんですよ。水を飲むつもりで、ゆっくりゆっくり下の方へ降りて行って、ようやく水を缶缶《ガンガン》か何かに入れて、もうどんな泥水でも腹いっぱい飲めばおいしかった……。

迫撃砲を受けて以来、何も口には入れていなかった。残っている力をふりしぼるようにして斜面を降りてゆき、初子さんが生き返るような思いで飲んだ谷川の水は、死んだ人の血で赤黒く染まり、ブクブクと泡をたてていた、と島の人はいう。

徴兵や南洋方面への出稼ぎなど、島を出ていた者が多く、当時、渡嘉敷島《とかしき》に在住していた住民は約七〇〇人と推定される。米軍上陸直後の恐慌状態の中でそのうち、半数近い人が生命を落とした。全滅した家族、年寄りだけが残された家、防衛隊に召集されていて自分だけが助かり、妻子を亡くした者、おしなべていえば、男手のある家族により多くの犠牲者が出た。手榴弾が不発だった時、男たちの力に頼って自決をはたしたからである。

吉枝さんも五人の子を連れ、二三四高地の裏の谷間に登って行った。けれども、谷間に辿り着いた時、防衛隊に召集されていた夫に出遇い、「ここにいるとみんな玉砕するという話だから、山を降りろ」と言われて、雨の中を苦労して登って来た山道を、また一昼夜かけて自分たちの避難壕にもどったのである。夫は、「死ぬな」というために吉枝さんと子どもを探しに谷間に来たのだ。

九日間続いた米軍の凄まじい攻撃は、四月に入ると嘘のようにおさまった。耳について離れなかった機銃音も艦砲射撃の音も、迫撃砲の爆音も今はなく、半数近い住民を一挙に亡くした島は、不気味に静まり返った。

初子さんは、山の斜面の腐臭の中に何日ぐらい埋もれていたのだろう。昼と夜との区別も定かではなく、ぼんやりと意識をとりもどすこともあるが、しばらくすると、また薄れてしまうという繰返し。感覚は麻痺して、空腹も傷の痛みも感じることはなく、目も見えず、鼻もきかず、ただ、物音だけが聞こえた。連下《れんげ》という中隊長が側に来て、必ず助けに来ると約束して行ったので、木々の葉の擦《す》れ合う音にさえ聞き耳を立てて、ひたすらに待ち焦がれていた。だが、その日は空しく暮れ、次の日も現れず、村長と駐在巡査に率いられた少年たち数名が迎えに来たのは、中隊長が約束して行ってから二日も経ってからだった。後に知ったことだが、中隊長が赤松戦隊長に担架を出すように進言したところ、民間人を救助できるような状況ではない、と、とり合わなかったという。そのため、救助作業は民間に廻されたようだ。初子さんは、村の人たちはみんな死んでしまったと思い込んでいた。村長や少年たちの元気な姿を見、そして、生きている人もまだ大勢いると聞いた時、はじめて、むしょうに自分も生きたい、と思った。

恩納河原《おんなかーら》の避難小屋に運ばれると、数日前そこを発つ時、家族とともに囲んだ大鍋がそのままに放置されていた。父や母や妹と、もう、この大鍋を囲むことはない、そう思うと、悲しみが鋭く胸を抉《えぐ》った。

後頭部と足に重傷を負い、家族を失って、たった一人恩納河原で生きることは、屍臭の染みついた谷間に埋もれていた時以上に辛い日々となった。寝たきりで身動きできない初子さんに、親戚の人や従姉妹たちは食事を運んでくれた。第三戦隊の軍医と衛生兵が定期的に恩納河原に住民の診察に来ていたが、その時には、軍医のいる所まで初子さんを背負って行ってくれた。だが、米軍来襲の情報が入り、人びとが恩納河原よりさらに山奥へ逃げて行く時には、たった一人避難小屋に残された。

——その当時、自分の子どもでも死なすぐらいだから、親戚もみてくれる人いないですよね。たった一人生き残って、親もきょうだいもいないもんだから、敵が上陸してくると、私はすぐ布団かぶせられて、みんなは避難場所に逃げてく。もう、自分はどうせ死ぬしかないと諦めているから、ここなら安心して死ねるんじゃないかね、と思って布団かぶってるけど、眠れないさね。米軍が来る時は弾パンパン撃ちながら来る。近くなると、ヒュー、パチパチって聞こえるんですよ。いつか弾があたって死ぬ、布団かぶって死ねればそれでいいと思って……。玉砕場から助けられた後が一番苦しかった。いくら傷を負ったといっても、他の人は家族がいて手当てしてますからね。傷を負ってもそのまま、看る人もいないというのは、二、三名ぐらいじゃなかったですかね。A高地から米軍が来て、捕えられるとばかり思っていたから、壕の中で首くくって死のうかねと思うけど、そんなこともし得ないし……。

初子さんは二八日、自決するつもりだったのに死ねなかった。あの時、死に駆りたてていたものは、米軍に捕えられれば、どんな辱めを受け、どんな残虐な殺され方をするか分らない、という恐怖であった。恩納河原《おんなかーら》に身動きできない身体で残された時、その恐怖にたった一人で晒《さら》されていたのである。布団の中で弾に当たってそのまま死ねればいい、と思っていた。弾に当たって死ぬこと以上に、米軍に捕えられることの方が怖ろしかった。

けれど、茅葺《かやぶ》きの仮小屋ではあまりにも心細くて、畑の近くに掘ってあった壕へ這うようにして行き、寝ていた。すると、しばらくして足がひんやりする。身体を起こしてみると、足元の方から水が湧き出ているのだ。だが、初子さんは、他の壕へ移ろうという気力はもうなかった。

──壕の中だから、そこで死んでも白骨化して流されるおそれはないから、と自分で自分をなぐさめて……。

二日後、遠くから人の声が聞こえたような気がした。懐かしかった。壕を出て、そろりそろりと谷川伝いに下の方へ降りて行くと、長男も次男も嫁も失なった老夫婦がいた。老夫婦は初子さんを手招きした。「上の方で一昨日《おととい》から私一人残されて……。おばあ、こわかった」

初子さんは老夫婦の懐に抱かれるような想いですがっていった。おばあも子を失なった苦痛を初子さんにもらした。

「便所へ行って、蛆《うじ》が盛ったり、サラサラするのを見ると、今頃、子どもたちがあの玉砕場で蛆湧いて、こんな恰好してると思ったら苦しいさあ」

おばあはこう言って泣くのだ。大きな月が皓々《こうこう》とあたりを照らしていた。夜更けまでおばあと語り合うと、少し気持が落ち着いて、避難小屋へ帰ってきた。

そして、次の日は、避難小屋や壕よりは、人の気配のない所の方がまだ見つけられる公算が少ないような気がして、密生している薄《すすき》の中に身をこごめていた。

──一日中、弾がきて当たるなら死んでもいいと思いながら坐ってて、空を見つめて……。また晩になって弾が止んだら一人しょんぼりして。もう食べるものもないからヘトヘトになってね。

少し歩けるようになると、少ない食事を運んでくることが精一杯であった親戚の人の足も次第に遠のき、初子さんはまだ、傷の充分癒《い》えない身体で自ら食料を探さなければならなかった。もう、どの家族でも貯えていたものは底をつき、自生していたソテツも椎の実も桑の葉も、すでに喰い尽されようとしていた。

餓死を免れたのは、間もなく、日本軍が降服したからである。

その2　軍夫の逃亡

サトウキビ畑の中の小屋で、ポンギさんの半生を概略聞き終えた時、渡嘉敷《とかしき》島で一緒だった他の六人の女たちの行くえが気になっていた。

ハルコは死んだ。アイコとミッちゃんは、三月二三日の空襲で重傷を負い、生死不明となっていたが、米軍の野戦病院で言葉を交わしたという座間味《ざまみ》島の宮城初枝さんの証言で生きていたことが確認された（後述）。最後までポンギさんと炊事班で働き、二三四高地を降りる時も一緒だったカズコは、石川収容所でも寝食をともにした。その後も二、三年はポンギさんがカズコを訪ねたりしていたが、次第に音信が途絶え、基地の町コザ（現沖縄市）で病死したことを近年になって知った。残るキクマルとスズランはどうしただろう。

ある朝、ポンギさんが目を覚ましたら、同じ壕で寝起きしていたキクマルとスズランは姿を消していた。以来、ポンギさんは二人には会っていない。また、その後どうしたか、二人の噂を聞いたこともない。

一九四五年六月三〇日、曾根という一等兵が朝鮮人軍夫を連れて二三四高地を脱出、米軍に投降したという事件があった。第三戦隊の元将兵によれば、この時、慰安所の女も一緒だったという。第三戦隊の隊長であった赤松嘉次元第三戦隊長は次のように語った。

――女の方は曾根一等兵と一緒、バラバラではとても複廓陣地（二三四高地）を出られません。友軍が陣地の周囲に歩哨を置いているし、敵との間に距離がある。そこに地雷があるし、夜が明けると米軍にやられるから通れない。

当時も今も阿波連《あはれん》に住んでおられ、現地召集された元防衛隊員の大城《おおしろ》良平さんは、歩哨に立っていた兵隊から次のように聞いた。

――その時に姿を見たという歩哨の兵隊によると、やっぱり女連中も鉄兜被って、軍服つけとった、となるがね。

キクマルとスズランは、同胞の軍夫らとともに米軍に投降したようだ。この一団を率いたといわれている曾根一等兵は、赤松元戦隊長によると四国・松山の被差別部落出身で、現地自活班に組込まれていたという。

――牛なんか殺してうまく料理してくれましたよ。その関係で現地自活班に入っていました。北山《にしやま》（一三四高地）に本部を置いた時、阿波連《あはれん》では自活班が倒れた家の下から塩干《えんかん》とか、いろんな食べ物を掘り出したり、豚とか山羊をとって軍夫が夜運んでくる。それをうまい具合にさばいていました。

現地自活班は主として地元出身の防衛隊員や朝鮮人軍夫で構成されていた。阿波連の現地自活班で炊事班長をしていた大城《おおしろ》元防衛隊員は、軍夫逃亡事件の概要を次のように語った。

――曾根という男は俺の所から逃げた。自活隊といって、食料のあさり、すなわち芋づるとか、芋とか、そういうものを取っては植えつけ、夜昼、敵の目を隠れてやってました。そして、住民の稲取りがあった場合、稲取りをして住民に分けてやり、自分たちも取って、それを本部の陣地に山伝い、峰伝いに送ってたわけです。普通はこういう引率は上等兵以上じゃないといかんですよ。しかし、曾根は一等兵ですが、こいつがこの仕事を希望した。「上等兵ばかり危険な目に合わせては申し分けないから、私をかわりにやらせてくれ」それで、これを指揮官にして、軍夫とか兵隊に、多少のできた食料を輸送させた。本部の方はぜんぜん田畑はないですからね。だから、出先で集めたものを送って飢えをしのがせておった。その引率を曾根が希望する。敵がいっぱいですから昼は歩けませんからね。夜が更けてから運んで、朝までに帰るという条件です。普通なら一回行って来たら交替ですが、これがまた希望する。その次も希望する。三回連続で。これ不思議だなあ、上等兵の進級で、これは上等兵ねらってるのかなあ、と、私も考えていたわけ。だが、そうではない。逃亡を計画していた。第一回行って連絡不充分だから、二回行って連絡充分とって、第三回目に全員集めて逃亡した。軍夫は炊事班に五名はおった。私が炊事班長を務めて、この方たちを使って炊事をやらした。この方たちも皆、曾根がひっぱって逃げた。

大城元防衛隊員の証言から、曾根一等兵が軍夫らと綿密に連絡をとった上での逃亡実行であっただろうことがうかがえる。知念朝睦《ちねんちょうぼく》元副官も同様に指摘した。

――軍夫、朝鮮の方たち、あの時、いっせいにいなくなりました。結局うまかったということじゃないですか。私ら警戒はものすごくきつくしていたつもりなんですけど。うまく連絡とってやったんでしょうね。曾根一等兵は朝鮮語うまかったんじゃないですか。

赤松、大城、知念元将兵の証言から類推すれば、牛や豚や山羊の肉をさばくのがうまい、という理由で、現地自活班に組み入れられた曾根一等兵が、軍夫と綿密な連絡をとり合って逃亡を企て、実行したということになる。その一団に、キクマルとスズランも加わっていた。

私は、曾根一等兵に会いたいと思った。曾根一等兵に会えば、キクマルとスズランの戦後の動向まではは分らないにしても、渡嘉敷《とかしき》島からの脱出が無事に果たされたか否かは分るはずだ。曾根元一等兵の現住所は厚生省の援護課に問い合わせたら分るかもしれないと思った。ポンギさんが名前を記憶していた井上炊事班長に連絡がついたのは、厚生省に尋ねたのがきっかけだったからである。けれども、あの時、電話で用件を伝えると、受話器をとった女性の課員が、こちらには聞こえないつもりで話していたのだろう。「海上挺進基地第三大隊というのは、ほら、渡嘉敷《とかしき》島の、マスコミで取り沙汰された問題のところですよ」という声が聞こえた。沖縄中が本土復帰運動に湧きたっていた頃、戦没した部下の慰霊の目的で沖縄に降り立った赤松元第三戦隊長に対して、反戦・平和運動に精魂を傾ける人々から住民への自決命令の発令を追及されたことがあった。それを機にマスコミで三〇〇名余もの渡嘉敷島の住民が集団自決していたことが大きく報道されたのである。もう、ほとぼりはおおかた冷めてはいたが、厚生省の女性課員はそのことをさしていたのだろう。女性課員は渋っているな、と私は直感した。けれどその時は、確か一日か二日おいて、井上利一元主計伍長の本籍地を知ることができた。曾根一等兵に関しても、実は数年前一度、本籍地の調査を依頼したことがある。その時には、井上元伍長の時の電話の一件があったので、取材であることを伏せて申し入れた。ポンギさんが仲間二人の行方を知りたがっているが、曾根一等兵に会えば分ると思うので、本籍地を教えてほしい、といいつくろった。それは嘘ではなかったが、本来の目的を曖昧にしたのがいけなかったのだろう。二、三回の電話の対応で拒《こと》わられた。

その後、私は出産で身動きとれなくなり、曾根一等兵に会わずにいることが気になりながら原稿を書き進めていた。だが、出来上った原稿は思うような仕上げにならなかった。気にかけていたことを調べきってはいないことが、その原因であるように感じ、改めて厚生省にダイヤルを回し、取材目的を告げた。曾根一等兵が戦隊に属していたのか、基地隊であったのかさえ知らなかった。

三日後、約一〇〇〇名の名簿の中から曾根清士一等兵の名が見つけ出された。

受話器の向こうから凛《りん》とした男の声が聞こえた。私は胸が高ぶった。数年来、気になりながら出会えずにいた人が、遠い距離を隔ててはいるが、受話器の向こうにいる。

「何でもお話ししますよ。今でも私は自分のしたことが間違いであったとは思わないし、何ら後めたいところもありません」

きっぱりとした口調であった。

曾根一等兵が軍夫らを率いて第三戦隊から脱出した行為は、軍隊にあっては死刑に問われる規律違反である。敗戦を機に軍国主義は払拭され、民主主義国家に様変りしたといわれているが、戦前、日本中を制した国家概念が、現在のわれわれの実生活の中でも執拗に生きていることを時々見かけるので、六月三〇日のその事件をどうきり出してよいものか、私は瞬間、躊躇したのであった。そんなとまどいを、曾根さんは電話の向こうで敏感に察知したようだ。きっぱりした口調に私は安堵した。ポンギさんの存命を伝え、行動をともにしたキクマルとスズランに関して、どんな些細なことでも知りたいと申し出た。しばらく曾根さんは四〇年前を回想し、私はこれまでに知り得た一九四五年の渡嘉敷島の状況と曾根さんの語る内容を照らし合わせ、相槌を打っていた。と、突然、曾根さんは言葉をつまらせた。老いた男が嗚咽《おえつ》する気配が無言の受話器から感じられた。

「今でも残念でならないのは、日本の兵隊を一人も連れて来れなかったことです。あの後、戦友が何人も死んでいます。なぜ、あの時、誘い出せなかったのか……」

曾根さんは松山の出身ではなかった。松山の近くの土居町が本籍地で、現在もそこに住んでおられる。

初夏、私は二歳の娘を連れて、教えられた予讃本線の伊予土居に向かった。

曾根さんのお宅は、海と小高い山に挟まれた小集落のはずれにあった。タクシーの運転手が尋ねあててくれた家の角には、枇杷《びわ》の木がたわわに実をつけていた。玄関に入ると、厳《おごそ》かな風格の老紳士と品のいい老婦人が出迎えてくれた。電話では、医師になった息子から生活費は送られてくるが、身体がなまるのをおそれて、みかん栽培をしているといわれた。目の前にいる長身の老紳士は、肩幅は広く骨格もガッシリとしているが、農民の土臭さはない。老婦人も温和で上品なものごしである。幼い子を連れての旅では、旅館やホテルよりは、私の家に泊られた方がよいでしょう、との曾根さんの言葉に甘えて、その晩、私は老婦人のねんごろなもてなしを受けることになった。

曾根さんは農家の次男として、愛媛県土居町に生まれ育った。少年時代は農業を手伝って成長したが、二〇歳の時、神戸に出、ダンロップ工場に勤めた。その頃、関連産業のゼネラルモーター労働組合が争議中で、演説会を聴きに行くと、演説が始まると同時に「弁士中止」の命令が飛び、退場させられるという場面に何度も遭遇した。民衆に有無をいわせぬ特高警察の横暴を見るたびに、曾根さんの中では反権力、平和への意志が大きく脹らんでいった。志を同じくする者同士、交流をとりあってはいたが、昭和に入って以降、一途に軍国化していく厳しい思想統制の下で、自らの思想を行動に表すことは何ひとつできはしなかった。だが、時代を見透す眼がとぎすまされていったことは確かだ。

その後、小倉に移り、妻を娶《めと》って食料品販売業を営んでいたが、戦況が悪化したため、一九四四年四月、土居町へ家族を連れて帰ってきた。召集令状が届いたのは、そのわずか二か月後の六月である。もうすでに三〇代半ば。一〇歳になる長女を頭に三人の娘がいた。家族を残して、身を切られるような出征であった。

そして、九月、第三港設隊（海上挺進基地第三大隊）として編成され、宇品を出発した。鹿児島で船団を組んで沖縄に向かった二日目、二隻の船が米潜水艦の襲撃を受けた。その時、曾根さんの脳裏には暗い予感がよぎった。こんな近くまで米軍の潜水艦が出没するようでは、中国大陸への道も、南方方面への航路も寸断されているのではないか。

それでも、渡嘉敷島《とかしき》に到着した当初は、基地隊の将兵誰もが、沖縄は敗けない、敗けられるものか、と思っていた。沖縄が陥されれば南方への交通は遮断されてしまう。ここはどうしても死守しなければ、と曾根さん自身も思っていた。

翌年二月、基地隊の大半が沖縄本島へ移動し、残った百数十名は第三戦隊に編入された。曾根さんも渡嘉敷島に残され、戦隊の指揮下に入れられた。基地隊と入れかわりに作業援助要員として配置されたのが、特設水上勤務隊二〇〇余名である。この隊は指揮官以外は朝鮮人軍夫から成り、武器は携行していない。

三月下旬、米軍の慶良間《けらま》攻略を受けた時、第三戦隊の兵力はわずかに二六〇名にしかすぎなかった。朝鮮人軍夫を含めても約四六〇名である。武器といえば、せいぜい小銃程度、二三日から三〇〇機もの米戦闘機が上空を旋回していたが、まったく迎撃態勢はとれず、米軍の上陸はもはや時間の問題となった。二七日、第三戦隊は渡嘉志久《とかしく》、阿波連《あはれん》、旭沢《あさひざわ》などに構築した陣地を引き払い、二三四高地に撤退した。

二三四高地に退却して曾根さんは、沖縄へ向かう船上で抱いた予感が決して的はずれではなかったことをまざまざと思い知らされた。二五日から開始された艦砲射撃は第三戦隊を追うように、海岸線から次第に山上へと照準を上げてきた。二三四高地の稜線からそれを発している正体を目にした時、曾根さんは思わず息をのんだ。慶良間《けらま》海峡は水面が見えないくらいびっしりと、米艦艇に埋め尽されているではないか。慶良間海峡に面している渡嘉志久《とかしく》の海岸では、艦砲の威力を見せつけるかのように、大岩がこなごなに撃ち砕かれていた。

艦砲が山にぶち当たると、頭上の遮蔽物は瞬時に吹き飛ばされ、そこからつき抜けるように空が見えた。カミソリの刃のように鋭い破片がうっそうと茂っている木の枝や葉を、スパッスパッと切り取ってしまうのだ。

慶良間海峡を停泊地とした米艦艇は、四月に入ると沖縄本島へ向かった。慶良間が受けた猛攻撃は本島でも繰り返され、第三二軍が米軍にさんざんに叩かれている様子が二三四高地から手に取るように見えた。制空権も制海権も米軍に握られていた。日々、黒々とたちのぼる硝煙は五月末の首里《しゅり》陥落後、次第に南下し、どんづまりの摩文仁《まぶに》へと移動した。

山上から沖縄本島の苦戦を目にした時、曾根さんらは、必ずや、無傷でいるはずの連合艦隊が現われるものと信じていた。沖縄を守れなければ、あとは本土決戦以外にない。米軍の猛攻撃に晒《さら》された渡嘉敷《とかしき》の人々の悲惨な姿をいやというほど見てきた。本土が戦場になれば、どれほど多くの非戦闘員、女や子ども、年寄りが死ぬことになろう。しかし、祈るような想いで待ち続けた連合艦隊は、何日たっても現われなかった。

米軍が沖縄へ来る前は、日本の飛行機が台湾の方へ飛んで行くのをしばしば見かけた。だが、米軍が来てからというもの、味方機を見ることはほとんどなくなった。

――沖縄が占領されるようになって、これはあかんと思いましたね。海に浮いているのはみな敵の軍艦、空飛ぶのは全部敵の飛行機。山に逃げ込んだところで戦闘にはなりゃせんのだ。戦闘するのなら、前へ行かなければならんのだけれど、砲は撃てない。陣地のありかを知られて敵から撃たれるだけ。

稀に特攻機が慶良間上空に飛来することがあった。だが、夜間、蚊の鳴くような心もとない音で慶良間上空に達した小さな特攻機は、間もなく、海陸双方からの探照灯にとらえられ、闇を引き裂く幾条かの光線が交わる頂点で火を噴き、その瞬間、操縦士が反射的にレバーを引くのか、特攻機はいったんわずかに上昇し、それから火の玉となって真っさかさまに落下していった。そして、あたり一帯に飛び散った燃料が暗い海面で色鮮やかに燃えあがった。

――ああ、また、日本の若い者が無駄な抵抗をして死んだ。この戦争はもう敗けじゃ。絶対に勝つことはない。軍の指導者が一刻も早く降服しなければ、犠牲者は増えるばかりじゃ。日本の飛行機がわれわれの上空まで来たら、それを見て喜ぶよりは、かわいそうに、また今晩も落される。どうぞ去《い》んでくれたらいいのに、と手を合わすような気持でした。

米哨戒線をつき抜けて飛来した特攻機が、慶良間《けらま》周辺で目的を果たすことが稀にあった。第三戦隊の通信隊は第三二軍に渡嘉敷《とかしき》島の状況を送っていたが、さらに第三二軍から大本営へと伝えるうちに誤差が生じてしまうのか、それとも、情報が故意に操作されたのか、実際に攻撃したのは、輸送船や駆逐艦、哨戒艇の類でも、大本営発表では〝慶良間海峡で戮敵《りくてき》の航空母艦撃沈〟などと誇大に喧伝された。

戦友がもう何人も死んでいった。

ある兵長と歩哨に立った時のことだ。山の稜線に掘ったタコツボに入り、頭だけ出して敵陣の動きを窺っていたが、曾根さんが下の壕まで状況を伝えに行って戻ってみると、さきほどまで元気だった兵長が無惨な姿で死んでいた。下の壕へ行く時間がほんの少しずれていたら、曾根さんも無事ではなかっただろう。

――本当に今日、よう生きのびた、生命がようあったなと思うことが何度もありましたからね。迫撃砲何度もくぐってね。

時折、米機が、操縦士の顔が見えるほど低く飛び、二三四高地を覗いて小馬鹿にしたように、二五キロぐらいの小さな爆弾を落していくことがあった。近寄っても撃墜されることはまったくないと見くびっての、頭上すれすれの低空飛行であった。時に五〇〇キロもの爆弾を投下されることもある。

すると、そこには大きな池ができた。だが、飛行機は船に比べれば、まだいい。一箇所にじっと止まっていないからだ。燃料が切れるから一定の時間をすぎれば必ず姿を消してしまう。だが、砲弾を満載している軍艦は、悠然と海上に構え、惜し気もなく砲弾を撃ち込んできた。

補給を断たれ、二三四高地に籠《こも》って三か月もすると、多くの兵隊が栄養失調に陥っていた。曾根さんは、現地自活班が集めた食料を戦隊本部へ運ぶ任務を何度か命令された。阿波連《あはれん》や有利賀《ありが》等、数箇所に置かれた現地自活班から二三四高地へは道らしい道は通じていない。道があるとすればせいぜいけもの道ぐらいで、第三戦隊が何度か往き来するうちに踏み固められた道だ。その細い道筋も米軍に探知されたのか、しばしば迫撃砲が撃ち込まれ、所々切断されていた。

曾根さんが数名の軍夫とその任務についている時にも迫撃砲に見舞われた。突然の轟音に身を伏せると、大量の土砂を浴び、息もできないくらいに埋もれた。幸い、曾根さんも軍夫も無事であったが、それほどの危険を冒して運ぶ食料は芋の葉やつわぶき、小指ほどのひげ芋など、わずかなものでしかなかった。

――これは戦争にならん。お話にならん。必勝の信念いうのは、相手に勝る武器を持ち、相手に勝る技術、機械力を持って生まれてくるものでしょう。食料もなくて、栄養失調になっていく状態で必勝の信念なんかわかない。特幹の㋹《まるれ》、日本の強力な武器だったらしいんじゃが、それは相手の船がじーとしておってくれてのことじゃから。日本は燃料が不足しているから沖縄へ敵を上陸させておいて殲《せん》滅《めつ》するんだと、三二軍の方からは、訓練せい、いうてきた。だが、どんなにいうてくれても、無傷でいるはずの日本の連合艦隊も出て来ん。これはだましてるんじゃ。沖縄だけではない。本土も制空権を奪われて爆撃されているのに、この先、どんな展望があるのか、悪あがきするだけじゃ。こんなことをしとっても、しまいには栄養失調で死ぬか、弾に当たって死ぬか。

勝敗はすでに決している。大本営は一日も早くこの戦争に終止符を打つべきなのだ。もはや、二三四高地で生存も危ういほどの飢餓に耐え、砲弾の下をかいくぐって任務を遂行することに何の意味も見出せなかった。犬死にしたくはなかった。今、米軍に投降すれば生命を落とさずにすむ。戦友にもそう呼びかけたかった。だが、徹底した皇国思想、軍国教育を叩き込まれている日本兵に米軍への投降を呼びかけるのは危険だった。この期《ご》に及んで、未だに神国日本は必ず勝つ、と思い込んでいる者も少なくなく、客観的な見通しをおくびに出すことさえはばかられた。実際、誰が密告したのか、中隊長に呼び出されて、「貴様、悲観論を吹聴しとるというではないか」と、鼻先に軍刀をつきつけられたこともあった。日本兵には明かせない。けれど、なるべく多くの者と、ともに生きたかった。

――一人では、わが身一人だけでは助かろうとは思いませんでした。

曾根さんは朝鮮人軍夫に呼びかけた。

――私の判断では、朝鮮の軍夫は戦陣訓叩き込まれたわけではない。皇国思想も持っていない。徹用にかけられて来たのばかりだから、軍に忠誠誓うとか、天皇陛下の御《おん》ために生命を捨てるというような者はいない。軍夫でも皆、人の父であり、息子であり、夫であるんだから、一人でも多くと思ったが、それはできんかった。あまりに危険じゃから。これがバレたら当然銃殺。敵前逃亡なら、捕えられたその場で殺されます。そのことを充分覚悟しとかなきゃいかん。

曾根さんは日本の敗戦が遠いものではないことを予感してはいたが、六月二三日の沖縄守備軍第三二軍の崩壊は知らなかった。第三戦隊では二二日、無線機で本島の軍司令部から発せられた「最後の斬込みを敢行す」の電報を傍受していたのだが、その報は幹部で握りつぶされ、下級兵士には伝達されなかったのである。

大城《おおしろ》、知念《ちねん》元将兵は、曾根一等兵は軍夫と綿密な連絡をとった上で行動に移っただろう、とみていた。しかし、実際はそうではなかった。

——前に打合せしとったら、危険。兵隊の中にもちょっとでも敗ける言うたら反感持って、反発してくるのがいるんですから。何日も前から計画を明かしたらいつばれるか分らん。発覚したら終り。どうすべきか思案してまして、思い悩んでこの方法しかないと……。

その日、曾根さんは阿波連《あはれん》の現地自活班から二三四高地の部隊本部へ食糧を運搬する任務についていた。大城さんのいうように、自ら願い出て危険の多いその任務についたのではない。上官の命令に従ったまでのことだ。また、赤松元戦隊長のいうように、現地自活班に組み込まれていたのではなく、三中隊に所属しており、寝起きする壕も本部の南の三中隊にあった。

六月二九日夜、曾根さんは芋や芋の葉の入った袋を背にした軍夫らを率いて阿波連《あはれん》を発った。一キロほど行くと、渡嘉志久《とかしく》の浜が見える峠にさしかかる。「決行は今夜だ」そう決意したのは、暗がりの中で鈍くたゆたう海を峠から見下ろした時だ。渡嘉志久の浜まで降りれば目と鼻の先に米軍がいるはずだ。だが、命令通り糧秣を本部まで運ばなければ怪しまれる。本部へ糧秣を届けてから陣地を出、あの浜に降りよう。夜目にもそれと分る小さな入江を見やりながら、曾根さんは想いを巡らせた。闇の中を手探りで山道を登り、本部に辿り着いたのは真夜中だった。

まず、軍夫長フクダに決行を打明けた。そして、軍夫たちへの呼びかけを依頼した。曾根さんは朝鮮語がまったく分らなかったし、軍夫も日本語が通じる者はごく少数だった。また、軍夫個々の気性も、どのような考えを持っているのかも、知らなかった。あまりつき合いのない曾根さんが直接呼びかけたのでは軍夫はかえって警戒する。時間もなかった。まごまごしていて日本兵に察知されれば生命はあるまい。そこで手っ取り早くフクダに軍夫たちへの呼びかけを依頼したのだ。フクダとは肝胆相照らす間柄というわけではなかったが、以前からつき合いはあった。そして、その日、同じ糧秣運搬の任務を負い、曾根さんの指揮下にあった。フクダは朝鮮人であったが、日本語が堪能だったため軍夫長に選ばれていたのだ。

フクダが自分の配下十数名を連れて来るまで三〇分もあったかどうか。その中に女が混っていた。いつの頃であったか、慰安所の親方（カネコ）が第三戦隊に泣きついてきて、女たちともども部隊本部に潜り込んでいたから、慰安所の女であろう、と曾根さんは思った。戦闘状態に入らないうちは、外出日に性病予防用のサックが手渡されていたが、曾根さんは慰安所へ一度も足を踏み入れたことがなかった。そのため、女たちとは面識はなかった。どのように調達してきたのか、女たちは軍夫用の軍服、軍帽を身につけていた。

――慰安婦は私が待っておったところに来て、軍夫長が「一緒に連れて行ってくれ」いいよりました。私はいかん、とも、連れて行くともいわんけれど……。それで、軍夫長が一緒について来い、いうてね。

女が二名だったのか、三名だったのか、記憶はない。そのうちの一人であるフクマルとかいう女（キクマルのこと）が軍夫長と交渉があったのだろうと思った。

一行は糧秣を本部まで運んで来た空袋を背にし、再び阿波連まで糧秣運搬に行く途中であるように装った。

――軍夫を連れたり女なんか連れたりして行きよるところを、二中隊、一中隊の前を通って調べられたりしたら危険。しかし他は心配はない。私も軍夫については責任を持っておったんで、武装しておりましたから。手榴弾と一二発実弾をつめておるのを持って行きよりましたから……。

戦隊本部を囲む二三四高地周辺の山の稜線にはグルリと監視哨が置かれている。曾根さんはいつものように歩哨の側を通った。

炊事班に組み入れられていた女たちが糧秣運搬のような危険な任務についたことは一度もない。この時、歩哨が、女が混っていることに不審の念を抱けば、曾根さんらの脱出は不成功に終ったかもしれない。また、軍夫たち一人一人を検証していれば、軍夫の表情に浮かぶ張りつめた不安を、たとえ暗闇の中でも見破ったかもしれない。軍夫長と軍夫だけでは歩哨線は通過できないが、日本兵である曾根さんが引率していたため、歩哨は何の疑念も抱かなかった。一行は難なく監視哨を通過した。その後も追手は来なかった。本部ではまだ、曾根さんと軍夫らの逃亡には気づいてはいなかったのである。

軍夫長フクダは、本部へ糧秣を無事運搬した旨を上官へ報告し、空袋を置くために阿波連《あはれん》の現地自活班へ一度もどった。阿波連に行く必要のない曾根さんと本部周辺の中隊に所属していた軍夫らは、道が渡嘉志久《とかしく》と阿波連に分れる地点で待っていた。どの位の時を経ただろう。軍夫長は阿波連の自活班所属の軍夫数名を同伴して曾根さんのもとへ姿を現した。一行は二〇名余になった。渡嘉志久への道は、つづら折りに折れ曲がって降りて行く。たいした距離ではない。監視哨もない。前年九月、着任した時には座間味島《ざまみ》を経て、渡嘉志久から上陸した。慶良間《けらま》海峡を抱き込むように、白金色の砂浜が弧を描く美しい入江だ。慶良間海峡の向こうには、座間味島といくつかの島々が見える。その渡嘉志久の浜に着いた時、空は白み始めていた。

——敵の真ん前来てるんじゃから、前へ行って撃たれたらいかん。なんとか降服するという印、白旗掲げにゃいかん。「誰ぞ白いきれ持ってないか」いうたら女の人が、慰安婦が持っとったんじゃろ思う。それを棒の先くくって、そして、海岸で振って。そしたら敵の前じゃにね、軍艦から見たんでしょ。上陸用舟艇ですーっとやって来た。渡嘉志久の海岸の前側で止まって、こっちは下から降服の意志を表示した。「武器出せ」言うて、銃もとりあげられて、何もかも調べられて、向こうも危険はないとみたんでしょ。「これに乗れ」言うて。米軍が上陸用舟艇つけてくれた時は、まあ、ほっとしました。これで助かった、と。

曾根さんが率いた一行、軍夫長と軍夫約二〇名、それに慰安所にいたキクマルとスズランは、米軍の上陸用舟艇に無事乗船した。

陣中日誌には、逃亡事件と軍夫らについて次のような記述がある。（軍夫についての記述は復刻版発刊に際して加えられたものと思われる）

六月三十日　〇六〇〇第三中隊所属水上勤務隊軍夫吉本（名不詳）より岩村班等昨夜逃亡せる旨報告あり、一四三〇　阿波連駐止斥候連下隊《せっこうれんげたい》より連絡兵二名特設水上勤務隊曾根一等兵を主謀とする某事件の報告を受く。一八〇〇　新海中尉以下二十二名捜索隊を編成、曾根一等兵以下の偵察に出発す。

某事件とは
特設水上勤務隊斎田少尉以下二四〇名朝鮮人を主力とする軍夫で戦隊の舟艇を秘匿する舟艇壕の掘進、舟艇の泛水《はんすい》、引揚、器材の運搬を目的として集められ戦場へかり出されたものである。敵の上陸後は西山複廓陣地に於いて日夜連日陣地作り（防空壕、タコ壷掘り）弾薬器材の集積に従事し武装する兵器なく、唯自決用の手榴弾一コのみ与えられたるまったくの丸腰である。敵弾の落下する中、不足したる食糧に飢え精神的な焦繰《（ママ）》に耐え切れず敵軍に集団投降を企て逃亡したる事件である。

敵前逃亡は発覚すれば死刑は免れない。この生命がけの行動を約二〇名の軍夫は呼びかけられると同時に決断した。約二〇名もの軍夫がこの決死行を瞬時に決意したのは、それ以前に第三戦隊で、死ぬ以上の苦しみを味わい尽していたからである。軍夫の置かれていた状況からすれば、第三戦隊にとどまって生きのびることの方がむしろ困難だという実感が、曾根さん以上に濃厚だったとしても不思議ではない。

逃亡を呼びかけられたが、踏みきれない軍夫もいた。一三四高地で生き抜く困難を承知していても、逃亡の成功も確信できなかったし、仮に米軍への投降が成功したにしても、米軍が捕虜に対してどのような扱いをするのか、咄嗟には推測できなかったからだ。

——軍夫長が話したのは一時間もないいんだ。三〇分か四〇分位。それですぐ降りたんですけんな。

わずかな時間じゃけん、咄嗟に決断のつかなかった軍夫はだいぶおったんだろうと思う。あの時間ではとても全員に衆知させて自分の判断を迫るということはできなかった。よく思案してではなく、咄嗟に「これから米軍に投降するんじゃ」といって、とんでくるのを連れて来たんじゃないかと思う。

決断した者と、ひるんだ者との運命が、瞬時の判断で分れた。だが、密告した者がいなかったことは確かだ。

戦隊本部が曾根さんと軍夫らの逃亡を把握したのは午前六時、すでに一行が渡嘉志久《とかしく》に到着している頃だ。最初に連絡に駈けつけたのは、曾根さんと同じ第三中隊に所属していた朝鮮人軍夫の吉本であった。第三中隊の壕から本部まで、たいして離れてはいない。吉本が本部へ報告に行ったのは、一行が二三四高地を出て数時間もしてからだ。

本部から阿波連《あはれん》陣地へ有線通信が通じれば、渡嘉志久に近い阿波連から捜索隊を急行させるということも戦隊幹部は考えたろう。だが、三月下旬の空襲で通信線は切断され、復旧されないまま放置されていた。阿波連とは徒歩以外に連絡の方法はない。軍夫逃亡に気づいた阿波連から駐止斥候《せっこう》隊の連絡兵二名が本部へ駈けつけたのは午後二時半である。そして、曾根一等兵の直属上官である第三中隊長新海中尉以下二二名が捜索に出るのが午後六時。対応の遅れが目につくが、日中、大がかりな捜索をくり出すのは米軍の砲弾に当たりに行くようなものであったから、日没を待っての出発になったのだろう。

米軍の上陸用舟艇で座間味《ざまみ》島に連れて行かれた曾根さんと軍夫は、別々の収容所に入れられた。慰安所にいた女たちも別の収容所に入れられたようだ。六月三〇日未明の数時間、決死の行動をともにした軍夫や女たちとは、それっきりになった。

そして、間もなく、曾根さんは米軍の取調べを受けた。通訳には沖縄本島の糸満出身だという日系二世の米兵があたっていた。眼前に渡嘉敷島《とかしき》の地図が拡げられた。米軍は第三戦隊の陣地の在処《ありか》を探ろうとしていた。曾根さんは渡嘉敷島にとどまって戦争を続けることに何の意味も見出せない、と熟慮して第三戦隊からの離脱を決行したのであるが、戦友の生命を米軍に売り渡すことなど、絶対にできなかった。曾根さんは通訳を通して執拗に繰返される質問に、「自分は無学で地図の見方は分らない」の一点張りで、返答を頑強に拒絶した。担当官は首を大きく横に振って、取調べを断念した。

座間味島《ざまみ》の収容所では、阿嘉島《あか》の第二戦隊から投降していた染谷少尉と顔を合わせた。座間味島の第一戦隊長梅澤裕少佐も米軍に投降してすでに久しいと聞いた。

二〇名余の軍夫らを率いての曾根一等兵の米軍投降は、第三戦隊幹部に大恐慌を巻き起こしたことが、陣中日誌を辿ると容易に想像される。いや、それ以前、六月二二日の沖縄本島軍司令部の「最後の斬込みを敢行す」の電報が、二三四高地の小さな谷間に追い込まれている第三戦隊幹部に決定的な打撃を与えていたに違いない。

二二日を起点に、これまで大日本帝国の天皇の軍隊として第三戦隊を支えてきたものが、急速に崩壊しはじめ、その崩壊感覚の中で赤松戦隊長をはじめ、戦隊幹部は、正常の判断力を失なっていく。

そのきざしは、二六日、軍夫三名に対する〝処刑〟となって現れた。

六月二十六日　作業に陣地外に出る者、部落民に糧秣を強要する者あり。強奪せしものは厳罰に処す旨各隊に通報す。水上勤務隊軍夫三名氏名不詳、恩納河原《おんなかーら》に於いて糧秣を強要したる模様なり。

陣中日誌には住民に糧秣を強要した軍夫三名に対する処罰がどのように行なわれたか、明らかにされていない。三名の軍夫は〝処刑〟されたのである。元第三戦隊副官知念《ちねん》朝睦《ちょうぼく》少尉は、三名の〝処刑〟にあたったことを証言している。知念副官は沖縄出身の将校である。知念元副官によれば、恩納河原に避難していた住民から、軍夫が強盗、強姦して困る、という苦情を受けたという。軍夫らは確かに住民の畑から芋等を盗みはしただろうが、強姦は確認されていない。住民の畑から作物をとるのは第三戦隊が戦隊命令を発し、組織的に行なっていたことである。その作業にあたっていたのは、自活班に編入されていた地元出身の防衛隊員と、その約三倍の人数の軍夫である。渡嘉敷島のすべての食糧を第三戦隊の統制下におくという戦隊命令は、住民にどの程度徹底されていたものか、もし、住民の一人一人がそのことを熟知していたとしても、軍のやり方に対する不満は強く、その不満が、実際の作業にあたる軍夫に向けられたとしても不思議ではない。生存がおびやかされるほどに食料が払底しつつある中で、住民は軍の組織的な畑荒らしに対する怒りを、軍夫にぶつけることはできても、国家権力を背景に島に君臨している日本軍そのものにぶつけることはできなかった。

また、軍の組織的な畑荒らしばかりではなく、日本兵以上に栄養失調に陥っている軍夫が、人目を忍んで住民の食料を盗んだことはなくはなかっただろう。陣中日誌には住民の食料を「強奪せしものは厳罰に処す旨各隊に通報」したとあるが、日本兵が住民にしばしば食料を〝強要〟することはあっても、その行為が〝強奪〟になることはほとんどなかった。なぜなら、住民は日本軍を怖れて、あるいは皇国の臣民であることの証しとして、貴重な食料を腹を空かせて物乞いに来る日本兵に分けていたからである。軍夫が日本兵以上に空腹に耐えていることを島の人々は知ってはいたが、同情だけで食物を分け与えられるような余裕は微塵もなかった。軍夫が食物を手に入れようとすれば、盗むか、強奪するしかなかったのである。

わずかな食料がもとで三名の同胞が日本軍によって殺されたという事件は、軍夫長フクダが曾根一等兵からの米軍投降へのよびかけを伝えた時、軍夫たちの咄嗟の判断に少なからぬ影響を与えたに違いない。

そして、六月三〇日の曾根一等兵と軍夫らの米軍への集団投降成功後には、戦隊幹部の自滅的な殺意は沖縄住民に向けられていく。

七月二日……晴　日時不詳。防衛隊員大城《おおしろ》徳安数度に亘り陣地より脱走中発見、敵に通ずる虞《おそれ》ありとして処刑す。

大城徳安防衛隊員は渡嘉敷《とかしき》国民学校の教頭であった。曾根さんは投降前、大城教頭が水の浄化装置の手押しポンプを、額に汗し終日押し続けている姿を目にし、気の毒に思っていた。「友軍は島を守るどころか島民を苦しめてばかりいる。戦争が終ったらこの事実を訴えてやる」、大城教頭がもらした言葉が誰からか、戦隊幹部に密告された。終日のポンプ押しは軍に対し批判的言辞をとったことへの見せしめであった。折しも、その頃、二三四高地をとり囲む稜線上の監視哨が次々に狙撃され、また、第三二軍の軍司令部が崩壊した翌二四日には、米軍は沖縄掌握を誇示するかのように、艦砲、高射砲、迫撃砲で猛烈な攻撃を加えてきた。陣地付近が集中的に狙われるのは、内部にスパイがいるからに他ならない、と第三戦隊ではスパイ探しが始まった。島の人々、特に男手のある家では、特攻機が米輸送船を撃沈すると、海岸に漂着してくる食料を拾い、窮乏を凌いでいたが、スパイ探しが行なわれ、真っ先に大城教頭の家が捜索された時、アメリカ製の缶詰やたばこ、レーション（米軍の携行食料）が発見された。これらの食料はスパイ容疑の証拠品にこじつけられ、大城教頭はさらに厳しい拷問にかけられた。それにあたったのは朝鮮警察の刑事だった日本兵である。拷問は執拗に繰り返された。曾根さんは大城教頭が苦しみのあまり呻《うめ》き、悶絶する姿を目のあたりにした。後に、舌を噛み、その時は死なかったが、舌を噛んだ以上白状する意志がないものとみられ、茶畑陣地に連れて行かれて、斬首されたと聞いた。（『沖縄県史10沖縄戦記録2』によれば、大城教頭は妊娠中であった夫人の様子を見に持場を離れて自宅に帰ったことが咎められ、処刑されたとある。）

この日の陣中日誌はもうひとつの〝処刑〟を記している。

　米軍に捕えられたる伊江《いえ》島の住民、米軍の指示により投降勧告、戦争忌避の目的を以って陣地に進入、前信《（ママ）》陣地之《これ》を捕え戦隊長に報告、戦隊長之を拒絶、陣地の状態を暴路《（ママ）》したる上は日本人として自決を勧告す、女子自決を諾し斬首を希望自決を抱《（ママ）》助す。

知念《ちねん》元副官によれば〝処刑〟されたのは男女四名である。刑執行は、戦隊長命令で経験を積むためにと〝斬首〟の経験のない者に命じられた。そのため、四名のうち女性一名が完全に死にきれないまま土をかぶせられた。その女性は首筋に重傷を負いながらも自力で土中から這い出し、その場を逃れた。だが、再び捕えられ、二度目の〝処刑〟は知念副官が行なった。

知念副官は以前、米軍によって渡嘉敷《とかしき》島に移住させられた伊江《いえ》村民の収容所に情報収集のため潜入したことがあった。その時、逃げ出した女性とは顔見知りになっていた。沖縄出身であることから、知念副官にその女性を逃がした嫌疑がかけられ、二度目の刑執行は知念副官に命じられたのである。

二件の沖縄住民虐殺の後、第三戦隊は思い出したかのように逃亡者捜索隊を再度繰出した。

七月四日　知念小《(ママ)》尉以下十名、曾根一等兵及軍夫捜索の為、渡嘉敷島南部阿波連《あはれん》方面に向い出発す。

そして翌日、この捜索隊は〝逃亡者四名〟を発見、本部に連れ帰る。

七月五日　〇二〇〇　須賀上等兵以下二名、捜索隊より帰隊す。一三〇〇　捜索隊河崎軍曹以下七名逃亡者四名を逮捕し、本部に護送帰隊す。本日を以って捜索隊を解散各原隊に復帰せしむ。

曾根さんが率いた二〇名余の軍夫らは全員米軍に投降している。河崎軍曹以下七名の捜索隊が本部に護送したという「逃亡者四名」とは、はたしてどんな〝逃亡者〟だったのか。少なくとも曾根さんが率いた軍夫でないことは確かだ。

曾根さんが軍夫長フクダを通して脱出を呼びかけた時、決断しきれなかった軍夫が、曾根さんらの米軍投降の成功を見て、その後を追ったことはあり得よう。直接フクダから誘いかけられたのではなくても、同胞の投降成功に力を得て、意を決して行動に走った者がいた、とも想像できる。しかし、それなら、再度起こった軍夫らの逃亡は、当然、陣中日誌に記載されるはずだ。が、それにあたる記述はない。

ここでひとつの推測が成り立つ。「逃亡者四名」の発見は、第三戦隊幹部のデッチあげではなかったか。

曾根一等兵と軍夫らが姿を消してから、すでに四、五日を経過している。逃亡者が米軍に投降したことは、間もなく誰の目にも明らかとなろう。食料もなく、米軍にとり囲まれた小さな島で、第三戦隊の目に触れずに生き伸びることなど、とうてい不可能だからだ。投降に失敗して生命を落したとすれば、屍体や遺品がいずれ発見されるはずだ。二〇名余の米軍投降成功は、隠し通せはしない。が、第三戦隊幹部は、絶対にそれを看過するわけにはいかなかった。このまま見過ごせば、第三戦隊の統率力はなし崩しになる。少なくとも今後、逃亡の歯止めはなくなる。なんとしても逃亡者に対する制裁の儀式が行なわれなければならなかった。そこで、事件とは何の関わりもない四名の軍夫が制裁の儀式の犠牲《いけにえ》として引立てられたのではなかったか。

制裁の儀式がすめば、逃亡者と逮捕者の人数の帳尻が合わなくても、一応目的ははたせ、「本日を以って捜索隊を解散各原隊に復帰せしむ」と、第三戦隊に於ける曾根一等兵と軍夫らの米軍投降事件は、落着するのである。

第三戦隊が六月二二日、沖縄本島軍司令部からの「最後の斬込みを敢行す」の電報を受けてからわずか二週間の間に、明らかにされているだけでも、沖縄住民に対する〝処刑〟が二件、朝鮮人軍夫に対する〝処刑〟が一件、計八名が日本軍の手によって生命を奪われた。これに「逃亡者四名」を加えると、その数は一二名になる。この他にも、日時は不詳であるが、軍夫の〝処刑〟が阿波連《あはれん》の斥候連《せっこうれん》下《げ》隊に於いて行なわれたことを知念元副官が証言している。また、曾根さんは、軍夫を〝処刑〟したとして特設水上勤務隊小隊長斎田少尉が捕虜収容所の中で追及されるのを目撃した。

――あれは軍夫が反抗したとか何とかでなくて、栄養失調で弱って仕事できんようになったんでしょうね。命令しても動けなくなって、坐り込んでしもうた。それを斎田少尉が横着で仕事せんように判断して処刑した。収容所で軍夫たちからだいぶ追及されよったね。斎田少尉もいいわけして、あれは殺さんでも、処刑しなくても死にそうじゃったんじゃ言うてね、いろいろいいわけしとりました。軍夫たちもそれ以上追及しなかった。斎田少尉という人、悪い人でなかったんですけど、見せしめのためにやったんやろ、思うんです。

軍夫の死亡は、第三戦隊による〝処刑〟はもちろん、四月一六日以降、戦死も、戦病死も、栄養失調による死も、いっさい、陣中日誌には記載されていない。

軍夫長フクダを通じて曾根一等兵の呼びかけに応じたキクマルとスズランは、軍夫用の軍帽、軍服に身を包んで、二三四高地のポンギさんやカズコと一緒に寝起きしていた壕から抜け出した。赤瓦の家の七人の女たちの中では体格もよく、声もひときわ大きく、姐御肌であったキクマルが、この時、どうしてポンギさんやカズコに声をかけなかったのかは不明である。瞬時の判断であっただろうから、気持の上でも、時間的にも、誘いかける余裕がなかったのか。普段、ポンギさんはカズコと組み、キクマルはスズランと組んで炊事班の仕事をしていたから、日頃、行動をともにしているスズランを反射的に深夜の壕の暗がりの中で揺り動かしたのかもしれない。あるいは、軍夫長、ないしは、脱出を決意した軍夫に最初に起こされたのは、スズランであったかもしれない。ともかくも、キクマルとスズランは、決死の一行に加わり、二三四高地周辺の稜線上の監視哨を通過し、明るみ始めた渡嘉志久《とかしく》の浜で無事、米軍の上陸用舟艇に乗り込むことができたのである。座間味《ざまみ》島の米軍収容所では、日本兵である曾根一等兵とも、同胞の軍夫らとも別れて、別の収容所に入れられた。

その後のキクマルとスズランの足どりは、杳《よう》としてつかめない。曾根さんは一〇日間位、座間味島の収容所で過ごし、その後は沖縄本島に移されて楚辺《そべ》の収容所に入れられた。キクマルとスズランもおそらく、すでに戦闘状態が終結していた本島の収容所に移されたと想像される。初子さんが耳にしたところでは、キクマルは米兵の奥さんになった、というような、そんな噂があったという。〝奥さん〟の内実が、米兵、あるいは米将校の正妻であったか、オンリーと呼ばれるような存在であったのかは定かでない。

話の途中、曾根さんは老夫人が茶を入れたついでに、しばらく耳を傾けていたりすると、質問への回答を曖昧にはぐらかした。二、三回それが続いて怪訝に思っていると、何気ない素振りで私を初夏の庭先へと誘った。午前の澄んだ日射しが心地よかった。塀や垣根といった遮蔽物がなく、庭の植木は周囲の田畑や道にとけ込んでいた。築山や庭木がほどよく配され、手入れのゆきとどいた庭に見とれていると、背後で、外へ連れ出した理由が明かされた。

——あの件は、妻にも家族にも話しておらないんです。私のとった行動は決して恥ずべきことではない、と思っておるが、その一方で、あの一件を明かせば、この辺りでも非難中傷する人が出てくるだろうことも充分承知しております。平和を希求する思想が今の世の中で、決して充分受け入れられているとはいえませんから……。

私は慄然とした。保守的基盤に執拗に呪縛されている風土の中で、持続し続けてきた老農夫の孤高な反骨の精神に触れた思いがした。

日は中天に昇り、私たちは木影を求めて、地蔵の佇《たたず》む木の下へと場所を変えた。野良着に着替えた夫人が通りがかって声をかけた。

「あの畑のいんげんは、もうずいぶん固くなってしまいましたよ」

「それじゃあ食べられんだろ。種子にしなさい」

夫人は昼食に使う野菜を畑に採りに行っていたようだ。子は長旅の疲れが出て、腕の中で眠っている。私は曾根さんに、ずっと気になっていたことがらを問おうか、問うまいか、躊躇していた。どうきり出してよいか分らなかった。しかし、それをちゅうちょして問わないことは、曾根さんにも、被差別部落で、故のない差別に呻吟している人々にも失礼になる。私は尋ねた。

「曾根さんは被差別部落出身で、牛や豚の肉を捌《さば》くのが上手《うま》いので、現地自活班に入れられたのだと、赤松さんが言っていたのですが……」

二、三秒、静かな時が流れた。それから、吐息の混った低い声で曾根さんは答えた。

「わたしは違います。しかし、そういうことを言って人をおとしめたつもりになっているあの方の、人間としての品性を疑いますね」

その3　カズコのその後

カズコはポンギさんと最後まで一緒にいた。一九四五年八月二六日、二三四高地を降り、日米両軍が立ち並ぶ武装解除式にのぞんだ時も、座間味《ざまみ》島を経て沖縄本島へ送られ、屋嘉《やか》捕虜収容所に一泊した後、石川の民間人収容所に入れられた時も一緒だった。それからしばらく、二人は敗戦直後の沖縄で肩を寄せ合うようにして生きた。二三四高地にいる時は、日本語の分る軍夫もいたし、朝鮮語の分る日本兵もいたから、言葉が通じなくても、さし迫って困るということはなかった。だが、沖縄の方言と、共通語と、米語が飛び交《か》う収容所では、周囲からとり残されて、ポンギさんの発する言葉はカズコにしか、カズコの発する言葉はポンギさんにしか通じない。戦争で焼け出された沖縄の人々の中で、自然に二人は何をするにも互いの力を必要としあった。

カズコは、渡嘉敷《とかしき》住民にも、日本の将兵にも、ほとんど特別な印象を残していない。ポンギさんにしてもそうである。姐御肌のキクマル、愛嬌があり、性格も明るかったスズラン、鈴木隊長に贔屓《ひいき》にされ、日本語も多少できたので島の人々と話を交していたハルコ、そして、まだ少女の面差しが残っていたアイコとミッちゃんには多くの人から憐憫《れんびん》の情が寄せられ、将兵からは可愛がられた。それぞれが何らかの印象を残していたのにカズコとアキコと呼ばれていたポンギさんの像は朧《おぼろ》である。もう、年増といわれる年になっていたポンギさんは、将兵にもてはやされることもなく、目立たない存在だった。カズコもおとなしい性格だった。こうした地味な者同士が、二三四高地で炊事班の仕事を始めた時、自然に寄りそったのである。二三四高地に一緒に登って来た四人が仕事をするにあたって、二組に分れたことが、その後の行動を大きく決定づけた。キクマルとスズランは米軍に投降し、カズコとポンギさんは、日本軍将兵とともに武装解除式にのぞむことになったのである。もっとも、北部の山原《やんばる》（山岳地帯）を除いて、中部から南部にかけてはほとんど米軍の激しい砲火で焼き尽され、灰燼《かいじん》と帰した沖縄では、敗戦後一年間は米軍支配下での無通貨時代になり、誰もが米軍からの配給物資に頼って暮していた。平等といえば平等だったと、当時を知る沖縄の人々はいう。決死の覚悟で米軍に投降したキクマルとスズランも、その約二か月後に武装解除式にのぞんだカズコとポンギさんも、運命が分れたかに見えたのは、わずか二か月間だけで、無通貨、無階級の、裏を返せばなけなしの沖縄の焼跡で生きなければならなかった。

石川収容所に来てからというもの、カズコもポンギさんも、空腹で仕方がなかった。一二三四高地では、栄養失調で兵隊（それ以上に軍夫も）が死亡するほどの飢餓状況にあったが、炊事班にいた二人は、炊事班長がつくった慣習に従って、いつも、兵隊たちに配り終えた後の、鍋の底の方の固形物の多い粥を食べていたから、空腹を感じはしても耐えられないほどではなかった。しかし、収容所では、何の特権もなく、空腹に耐えながら、炎天下、配給所の前の長蛇の列に加わった。長い時間かけて自分の番を待つ間、大きなバーキ（籠）やいくつものカンカラに盛りだくさんな配給を受けている人が目にとまると、その人が大勢の家族の分をもらいに来ていることがわかっていても、つい、妬ましく思ってしまう。そして、長時間待ったことが恨めしいほどわずかな二人分の配給品を、小さなカンカラに収めて幕舎に持ち帰ってきた。

収容所を出、食べ物を探しに周辺の村をうろつくこともあった。そして、焼け残った民家を見つけると、そこへ行って中を覗いてみたりする。何か食べ物を恵んでもらえまいか、と思った。が、中に声をかけることもできずに、すごすごと引揚げてきた。カズコはたきぎを拾う振りをして、他人の畑でサツマイモを取った。そして、たきぎにする棒っきれの下にサツマイモを隠し、軍作業に出た人々が仕事を終えて帰ってくる時間を見計らって、その人々の群れにまぎれて収容所の門をくぐった。収容所からの出入りには通行許可証が必要であったが、カズコもポンギさんも申請には繁雑な手続きを必要とするので、それを所持していなかった。

米軍は沖縄本島上陸直後から軍政府を樹立、戦火で家も生産手段も破壊された住民に食糧・衣類などを配給する一方、軍作業に従事させた。けれど二人は軍作業には行かなかった。言葉の通じない二人には、作業の必要要員が募集されても、登録を受ける手続きが面倒に思え、行く気にはなれなかった。配給以外にはほとんど食べ物を入手することができない二人を助けてくれたのは、日本の五人の女である。数えるほどの単語しか分らなかったポンギさんとカズコに、日本語を覚えるきっかけをつくってくれたのも、彼女たちである。その女たちとは、屋嘉《やか》の捕虜収容所からトラックで石川の民間人収容所に運ばれてくる時に一緒になった。五人の女たちは、なぜ沖縄に来ていたかは一言も漏らさなかったが、ポンギさんは勘で自分と同じ仕事をしていたに違いないと感じていた。民間用の楼であったのか、軍の監督下に置かれていた慰安所であったのか、分らなかったが、よく宜野座《ぎのざ》の話をしていたので、宜野座にいたのだろうと思った。

ポンギさんは、福岡出身だというサチコとは、言葉は通じなかったが、とても気が合った。いつの頃からか、カズコとポンギさん、それに五人の女たちは、大きな幕舎から、中が四部屋に区切られているテント家《やー》に移された。部屋といっても、畳はもちろん、床もない。しばらくは地面にじかに毛布を敷いて寝ていたが、身体が冷えて仕様がない。テント家は、太陽に焼かれる昼間はとても暑くて中にはいられないが、宵闇《よいやみ》が迫り、地面が夜露で湿気を帯びてくると、ひんやりしてくる。冷え症で人一倍寒さに敏感なポンギさんに、床代りに使うようにと、どこからか板を運んできてくれたのはサチコであった。サチコはいち早く軍作業に出るようになったが、そのうち、朝出かける時にはポンギさんに、

「アキコさん、何か不自由しているものはない？　今日は何を持って来ようか」

と、声をかけて行くようになった。

米軍将兵の周辺にはいつの間にかプスプスとか、ハーニーと呼ばれる女たちが群れ始めていた。シーツや衣料や菓子、缶詰類等、サチコが〝戦果〟として持ち帰った品々は、米将兵に身体を張って獲得してきたものだったろう。他の二人の女も、米将兵からの個人的な〝戦果〟をあげてきたが、残りの二人は、カズコとポンギさん同様、仲間の〝戦果〟の恩恵に浴することに甘んじていた。

そのうち、カズコも配給品以外のアメリカ製食品でうるおうようになった。軍作業の作業班長をしているマツヤマと名乗る朝鮮の男が、訪ねて来るたびに、菓子や缶詰類を持って来たからである。マツヤマは、沖縄が激しい戦火に見舞われる前は、飛行場建設作業にあたっていた。だが、徴用ではじめて沖縄に来たのではなかったようだ。というのは、マツヤマは、その時、すでに沖縄の女性との間に子どもを三人もうけており、石川の収容所の外にテント家を建てて暮らしていたからだ。

カズコとポンギさん二人分の食料を持ってきたマツヤマは、ある日、同僚を一人連れて来た。五〇歳前後の本土の男であった。そして、次に来る時には、その男がポンギさんの食料を持ってくるようになった。それから間もなく、マツヤマとその男は一軒の焼け残った家を探して来た。六畳一間の小さな茅葺《かやぶ》き家《やー》であったが、とにもかくにも、人間の住む家であった。さっそくカズコとポンギさんは石川収容所のテント家を出て、その男と一緒に茅葺き家に入った。マツヤマは足繁く茅葺き家に通って来た。

沖縄の多くの人々が、まだテント家やバラックで炎暑に焼かれ、床もない地面の上で起居している時に、家らしい家に住めるようになり、食料にも事欠かず、ようやくひと安心、と思うのも束の間、一人の沖縄女性が茅葺き家に訪ねて来た。戦争中、離れ離れになっていたその男の妻であった。カズコとポンギさん、それにその男という三人暮らしに、妻である沖縄女性が加わった。言葉は通じなくても、起居をともにしていれば、自ずとポンギさんと夫の関係に気づく。沖縄女性は殊更に、夫が仕事から帰って来れば腰を揉み、肩を揉み、朝は早くから起きて食事の仕度をし、夫を送り出していた。男が仕事に出かけた後、茅葺き家《かやぶやー》に残された女たちの間には、妙に緊迫した空気が流れた。沖縄女性はカズコとは親しく、身振り手振りで話を交わしても、ポンギさんには言葉ひとつかけなかった。

やさしい男で、運んできてくれる食料の数々に気を奪われて身を寄せてはいたが、ポンギさんにとって、その男は、本妻と張り合う間柄では決してなかった。ポンギさんは茅葺き家にいたたまれなくなり、一人で再び収容所のテント家にもどった。

中が四つに区切られた、テント家の、もとの一区切りに入ると、隣のサチコが側に来て、

「あんた、何しに茅葺き家に行ったの」

と、夫婦の絆を見せつけられて、寂しく帰って来たポンギさんをなぐさめた。そして、以前にもまして、

「アキコさん、今日は何が欲しい？　何持って来ようか」

と、朝のあいさつ通り、米兵からの〝戦果〟をポンギさんに運んできてくれたのである。

そのサチコたちも、日本本土へ帰る日が来た。本土の男も妻を伴って、同じ船で帰って行った。中が四つに区切られたテント家は急に寂しくなった。

カズコは茅葺き家で最初に男の子、次に女の子を生んだ。軍作業に賃金が払われるようになったの

は一九四六年五月からであるが、それ以降は食料、衣料、たばこ等の現物支給は次第になくなった。従って、マツヤマの役得も少なくなり、カズコが二人目の子を生んだ頃には、作業班長の職も失って、石川のテント家《やー》を那覇の牧志《まきし》に移した。カズコも二人の子とともに茅葺き家をひき払い、牧志に連れて行かれた。

ポンギさんは後に石川収容所を出て、沖縄の町々を彷徨《さまよ》い歩いていた頃、牧志のテント家にカズコを訪ねたことがある。二人の子を抱えたカズコは、本妻とその三人の子どもたちと一緒に暮らしていた。作業班長の職を失ってからというもの、マツヤマは、次第に酒に溺れるようになり、カズコとポンギさんにさまざまな米国製の食料品を運んでくれた頃の羽振りは見る影もなかった。雨が降ればすぐに床上に浸水しそうな三畳位のテント家で、飲んだくれのマツヤマを中心に、二人の女とその子どもたち五人、計八人が雑居していた。そうした暮らしの中でカズコは二番目の女の子を病気で亡くした。ポンギさんが二度目にカズコを訪ねたのはその直後だった。

ポンギさんがカズコの死を知ったのは、一〇年ほど前、特別在留許可を受けた時のことである。沖縄へ連れて来られた時には、ポンギさんは大日本帝国の〝臣民〟であった。ところが、日本の敗戦によって沖縄と、新たな歴史を刻み始めたポンギさんの故国との間には、国境線が引かれ、さらにその後、故国は三八度線を境として分断され、沖縄も日本から切り離された。その間、沖縄の町から町へ転々として暮していたポンギさんは、日本、沖縄、米国、南北に分れた朝鮮、いずれの行政機関とも、一度も係わりを持たず、従って、国家の保護も一切受けず、生きてきたのである。そして、知らない間に不法在留者になっていた。特別在留を申請することになったのは、神経痛で足腰が立たなくなり、働けなくなったポンギさんを見かねた周囲の人々が、〝国〟に援助を求めたことがきっかけだった。その申請手続きをする際、ポンギさんが入国した時期を明らかにするための証言者が必要であった。ポンギさんが働いていた店のマダムや客らの奔走でカズコと知合いだった照屋《てるや》シズさんが探し出された。ポンギさんは領事館の係員とシズさんを訪ね、カズコの最後を知った。

シズさんは朝鮮出身であるが、戦前沖縄に来て、沖縄の人と結婚した。彼女の夫は、朝鮮人に会うと、自分の妻が同じ故郷人《シマンチュ》だからといって、必ず家に連れて来た。カズコも石川の茅葺《かやぶ》き家《やー》にいた頃、そんな風に連れられて来て、シズさんに会わせられたのだ。カズコはシズさんより二、三歳年下だった。それで、シズさんを「姉さん、姉さん」と呼んで慕った。石川から那覇に来る時、荷物を運ぶのに運送料がかかるから貸してくれ、と請われて、当時としてはかなりまとまった額を用立てたのはシズさんである。夫には内緒であった。

カズコは、三歳の男の子と、まだ歩けない女の子を連れて、マツヤマを頼って牧志《まきし》のテント家に移った。そして、本妻とその子ども三人が住む家に一緒に住み始めたものの、生活は困窮しており、食べるものにも事欠くという有様だった。カズコは仕方なく子どもを本妻にあずけて、肴屋《さかなやー》（客の性買にも応じる）に働きに出た。ようやく歩き始めたばかりの下の女の子が亡くなったのは、その頃だ。

その後、肴屋での勤めは辛そうだったので、シズさんの夫が見かねて自分の屋台の商いを手伝わせるようになった。当時、シズさんは軍作業に出ていた。一年位、カズコは男の子を連れて屋台の商いを手伝っていたが、ある日、シズさんが軍作業から帰ってくると、カズコの姿が見えなかった。姉さん、姉さんと慕っていたのに、何のあいさつもなく姿を消したことがシズさんは口惜しかった。カズコは、まだ幼い男の子をマツヤマのもとに置き、本妻にあずけて基地の町コザ（現沖縄市）に働きに行ったのだ。その頃、マツヤマは、子どもが受けて来た配給の食料品を酒に替えて飲むほどに重いアルコール中毒に陥っていた。カズコはそんなマツヤマに自分の方から見切りをつけて去ったのだ。しばらくして、コザでの生活の目途がつくと、カズコは男の子を手元に引き取った。

シズさんは、カズコがどこにいるのか知らずにいたが、コザで働いていることを夫から聞いて、訪ねてみた。懐かしくて会いたかったし、貸してある金を返してもらえまいか、とも思ったからである。カズコは男の子と二人、間借り生活をしていた。身体を張って米兵を相手に商売しているなら、多少は余分な金も出来ただろうと思って行ってみたのだが、カズコは金は全然ない、といった。実際、カズコの暮らしぶりは少しも豊かそうには見えなかった。その後、何度か訪ねたが同じであった。

一三年の時を経て、シズさんはカズコの息子を訪ねた。カズコの息子のことが『沖縄タイムス』の社会面に大きく載っていたからである。息子は進学するにあたって商船大学を希望していたが、無国籍のためパスポートが取得できず、本土に渡れないので受験ができない、といった内容であった。まだ沖縄は本土復帰していなかった。従って、沖縄、本土間の通行にはパスポートが必要だった時代である。

カズコは、その息子が高校卒業をひかえた頃に亡くなった。長年米兵相手に肉体を酷使し、卵巣か腎臓かを悪くして、手術をしたが、術後の経過が思わしくなく、息絶えた。手術費や入院費も支払えなかったというから、満足な治療も受けられなかった末の死ではなかったかと、シズさんは思った。

アル中だったマツヤマも本妻にみとられて、すでに他界していた。カズコの息子はたった一人、沖縄に残された。

息子はバスの車掌をしながら高校へ通っていた。出稼ぎで沖縄へ流れてきたであろうマツヤマにしろ、日本軍によって行先を血縁者に知らされず連れて来られたカズコにしても、故郷《くに》から遠く切り離されて、墓所などあろうはずがない。シズさんはカズコの遺骨の所在が気になって息子に尋ねると、息子は、まだ火葬場に置いたままだといった。

カズコは釜山《プサン》から来たといっていた。シズさんは、釜山が単なる出港地に過ぎなかったのか、それとも居住地であったのかまでは聞かなかったが、慶尚道《キョンサンド》の方言の訛りがあったので、慶尚道出身であることは間違いないだろう。カズコの遺骨は息子に守られるにしろ、おそらくは、故郷《くに》に帰ることはないだろう。

座間味島《ざまみ》

何度目かの旅の日程に座間味島と阿嘉島《あか》を入れたのは、ひとつには、座間味島に行けば、米軍の野戦病院に収容されたといわれているミッちゃんとアイコの生死を見定めることができるかもしれないと思ったからだ。

渡嘉敷島《とかしき》の人々や、第三戦隊の元将兵の証言では、ミッちゃんは、米軍上陸直前の一九四五年三月二六日深夜まで生存が確認されており、座間味島に送られたようだとほぼ見方が一致している。だが、瀕死の状態であったアイコに関しては、死んだという証言と、座間味島の野戦病院で米軍の治療を受けたようだ、という二つの証言に分れている。座間味島は、米軍の慶良間《けらま》攻略が開始された三月二三日、第一日目にもう座間味の集落は約六割が焼かれてしまった。米軍の猛攻下にあって、誰もが生死の境界線上に立っていた時期、異境の見知らぬ娘の安否を心にとめる余裕など、島の人々にあったかどうか、確信はなかった。だが、万が一、ミッちゃんとアイコに何らか係わりを持った人がおられるなら、その方に会って、二人の生死を確かめたかった。

それにもうひとつ、ポンギさんらと釜山《プサン》を一緒に発った座間味島の七人と、阿嘉島の七人の足跡を辿れまいか、というかすかな期待もあった。

当時、軍は機密漏洩を怖れて、慰安所への住民の出入りを禁じ、また、業者や慰安所の女たちに対しては、住民との接触を避けるよう命じた。そのため、渡嘉敷島《とかしき》でも一般の住民は、朝鮮の女たちと直接言葉を交わした人はほとんどなく、家を慰安所にされた仲村渠《なかんだかり》さんの家の長女初子さんと、酒保にされた隣家の新里《しんざと》吉枝さんは例外的な存在だった。座間味《ざまみ》島や阿嘉島でも朝鮮の女たちのことは、住民からは垣間見た印象とか、噂話程度の淡い回想しか聞けないかもしれない。だが、どれほど淡い回想でも、そこから、ポンギさんと一緒に沖縄へ連れて来られた女たちの足跡が辿れるなら、辿りたいと思った。

公的には、慰安婦として戦地へ送り込まれた子ども、女性の数は概数さえ明らかにされていない。ましてや、戦地・戦場で何万人が生き残り何万人が死亡したのか、不明のままである。私はせめて、ポンギさんと一緒に慶良間《けらま》まで連れて来られた女たちの生死を、たとえ一例でも、見極めたかった。

まず、私は座間味島に渡った。ポンギさんが那覇を発って渡嘉敷島に向かう途中、下船し、一泊した島だ。そして、戦争が終って、渡嘉敷島から沖縄本島へ移される時にも寄っている。慶良間海峡を挟んで渡嘉敷島と向かい合い、西に位置した島だ。面積は五・九平方キロメートル、周囲はさらに小さな島に囲まれ、行政的には阿嘉《あか》島、慶留間《げるま》島を含めて座間味村となっている。一九四〇年当時の座間味村の人口は二三四八名であった。

米軍は慶良間攻略にあたって、渡嘉敷島や阿嘉・慶留間島以上に座間味島に対して激しい攻撃を加えた。それは、沖縄本島攻撃に先がけて慶良間海峡を艦船の停泊地として確保する一方、座間味島に基地を設置するためであった。梅澤裕少佐の率いていた第一戦隊は、戦闘開始早々から大きな打撃を受け、四月一一日には戦隊長自ら重傷を負うという事態に陥り、その時点で「組織的戦闘は継続不能と判断」（朝雲新聞社刊『沖縄陸軍作戦』）、軍としての機能は解体している。

座間味島に配置された海上挺進基地第一大隊及び海上挺進第一戦隊に関する記録が不明瞭なのは、ひとつには第一大隊及び第一戦隊内部からの記録者が現われていない、ということと、第一戦隊が戦時に置かれた命運の結果なのだろう。

座間味島に小沢義広少佐の率いる海上挺進基地第一大隊約九〇〇名が上陸したのは、一九四四年九月九日である。その後、九月二七日に梅澤裕少佐の率いる海上挺進基地第一戦隊一〇四名も上陸した。そして、翌年の二月中旬、基地隊である第一大隊の主力が沖縄本島に移動し、作業援助要員として特設水上勤務中隊が配置される経過は、渡嘉敷島の第三戦隊と同様である。特設水上勤務隊の数は三〇〇名（『沖縄陸軍作戦』）と、渡嘉敷島よりは一〇〇名多い。そして、ポンギさんと一緒に釜山《プサン》を発った朝鮮女性七名が慰安婦として一一月上旬、この島に降り立った。

座間味島に着いたその日のうちに、私は、慰安所があったという阿真《あま》に行くことにした。座間味島には座間味、阿真、阿佐《あさ》、三つの集落がある。村役所や郵便局、診療所のある島の中心地は座間味である。

座間味から阿真へは海岸沿いに新しくできた舗装道で通じていた。座間味港を左手に望みながら、二〇分余りも歩くと、道は自然に阿真に入っていった。冬とは思えない暖い日射しの中で、集落は静まりかえっていた。波の音は聞こえない。潮の香も届いてはいない。けれど、あたり一帯に海の気配が漂うのは、集落が小さな島の、海岸近くに位置しているからだろう。

家々は防風、防潮のための木々に囲まれ、ほどよい間隔でひっそりと佇《たたず》んでいた。小径が碁盤の目に近い形で整然と家々を結んでいる。この中に、かつて慰安所として使われた仲村さんの家と高良《たから》さんの家があるはずだ。私はゆっくりと白い小径を歩いてみた。人影はまったくない。七、八分も歩くと、「仲村信徳《しんとく》」の表札のある家が見つかった。後で気づいたことだが、仲村さんの家の背後には畑が拡がっており、もうそこは戸数二〇戸にも満たない集落のはずれであった。かなり広い屋敷である。深緑の木々に囲まれた左手に母屋、右手に社《やしろ》が祀られていた。庭に薪《まき》割りをする人の姿があった。仲村信徳さんかもしれない。仲村さんは脳卒中で倒れて以来、半身不随になっておられるから話は聞けないだろう、と民宿のおばさんから聞いていた。けれども、薪を割っている方が仲村さんなら、あいさつだけはしておきたいと思い、私は庭へ入って行った。

「(倒れてから)もう、三年になるかね、仕事もできないさ。家内がいれば話ができるがね、作業に行ってる」

晩婚だったから、年とって生まれた息子が、まだ小学生だ。妻の働きで生計を立てているから、せめて風呂焚きぐらいしないと、と、喉にひっかかる声で苦しそうに言った。〝作業〟というのは沖縄開発庁あたりで進めている道路建設か補修工事ででもあろうか、土木工事のようであった。

仲村さんは、ちょっと一服しようか、といった様子で斧を置き、庭の外に出た。仲村さんの家の前には小径を挟んで古井戸がある。まだ阿真《あま》に水道が通じていなかった頃、人々が水を汲みに来た共同井戸であろう。いまは、木製の蓋で覆われている。仲村さんは、その古井戸の蓋の上に腰を下ろした。

そして、たばこに火をつけた。私は日頃の習性で、やはり、問いを発してしまう。声が喉にひっかかって苦しそうだ。だが、話すことを嫌がっている様子はない。私は仲村さんの発する一語一語に耳を傾け、その一言一言を噛みしめた。

戦時中、仲村さんはこの家にはいなかった。南方方面へ出稼ぎしていたのだ。尋常高等小学校二年を卒業したその年から、父に連れられて南洋に行った。主として貝を獲る船や鰹《かつお》船に乗った。かつて沖縄の漁師たちの間では、海に潜って魚を網に追い込んで獲るという漁法が盛んであったが、その伝統的な潜水《もぐり》技術を身につけた男たちが南洋方面へ出稼ぎし、貝を獲った、という話はよく聞く。食用、というよりは、ボタンにしたり、貝殻を砕いて壁に入れるための建築材料としての貝である。仲村さんの乗っていた船は真珠貝も獲った。が、仲村さん自身はモグリはしない。長じてからは機関士になった。稼ぐことも稼いだが、三〇歳まで独り身で、財を蓄えるということもせず、稼いだ金はほとんど酒で消えてしまった、といって笑った。

座間味島に日本軍が来た頃は、この家には母一人しかいなかった。父はパラオ、仲村さんはポナペ、妹一人も南洋、他の四人の弟妹は沖縄本島にいた。家が日本軍の慰安所に指定されると、母は裏にあった小さな家に移り住んだ。

敗戦を迎えて南洋庁ポナペ支庁もすべて引揚げた後、仲村さんは一番最後の引揚船に乗った。引揚船は沖縄を通過し、本土に向かった。沖縄へすぐには帰れなかった。一年間千葉に住み、東京へヤミ米を売りに行って暮らしていた。座間味《ざまみ》島は玉砕したと聞いていた。だから、島に帰っても、もう誰も、親きょうだいもいないだろう、と思い込んでいた。けれども長男だから、家がどうなっているのか、見ておかなければなるまい、と思って帰って来ると、母が生きていることがわかった。しかし捕虜として、米軍にハワイへ連れて行かれていた。父もパラオから引揚げてきた。看護師をしていた妹が一人、沖縄本島で死んだ。他の弟妹は無事であった……。

仲村さんは慰安所のことも、朝鮮から来た女たちのことも知らなかった。母が生きていれば少しは何か分ったかもしれないが、数年前に亡くなったと言った。近くの叢《くさむら》で虫が鳴いていた。仲村さんは、腰を下ろしていた古井戸からゆっくり立ち上がると、

「この家は一三の歳に造った家だからね、建ってからもう五〇年も経っている。椎でできてるからとても頑丈よ。戦争の時は日本軍に使われて、その後、米軍に使われて、」と、感慨深そうに緑濃い樹木に囲まれた家の全容を眺めた。そして、米軍に使われて「さあ、もうひとふんばり……」

再び薪を割りに庭へ入って行った。仲村さんの家は一九四五年三月下旬、座間味《ざまみ》島が米軍に占領されると、米軍の本部としても使われたのだ。

私はまた、集落の中を歩いてみた。小さな杜《もり》が見えた。あの杜は何だろう。足は自然にそこへ向かった。御嶽《ウタキ》であった。御嶽というのは、地方によっておがみ山、森《ムイ》、グスク、御願《ウガン》などと呼ばれ、村の守護神や、祝福をもたらすニライカナイ(理想郷・他界)の神、航海守護神等を祀る聖地である。御嶽は、そのありかをあたり一帯に知らしめるかのように、ひときわ高く聳《そび》える福木《ふくぎ》の中でしんと鎮まっていた。その御嶽の隣に高良《たから》さんの家があった。仲村さんの家からは歩いて一、二分、やはり広い屋敷である。南に面して細長く赤瓦の家が建っている。中に声をかけたが、応答がなかった。

あまり遅くならないうちに、宮田ハル子さんを訪ねてみようと思った。民宿のおばさんが、「慰安

所には直接関わりはなかったけれど、戦時中も阿真《あま》にいたから何か知っているかもしれない」と教えてくれた方だ。「宮田」の表札のある家の側まで行くと、二人乗りしてきたバイクを降り、こちらに歩いてくる初老の夫婦に出遇った。宮田夫妻であった。座間味に出かけ、いま帰ってきたところだと言った。用件を告げると、玄関の鍵を開け、その足で縁先に現われて、さっそくに戦時の体験を語ってくれた。

当時、二六歳であったハル子さんは、婚約者が満州に出征したままで、まだ結婚せずにいた。それで、身軽に動けたから、阿真の人々が一団となって山中に逃げ込み、約一か月の間、避難生活をしていた時、年寄りや幼な児を抱えた女たちに代って、食料調達役を引受け、砲弾の飛び交う下で食料を探しまわっていた。男手のほとんどない中で、人々の死活に関わる重要な仕事を受け持っていたのである。

ハル子さんは慰安所のことを〝ピー屋〟といった。当時、阿真には一五、六所帯があったが、そのうちの二軒、集落の端の瓦屋根の立派な家が慰安所にあてられた。今は、海岸沿いに舗装道路ができて、通る人も少なくなったが、かつては、座間味と阿真を結ぶ道は、小高い山を越える峠道であった。その峠道が阿真に入ったつき当たりに仲村さんの家があり、そこまで行かない途中に、高良さんの家の裏口があった。兵舎は座間味に造られて、兵隊は約二〇分の道のりを歩いて〝ピー屋〟に来たのだが、その際、兵隊は集落の中まで入らなくても、出入口で目的を果たすことができたのである。限られた条件の中で、軍が二軒ともに集落の一番端の家を選んだのには、いくつかの理由が考えられる。機密漏洩を防止する、慰安所という軍の恥部を住民に晒《さら》さない、住民に与える風紀上の悪影響を最小限にとどめる等、主として三点である。しかし、わずか一五、六軒の小さな集落で、朝鮮の女たちを置いた〝ピー屋〟の存在は、人々の好奇心をかりたてた。朝鮮の女たちは、普段、戸外に出ることは少なかったようで、ハル子さんはめったにその姿を見かけなかった。だが、一人だけ、強く印象に残っている女性がいる。その女性は〝将校のつきもの〟と噂されていた。ある時、「あの人が外に出ているよ」と近所の人から聞いて、将校の相手をしているのはどんな方だろう、と思い、見に行ったことがあった。背の高い、容姿の美しい女性であった。その女性は、他の若い娘たちから「姉さん、姉さん」と呼ばれていた。

軍は、慰安所を開設して間もなく、この地域の聖域である御嶽《ウタキ》に酒保を設置した。兵隊はこの酒保を〝汁粉屋〟と呼び、〝汁粉屋〟に来るふりをして、慰安所に来た。汁粉屋の前にも、高良さんの家の前にも、仲村さんの家の前にもできた兵隊の行列を、ハル子さんはしばしば見かけた。

汁粉屋には、阿真《あま》の娘二人が軍の要請で働いていたが、二人ともにハル子さんの従妹であった。一人は慶留間《げるま》よし子さんで、すでに他界している。敗戦直後、女子青年団活動の一環として行なわれていた塩炊き用の薪《まき》を取りに他の島へ行った帰り、舟が沈没し、四名の死者を出したが、よし子さんもその舟に乗っていた。

もう一人は座間味《ざまみ》に嫁いだ宮里美代さんで、現在も座間味に住んでおられるという。

日が傾き始めていた。かつて座間味と阿真を結ぶ道として人々が通り、そして、日本の将兵が〝ピー屋〟に行く時に通った峠道をたずねると、ハル子さんは一緒に外に出て、仲村さんの家の裏の方まで送ってくれた。峠の途中で日が暮れてしまいはしないかと、少々不安ではあったが、私はハル子さんに教えてもらった峠道を登り始めた。海岸沿いの舗装道は車社会の要請に従って造られた道であるが、峠道は、人馬が通るに程よい幅の、時折、樹間に海が見下ろせる傾斜のなだらかな道だった。

翌日、『沖縄敗戦秘録・悲劇の座間味島』の著者宮城初枝さんを訪ねた。那覇で会った初枝さんの長女・晴美さん（当時雑誌『青い海』編集者）に「何かお役に立てるはずだから、ぜひ訪ねるように」とすすめられていたからだ。初枝さんの家は座間味港の近く、冷凍食品を商う店だった。初枝さんが一人で店番をしていた。たいへんに繁昌しているようだった。来意を告げる間にも一人また一人と客が来て、落ちついて話を聞けるような様子ではない。「夜、仕事を終えてから宿へうかがいましょう」という言葉に甘え、初枝さんの店を出た。

その晩、初枝さんが、戦時中、女子青年団員として行動をともにしたという大城澄枝さんと一緒に宿に来てくれた。すでに九時を少し過ぎていた。仕事を持つ主婦が家族の夕食を終えて、後片づけもすませてくると、こんな時間になってしまう。私は恐縮して、さっそくテープをまわした。

座間味島は、当時の住民約六〇〇名のうち、一三五名が集団自決の犠牲になった。一九四五年三月二三日から空襲を受け、二五日には艦砲射撃が加わった。そして、二六日午前九時、米軍が上陸した。座間味では自決が、渡嘉敷《とかしき》島のように二箇所だけで行なわれたのではなく、農業組合の壕をはじめさまざまな場所で行なわれた。初枝さんと澄枝さんも自決を試みている。だが、手榴弾が不発で、未遂に終った。

「あの冬はとても寒かったんですよ」

と、初枝さんが口火を切った。

座間味島に連れて来られた七人の朝鮮の女たちも、渡嘉敷島の七人と同様、夏用の薄いワンピースを着ていた。澄枝さんの印象に強く残っているのは、正月までもゆかたを着ていた女たちの姿だ。南方へ行く、といわれて連れて来られたという。ポンギさんのいうように、五一人の女たちは当初、シンガポールへ行く予定だったのだ。

初枝さんの家は港の側にあった。それで、座間味《ざまみ》に船が出入りする様子がいつも目に入った。当時の座間味港は、港といっても、突堤もなく、どこまでも遠浅で美しい砂浜が続いていた。そのため、日本軍が上陸して来た時には、船団は前方に浮かぶ島と島との間に錨をおろし、船団と浜との間を上陸用舟艇の大型発動機船が往復し、積荷を降ろしていた。

従来、座間味・那覇間には民間人が利用していた連絡船があった。連絡船は、満潮であれば浜に直接荷を降ろすことができたが、潮が引いていると、無人島の安慶名敷《あげなしき》島と浜との中頃に錨を下ろしたので、浜まで歩いて来なければならなかった。サンゴのかけらが足裏に突き刺さり、とても痛かった、と初枝さんは戦前の記憶を手繰り寄せた。その連絡船は十・十空襲で焼かれてしまっている。七人の女たちは、一一月上旬に座間味島に着いたのだとしたら、軍の連絡船として使われていた徴用漁船で来たに違いないと、二人は推測した。

朝鮮の女たちが座間味島に着いた日、初枝さんは女たちの荷が船から降ろされるのを見ていた。サンゴの浜に降ろされた爛《ただ》れた緋色《ひいろ》の夜具がひときわ目を惹いた。

女たちは、到着直後、いったん座間味の民間の家に投宿した。

初枝さんと澄枝さんは、女たちの名前をあげた。イケガミ・トミヨ、エイコ、ミエコ、イチマル、ミヨシ、コナミ、もう一人は思い出せない。年齢は二〇歳前後、一五、六歳の娘もいた。イケガミ・

トミヨは二四、五歳ぐらいだったろうか。

「マダムさん、とっても素晴しい方でしたよ。体格がたいへんきれい。顔もきれい」

ポンギさんら五一人の女たちがはじめて沖縄の地を踏んだ時、女たちに「おやじ」とか「おとうさん」と呼ばせていた慰安所の元締めがいた。五一人が向かった島々には、それぞれ一人ずつ〝帳場〟と呼ばれる男たちがついていったのに、座間味島には、男はついて来ず、元締めの内妻が〝帳場〟を兼務した。それがイケガミ・トミヨだったのである。他の女たちの名はいずれも慰安所で使うたかたの源氏名であったから、姓はない。トミヨだけに〝イケガミ〟が付されているのは、かつて日本が朝鮮民族に強いた創氏改名によるのか、それとも、トミヨが元締めの姓を名乗っていたのだろうか。

トミヨは大柄な美しい容姿で島の人々に強い印象を残している。阿真《あま》の人々が〝将校のつきもの〟と噂していたのは、トミヨのことだったのである。

七人の朝鮮の女たちは阿真に移され、慰安所が開設されたが、開設当初、将兵たちはあまり慰安所へは行かなかったようだ。高良《たから》さんの家に隣接している御嶽《ウタキ》に〝汁粉屋〟が設置されたのは、いわば、慰安所の客寄せのためであった。

初枝さんは当時、役場に勤めており、民間から集めた芋を〝汁粉屋〟に運ぶ仕事を受け持っていた。砂糖は他の物資が不足してからも沖縄産の黒砂糖が、手に入ったが、小豆などはなかった。軍のメリケン粉と芋をつぶしてこね合わせただんごを、砂糖汁の中に入れた〝汁粉〟だった。それを安い価格で売っていた。

米軍の慶良間《けらま》攻略が始まってから、初枝さんと澄枝さんは、朝鮮の女たちの姿を垣間見ている。トミヨは、海軍の青い軍服を着て、美しい容姿を一段と引き立たせていた。前年の十・十空襲の際、沖縄本島から海軍艇が慶良間《けらま》海峡に避難して来て、負傷者が座間味《ざまみ》島に運ばれたことがあった。トミヨの着ていた海軍の軍服は、その時、座間味島に置き残されたものであったろう。

三月二三日から空襲が始まり、二五日には艦砲射撃が加わった。

その日、伝令がまわってきて、「忠魂碑前に集合」という指示が住民に伝えられた。そして、初枝さんと澄枝さんは、小峯つる子さん、弟の茂さん、初枝さんの妹の美枝子さん、計五名で役場の重要書類を忠魂碑前に運ぶことを村長から命じられた。初枝さんら五人は米軍が上陸してきた二六日には、軍から弾薬運びを命じられ、二七日の明け方、目的地の稲崎山に辿り着いたものの、到着するはずの斬込み隊の姿は一人も見られず、玉砕してしまったのだろうと思い込み、手榴弾で自決を図った。だが、手榴弾は不発で、自決未遂のまま山中を彷徨、出遇った住民から、軍が稲崎山に集まっていると聞いて、再び稲崎山に引き返した。そこでさらに、初枝さんと澄枝さんの二人は阿真《あま》への斬込み隊の道案内を依頼される。

幸い阿真には米軍の姿はなく、白兵戦は避けられた。翌二八日にも、集中砲火を浴びる中で軍の炊事、避難場所への兵隊の道案内、重傷者三名の看護を命じられた。重傷者一名は生存は不可能と自ら手榴弾で生命を断ち、もう一名は出血多量で死亡、日暮れてから残る一名を五人でかわるがわるかついで阿佐《あさ》山方面へ移動した。朝鮮の女たちに出遇ったのは、翌二九日の昼頃である。通信兵二名と、島の女子青年が一人道案内についていた。その時、女たちの数を数えたわけではないが、エイコはすでに自決していたから、七人は揃っていなかったはずだ、と、初枝さんと澄枝さんは口を揃えた。この間、座間味島の住民約六〇〇人のうち一三五人がそれぞれ避難していた壕で自決した。

エイコの自決は、慰安所の女たちとほとんど関わりのなかった島の人々の間にも、広く知れわたっている。座間味から阿佐に通じる峠道の、まだ峠にはさしかからない所に軍の本部壕があったが、その壕内でエイコと兵隊の自決屍体が発見された。自決したのは二六日夕方といわれている。エイコは足に重傷を負い、まったく歩けない状態で本部壕に運び込まれていた。兵隊の方も負傷していたという。

エイコはなぜ自決したのだろうか。二六日といえば、米軍が座間味島に上陸してきた日だ。米軍上陸直後の恐慌状態の中で、もうこれ以上生きのびることはできないと絶望して自ら生命を断ったのだろうか。澄枝さんは、エイコと兵隊は一緒に自決したのだといった。初枝さんは、二人一緒に自決したのか、それとも、偶然に本部壕に運ばれたエイコと兵隊がそれぞれに自決したのかと、二人の関係を結びつけることに慎重であった。ただ、本部壕で発見されたのは、エイコと兵隊の屍体だけであったことをつけ加えた。

軍の炊事係を担当していた四月上旬、もう一度、初枝さんは阿佐の水田地帯で朝鮮の女たちの姿を見ている。夜、炊飯用に田の水を汲みに行った時のことだ。その頃は、軍も住民も、その辺一帯に避難していたから、朝鮮の女たちも軍や住民に混って、そこに避難していたのだろう。それっきり、初枝さんは彼女たちの姿を目にしていない。その後、どのように戦火をかいくぐっていたのか、弾に当った話も、死んだ話も聞いてはいない。ただ、トミヨが、四月一二日に負傷した梅澤裕戦隊長の看病をしていたと聞いている。

四月に入ってから小康状態が続いていたが、一〇日から再び、米軍の攻撃が加えられた。至近距離で炸裂した迫撃砲で、初枝さんが右の大腿部を負傷したのは一二日のことだ。この頃になると、米軍は住民に対し、しきりに投降を呼びかけていた。初枝さんの傷は次第に悪化し、出血がひどく、激痛を伴うようになった。身動きできなくなって米軍投降を決意したのは一七日である。

廃墟となった座間味《ざまみ》は米軍に占領されていた。占領後の使用目的に沿って集落への爆撃がなされたのであろうか、大きな赤瓦の家が焼き残され、そこが病院に使われていた。米軍の幕舎がいたるところに張りめぐらされ、学校の校庭は墓地になり、見慣れない白い十字架が立てられていた。

初枝さんが渡嘉敷《とかしき》島から来たという朝鮮の若い娘二人と話を交わしたのは、四月の末頃だっただろう。米軍の治療を受けて、ようやく歩けるようになり、棟違いの病棟の方へ歩行練習にと歩いていった。そこで、見ず知らずの人だったが、「お互い、よく戦火の中を生き抜いて来ましたねえ」と膝をまじえて話を交わしたのである。

渡嘉敷島から米軍に連れられて来た朝鮮の二人の娘といえば、それは間違いなくミッちゃんとアイコである。当時、渡嘉敷島には、慰安所の七人の他には朝鮮の若い娘はいなかった。ミッちゃんは、三月二七日未明、第三戦隊が二三四高地に移動する際、渡嘉志久《とかしく》の医務室に一人置き去られた。アイコは、渡嘉敷から阿波連《あはれん》へ通じる峠道の登り口にあった民間壕に入れられているところまでは確認できているが、その後、どこにいたのかは不明だった。しかし、ともかくも、二人は米軍によって座間味島に運ばれ、傷の治療を受けることができたのである。一人は大腿部に包帯を巻いていた。もう一人はどこを負傷していたのか、確かな記憶はない。重傷を負ったミッちゃんとアイコが米軍上陸を目

米兵が撮った座間味の慰安所にいた４人の朝鮮女性にまじって渡嘉敷のミッちゃんとアイコもいっしょに（右から２人目と４人目）（写真提供／沖縄県公文書館）

前にして、置き去られてから、すでに約一か月が経過している。ミッちゃんもアイコと同様、大腿部を負傷したのだが、初枝さんが会った時には、だいぶ傷が癒えていたのかもしれない。白い包帯が目についたのは、より深傷《ふかで》を負っていたアイコであっただろう。

二人は、初枝さんとどうやら会話が交わせる程度に、日本語ができた。二人が片言の日本語で話していた会話の断片が、初枝さんは未だに忘れられない。

一人は、おかあさんにとても会いたがっていた。もう一人は会いたくないといった。おかあさんにずいぶんみじめな思いをさせられたから、それで、会いたくはないのだといった。故郷《くに》から遠く離れて、凄まじい戦争を経てきているのに、母に会いたくないときっぱりいった娘は、売られて沖縄へ来たのだろうか、と初枝さんは思った。

初枝さんは、五月には傷も治って米軍病院を退院し、その後は二人と顔を合わせることはなかったが、おそらく、二人は沖縄本島の収容所に移されただろうといった。

渡嘉敷島《とかしき》の人々や、軍関係者の証言では、アイコの生死は曖昧なままだった。特に、阿波連《あはれん》への峠の登り口にあった民間壕へアイコの様子を見にいったという井上利一元伍長の証言では、アイコはそこで死んでしまったかのように思われた。だが、渡嘉敷島の人々が噂していた通り、アイコはミッちゃんとともに、座間味《ざまみ》島の米軍病院で治療を受け、元気になったことが、思いもかけず、初枝さんの証言で確認できたのである。ミッちゃんとアイコは初枝さんが想像する通り、沖縄本島の収容所に送られただろう。しかし、その後、渡嘉敷島の七人の女たちの中ではもっとも若かったミッちゃんとアイコが、敗戦後の、米軍占領下の沖縄の混乱の中を、どのように生きのびていったか、あるいは朝鮮へ帰れたかは不明のままである。


翌日の晩、軍の要請で〝汁粉屋〟を手伝っていた宮里美代さんに会うことができた。星明りだけの暗い夜道を訪ねると、美代さんは入浴をすませたばかりのようで、湯上りの清潔な肌をいくぶん上気させていた。

「あの頃はまだ子どもでしたから、何も分らなかったんですよ。昔の高等（尋常高等小学校高等科）二年卒業してすぐだったんですから」

〝酒保《しゅほ》〟は慰安所の隣にあったものの、慰安所への出入りは禁じられていたし、朝鮮の女たちと親しく話を交わしたわけではないから、特に話すべきことは何もないのだが、といい、口ごもっていた。迷惑だったかもしれない、とふと感じる。問われることをひかえめではあるが、拒んでいる初対面の美代さんを前にして、私は、大勢の兵隊の中に突然投げ込まれた一人の少女の姿を思い浮かべてみた。自らの性と、異性とを意識し始めたばかりの少女にとって、大勢の異性の中で立ち働くことは、たいへんにむごいことであったかもしれない。少なくとも、美代さんにとっては好ましい体験ではなかったようだ。けれども私は、おずおずと手探りで問いを発していった。

日本軍が座間味島に上陸して来た時、美代さんは、戦争が目前に迫って来たように直感した。それ以前、出征兵士を見送ったりしたことはあっても、集団としての軍隊を目のあたりにしたのは初めてである。個々の兵隊は一人一人の人間であるはずなのに、集団となった軍隊は、戦争そのもののように思われた。南方の島々へ出稼ぎに行った人たちが戦争に追われるように阿真《あま》に帰って来ていたが、そうした人々からの情報も、美代さんの直感が決して的はずれなものではないことを裏づけていた。美代さんは迫りくる事態に怯《おび》えながら、酒保で働き始めた。美代さんは、〝汁粉屋〟を〝酒保〟と、軍隊で使われていた名称で呼んだ。

当時、阿真にいた女子青年は四、五名だった。そのうちの二名、慶留間《げるま》よし子さんと美代さんが〝酒保〟の接客係に選ばれた。よし子さんが二一歳、一九二九年生まれの美代さんは一五歳であった。他の女子青年は将校集会所の炊事係を任命された。

高良《たから》さんの家に隣接した御嶽《ウタキ》はうっそうとした福木《ふくぎ》で囲まれており、中には茅葺《かやぶ》きの小さなお宮があった。その側にテーブルと椅子を並べ、周囲に段幕を張りめぐらし、酒保としたのである。軍側からは三人の兵隊が酒保の係として来ていた。タグチ伍長、アシダ上等兵、スサカ二等兵（後に一等兵）である。アシダ上等兵は入隊前は菓子職人でもあったのだろうか、メリケン粉と黒糖《こくとう》でとても上手にまんじゅうを作っていた。

　兵隊は各中隊ごとに休暇をとっていた。酒保《しゅほ》は午後一時からの営業で、夕方五時には閉めてしまう。そのため、休日しか利用できない仕組であった。兵隊は隣の高良《たから》さんの家にいる女たちを「生きたまんじゅう」と呼んだ。アシダ上等兵の作ったまんじゅうは「死んだまんじゅう」である。そして、酒保の前に長い列をつくりながら、「死んだまんじゅうより生きたまんじゅうの方がいいな」などと下卑た声音を放ち、汁粉をたいらげると慰安所へ向かった。高良さんの家の方からは、「まだか、まだか」「おーい、早くしろ」などと、順番を待つ兵隊の猥雑な声が聞こえてきた。

　兵隊は、連日、海上挺進基地構築の突貫作業にたずさわり、疲れていた。そして、束の間の休日を貪るかのようにどっと押し寄せて来た。美代さんには、汗と体臭で鼻をつくような悪臭を放ち、荒《すさ》んだ隠語を交わしながら自分をとり囲んでいる兵隊が怖ろしかった。

　美代さんが記憶している女たちの名は、トミヨ、エイコ、コナミ、イチマル、ミエコ、ヨシマル、ミチコである。初枝さんの記憶と少し異なる。初枝さんは六人の名しかあげておらず、ヨシマル、ミチコのかわりにミヨシをあげていた。ミチコに関しては、美代さんの記憶も曖昧だという。

　朝鮮の七人の女たちの中には、美代さんと一つ、二つしか年の違わない若い娘もいた。美代さんは、どうしてこんな若い娘さんが慰安所に働きに来たのだろう、と不審に思った。徴用だと、だまされて沖縄へ来たと、人伝てに聞いた。色白の美しい娘ばかりであった。それまで島ではあまり見られなかった色鮮やかなワンピースを着た七人の女たちが、美代さんには、まるで名家のお嬢さんのように感じられた。

いつの頃からか、赤地に白い絞り柄の夜着のまま、高良さんの家と仲村さんの家を往き来する姿も見られた。また、女同士がとっ組合いの喧嘩をしているのを見ることもあった。髪をつかみ合い、着ているものも引き裂くほどの凄まじさに、美代さんはただ唖然とした。ヨシマルがよく喧嘩をしていた。そのたびに酒保の班長であるタグチ伍長が仲裁に入った。ヨシマルは、後に、他の女たちとの折合いが悪いという理由で渡嘉敷《とかしき》島に移された、と兵隊から聞いた。だが、座間味《ざまみ》島から移って来た女のことは、ポンギさんからも、渡嘉敷島の住民からも聞いてはいない。あるいは、阿嘉《あか》島の間違いで、海上挺進基地第二大隊が沖縄本島へ転戦した際、慰安所の女たちも連れて行かれたのであるが、ヨシマルもその中に混っていたかもしれない。

兵隊が来ない暇な日に仲村さんの家の前を通ると、美しい唄声が聞こえてくることがあった。とても唄の上手な女が一人入っていた。美代さんには意味を解せない朝鮮の唄が、もの音ひとつしないあたり一帯に響いた。哀調を帯びた唄が多かった。知る由もない唄の中にひとつだけ、美代さんが聞いたことのある唄があった。「アリランの歌」である。アリランは、仲村さんの家にいた朝鮮の女たちにも好まれていたのだろう。聞き覚えのあるその旋律は、しばしば流れてきた。

海上挺進基地第一大隊の主力が二月中旬、沖縄本島へ移動すると、慰安所も酒保も阿真《あま》から座間味に移された。酒保の規模は大幅に縮小され、作業にあたるのは美代さんと先輩の慶留間《げるま》よし子さんだけ、作るものも黄粉をまぶした小さなダンゴだけになった。坐って食べるところもなくなり、店頭販売だけになった。

三月二三日、米軍の慶良間《けらま》攻略が始まって以降、美代さんは阿真の人々とともに山に避難した。朝鮮の女たちが凄まじい爆撃下をどう生きのびたのか、美代さんは知らない。ただ一度、阿佐《あさ》に避難していた頃、炊事場となっていた所で、夜、見かけたことがある。初枝さんが朝鮮の女たちの姿を見たのと同じ場所である。その後、梅澤戦隊長が負傷し、トミヨがその看病にあたっているという噂を聞いたが、その時、他の女たちも一緒にいたのか、それとも別行動をとっていたのかは分らない。

美代さんは、エイコが壕の中で一人の将校と一緒に亡くなったという話も聞いた。そして、敗戦後、阿真《あま》から座間味《ざまみ》へ嫁いで間もない頃、二人が一緒に葬られたという畑の傍に立っていた墓標を見たことがある。その墓標にはある一人の少尉の名前と、「妻エイコ」の文字が並んで記されていた。少尉の名は覚えていない。墓標が立っていた場所も、座間味の地理にまだ馴染んでいなかった頃なので、どこだったのか、今ではもう分らなくなってしまった。

初枝さんは、重傷を負った兵隊とエイコがたまたま本部壕で一緒になって、もうこれ以上生きられないと覚悟し、それぞれに自決をしたのだろうかと、二人の自決を感情移入せずに客観的に見ようとしていたが、屍体を葬った島びとは、エイコの名に「妻」を冠して、二人を密接に結びつけていたのである。また、初枝さんと澄枝さんの話では、自決した兵隊の階級は曖昧だったが、美代さんははっきりと、少尉と記憶している。

最後に美代さんは、「私より炊事をやってた姉さんの方が、詳しく知っているはず」と、慰安所の炊事係であった宮平かず子さんが沖縄本島にいることを教えてくれた。まだ淡い、七人の女たちの像がもう少し色濃く固まる予感を抱き、東の空に昇り始めた大きな月を仰ぎ見ながら、私は宿に帰って来た。

次の晩、初枝さんに同行していただいて阿真に向かい、高良《たから》さんの家を訪ねた。高良さんの家には当時を知る八五歳になるおばあがいるが、共通語は話せないと聞いていた。私は沖縄の方言が分らない。どなたか、家族の方に通訳をお願いしようと思っていたが、地元の者が一緒にうかがった方が先方も話をしやすいだろうと、初枝さんが通訳をかって出てくださった。そのおばあは風邪でここしばらく伏っておられるということだったが、短時間ならさしつかえないだろうと、私たちは枕元に通された。

おばあは、ゆったりと髷を結った頭をもたげ、上体を起こした。初枝さんがあいさつをし、沖縄の方言で私の用件を伝えてくれる。おばあは、何か冗談をいったようだ。その場に笑いの渦が起こる。私には分らない。しばらくして、島の人同士の雑談が終ったらしく、「さあ、何からお尋ねしましょうか」とうながされた。

日本軍から慰安所にするとの理由で立退き要請を受けた時、高良さんの家では夫婦、それに次男次女、計四名で暮らしていた。立退きは、たてまえとしては、軍が住民に協力を求める形の〝要請〟であるが、おばあは〝命令〟と受けとった。いくら軍の命令でも、慰安所として使われるのでは、家を明け渡す時には複雑な心境だったのではないかと、私は、当時五〇歳であったというおばあの胸のうちへ分け入ろうとする。が、返ってきた言葉は至極簡潔であった。

「国のすることだから、反対はできないさ」

初枝さんの印象では、阿真では高良さんの家と仲村さんの家が最も大きな家であった。私は茅葺《かやぶ》き屋根の家並の中で一段と目を惹く新しい赤瓦の家を想像してみたが、おばあの話では、高良《たから》さんの家や仲村さんの家だけではなく、多くの家が瓦屋根になっていたという。阿真《あま》の男たちは、ほとんど南洋へ出稼ぎし、稼いだ金で家を普請《ふしん》したからだ。だが、それでもなお、高良さんの家と仲村さんの家は大きく、造作も立派な家であった。沖縄では、気候風土のせいであろう、畳が日常生活に馴染んできたのは、ごく近年のことだそうだ。戦前までは、普段畳を敷いてある家はごく稀で、正月やハレの日だけ、しまっておいた畳を出して敷いたのだという。障子をたてている家もなかった。が、高良さんの家では障子で一部屋一部屋を区切って使えるようになっていた。そんなことも慰安所として指定される好条件になったのだろう。

家を明け渡し、慰安所の営業が開始されてからは、家族さえも近寄ることは固く禁じられた。家の裏に家畜小屋があって、家畜だけは移されず、朝晩餌をやりにきていたが、家の中を覗いたり、入ってみたりすることは、こわくてできなかった。軍がこわかった。それに、日本の将兵が朝鮮の女たちを相手にくり広げている営為を覗き見たりすることは、己れを貶《おとし》めるような気がして嫌だった。

高良さんの家には女たちは四名入っていた。仲村さんの家には三名である。トミヨがマダムと呼ばれて帳場を兼務していたが、トミヨが女たちを抱えていたのではなく、その上に業者がいた。業者は座間味《ざまみ》島に来たことはない。

帳場を受持つトミヨは高良さんの家にいた。従って慰安所に遊びに来た将兵は、仲村さんの家に行く場合でも、一度は高良さんの家に立寄って、トミヨに金を払い、手続きをすませたのだろう。女たちの食事の仕度も高良さんの家で行なわれていた。阿真の子持ちの主婦が炊事係にあてられ、民間人の中では唯一人、慰安所への出入りを許されていた。その姉さんが作った食事を、仲村さんの家にいた三名も高良さんの家にきて食べていた。炊事係をしていた子持ちの主婦というのは、美代さんが教えてくれた宮平かず子さんである。

おばあは、エイコの自決に関して、初枝さんや美代さんよりも、もう少し詳しく知っていた。

エイコがいつ負傷したのかは不明だが、空襲が始まって二日目の二四日は軍の本部近くにあった衛生兵の壕にいた。おばあの沖縄方言を通訳してくれていた初枝さんは〝衛生兵の壕〟といったが、それは医務室とされていた壕であろう。エイコは足をやられて動けなくなっており、二五日、その壕から本部壕に移された。そして、やはり、足に重傷を負って歩けなくなっていたモリイ少尉と二人で、米軍が上陸してきた二六日、自決した。

エイコとともに自決したのは〝モリイ少尉だ〟とおばあは言った。『沖縄敗戦秘録・悲劇の座間味島』に記載された戦没者名簿を繰ってみる。海上挺進第一戦隊森井芳彦の名が陸軍中尉として見られる。死亡して、少尉から中尉に一階級あがったのだろう。本籍は広島県とあった。

高良さんの家を辞したのは一一時頃だったろうか。私たちは懐中電灯で足元を照らしながら阿真から座間味への海岸沿いの道を帰って来た。テトラポットを洗うさざ波の、少し乱れた反復音が子守り唄のように耳をくすぐる。少し疲れがたまってきた。座間味島に来て数日、初枝さんの証言で、アイコとミッちゃんが米軍の野戦病院で傷の治療を受けたことは確認できたものの、座間味島の慰安所に連れて来られた七人に関しては、わずかにトミヨにまつわるいくつかのエピソードと、エイコが自決していたことを知り得ただけで、まだまだ漠然としている。だが、七人の女たちの像を手繰れる糸は、座間味《ざまみ》島では切れてしまった。もう少し座間味島にとどまって、新しい糸口を探すべきだろうか。いや、住民で女たちと接触しただろうと思われる人はごく限られている。慰安所に家を提供した仲村さん、高良《たから》さんの家族、〝汁粉屋〟関係者、あとは炊事婦を除いて、慰安所と関わりのあった人は住民サイドではいないはずだ。翌日、私は、沖縄本島にいるという宮平かず子さんに会うべく座間味島をあとにした。

宜野湾《ぎのわん》市に住んでおられる宮平かず子さんに連絡がとれたのは数日後であった。いりくんだ路地裏を辿る道すがら、住民ではただ一人、慰安所への出入りを許されたかず子さんに会えば、七人の女たちの像はもう少し明確になるだろう、と想いを巡らせた。

アパートの玄関先に立つと、ヨチヨチ歩きの子が出迎えてくれた。お孫さんかと思ったら、かず子さんは一人暮らしで、近所の子を、母親が働いている間、預っているのだという。預るようになってからまだひと月も経たないのだが、すっかりかず子さんの家で過ごすことに慣れたようで、部屋の中をくるくると動きまわり、機嫌よく遊んでいた。

かず子さんも、慶良間《けらま》の多くの若い夫婦がそうであったように、南洋へ出稼ぎしていた。サイパンであった。夫は鰹《かつお》船に乗っていた。かず子さんは鰹節製造工場で働いた。座間味島に帰って来たのは一九四一年、出産のためであった。夫はそのままサイパンに残った。子を産んで、体力が回復すると、屋嘉比《やかび》島の銅山へ働きに行った。屋嘉比島は座間味から約五キロ離れた慶良間諸島の最西端の島だ。現在は無人島になっているが、当時は島外から多くの出稼ぎ者が来ていた。一九四四年一〇月一〇日、那覇が焼き尽された十・十空襲の時、屋嘉比島も空襲を受け、かず子さんは座間味島に帰って来た。日本軍から、慰安所の炊事係をやるようにと要請されたのは、屋嘉比島から帰って間もない頃である。最初は、言葉も通じない人たちの世話をできるだろうか、と、とまどった。だが、両親のしている農業を手伝っているだけでは一銭の現金収入にもならない。なんとか現金収入を得たかった。言葉が通じなくても、そのうち慣れるだろうと励まされ、かず子さんは炊事係を引受けた。三歳になる子は実家の母にみてもらった。

はじめはやはり、見知らぬくにの女たちとつき合うのは、気骨が折れた。言葉は、トミヨが日本人といわれても分らないぐらい流暢な日本語を使っていたので不便は感じなかったが、沖縄と朝鮮では食習慣がまるで違う。喜んでもらえるようにと、あれこれ思案して惣菜を作るのだが、女たちはかず子さんの作る惣菜には、ほとんど箸をつけなかった。そして、ニンニクやトウガラシや生野菜を欲しがった。「私たちはこれで充分、ごはんだけ炊いてくれたら、おかずは何もいらないから」と、生の野菜にごはんを包んで食べていた。ある時、「おばさん、これ食べてごらん」といわれて、青菜に包んだそれを食べたことがある。かず子さんにはニンニクの臭いが鼻について、決しておいしいとは思えなかった。けれども我慢して飲み込み、「おいしいね」と相槌をうつと、ニッコリ笑って、女同士、くに言葉の賑やかなおしゃべりにもどっていった。

慣れると、仕事はたいして苦にはならなかった。毎朝、風呂を沸かすのだが、風呂場を掃除して、離れた所にあった共同井戸から水を汲んでくる、それが少し骨が折れただけだ。

兵隊は休日には大勢やって来た。慰安所になった高良さんと仲村さんの家の前には行列ができ、畑の方の道までも長く続いたほどだ。島に娯楽施設は何もなかった。たまの休日なのに、慰安所ぐらいしか行くところがない兵隊たちを、かず子さんは可哀想に思った。

かず子さんは女たちの名は明確には覚えていない。トミヨ、ミチコ、エイコ、それにミエコという子もいただろうか。

一番若かったのはミチコだったように思う。まだ少女のようにあどけなく、無邪気であった。こんな幼い、可愛らしい顔をして、男の相手をさせられるのか、と思うと、その子が痛々しく、やりきれない想いがした。

かず子さんにはトミヨは三〇歳ぐらいに見えた。兵隊が海で釣った魚をみやげに持ってきたりすると、トミヨは自分で調理して女たちに食べさせていた。また、将兵たちへのサービスにこまめにつまみを作り、ふるまっていた。

海上挺進基地第一大隊の主力が沖縄本島へ移動すると、慰安所は阿真《あま》から座間味《ざまみ》へ移された。座間味の東のはずれのマツモトという家ともう一軒、計二軒が慰安所にされた。かず子さんは阿真から毎日、峠道を座間味へ通ったが、暗くなってから峠道を帰るのは心細いだろうと、トミヨが気を使ってくれて、仕事が終り次第帰れるようになった。

座間味に通うようになってから、空襲警報が出されたことがある。朝早く行って、釜に火をつけた時であった。トミヨはまだ眠っていた。飛行機の爆音が聞こえた。空襲かしら、と聞き耳をたて、あたりの様子をうかがっていると、外が騒がしくなり、「空襲、空襲」と避難を呼びかける声が聞こえてきた。かず子さんは阿真に残してきた子どものことが気が気でなかった。一刻も早く子どもの所へ駆けて行きたかった。それをトミヨに告げた。

「おばさん、家族と避難しなさいね。あぶないから気をつけて行ってよ」

トミヨにそういわれて、木の陰に身を隠すようにして阿真へ帰ってきたのである。

座間味に移ってから、かず子さんはトミヨに、軍の壕には弾薬やその他の兵器があって危険だから、決して入らないように、と日頃から指示されていた。三月二三日、無数の米軍機が慶良間《けらま》上空を覆った時、トミヨは、「おばさん、最後までがんばってよ。生きていてよ」と叫んでいた。そして、それっきり別れ別れになった。かず子さんが無我夢中で飛び込んだのは、近くにあった友人の壕だった。凄まじい空襲で、壕の外には一歩も出られなかった。

空襲がおさまったのは、夕方五時頃である。壕の外に出ると、座間味は見る影もなく焼き尽されていた。阿真も焼かれたのだろうか、家族は無事だろうか。かず子さんはまだ至るところ火を噴きあげている焼跡を通り抜け、いても立ってもいられない思いで峠道を帰ってきた。阿真は焼けてはいなかった。宵闇《よいやみ》の中で不気味に静まり返っていた。家に飛び込むと、母が一人、かず子さんが帰ってくるのを待って、家に残っていた。阿真の人は皆、すでに山の中へ避難していた。

かず子さんも母と一緒に阿真の人々が避難している山中へ入っていった。かず子さんの子は父が連れて逃げてくれていた。子どもの無事な顔を見ると、その場にヘナヘナっとくずおれてしまった。阿真の人々は、その後ずっと一緒に山中で集団行動をとった。食料の貯えもない山中での避難生活は、大人はどうにか耐えることができても、子どもが不憫《ふびん》でしようがなかった。恐怖と疲労と空腹に、子は幼い魂をひきつらせていた。だが、敵に居場所を察知されるからと、子を泣かすことさえはばかられた。

約一か月後、すでに米軍に投降していた人が「もう、座間味《ざまみ》の人も阿佐《あさ》の人たちも皆捕虜にされているから出て来なさい」と呼びかけにきた。おそるおそる降参旗《こうさんばた》を掲げて、阿真の人は全員谷間を降りて来た。平地に出て山を仰ぐと、米軍の高射砲が見えた。撃たれはしないだろうか、田の中の道をビクビクしながら歩いて行くと、日本兵の屍体がころがっていた。

仲村さんの家は米軍の本部にされていた。かず子さんらは全員、一度本部に集められ、米軍への投降を確認され、収容施設にされていた各家にふり分けられた。阿真《あま》は空襲を受けなかったので、艦砲射撃の被害を受けた家以外は無事であった。残った家々が民間人収容所にされ、先に投降していた座間味や阿佐の人々が入れられていた。自分たちの家が焼け残ったものの、阿真の人々は、自分の家に勝手に入ることは許されず、割りあてられた他の家に何家族も一緒に収容された。

それから何日ぐらいたってからだろう。「朝鮮の人たちが捕虜にされて、本部に来ているよ」という話を聞いた。トミヨたちはそれまで日本の敗残兵と一緒だったのだろうか。もうその頃は住民はほとんど米軍に投降していた。かず子さんはトミヨたちに会いたくて、すぐさま仲村さんの家へ飛んで行った。

トミヨはかず子さんの姿を見るや、急に涙で顔をくしゃくしゃにした。

「よかったね、おばさん。この戦争にも生き残って、よくがんばったね」

と、互いの無事を喜んだ。そして、かず子さんにズボンを一着くれた。誰もが着のみ着のままの時、それは貴重な品であった。

トミヨから、エイコが将校と自決したと聞いたのはその時だ。他の女たちは、無事だったような気がする。だが、何人生き残っていたのか、確かめはしなかった。エイコの死だけが自決で、その上、将校と一緒だったというので鮮明に記憶に残っている。生前、エイコがその将校に心を寄せていたことをかず子さんも知っていた。足の負傷なら、どれほど重傷でも、あるいは生きのびることができたかもしれないのに、混乱の中とはいえ、一途に燃え尽きたエイコの心情がいとおしかった。

　その後、トミヨたちは座間味の収容所に移された。廃墟となった座間味には幕舎が建ち並び、金網が張りめぐらされて、日本兵の捕虜収容所、朝鮮人軍夫の収容所、住民の収容所が作られていた。トミヨはどの収容所に収容されたか分らなかったが、金網の中にいる、という噂を聞いた。かず子さんは会いに行きたいと思っていたが、機会がなく、そのままになってしまった。

座間味の慰安所の帳場を兼務していたトミヨ
（写真提供／沖縄県公文書館）

　サイパンにいた夫は、敗戦後座間味島に引揚げてきた。しばらくして二人目の子が生まれたが、その子がまだヨチヨチ歩きもできないうちに夫は病死した。それから、かず子さんは女手ひとつで二人の子を育てあげてきたのである。

阿真《あま》の米軍本部から座間味《ざまみ》の収容所に移されたトミヨたちは、さらに沖縄本島の石川収容所に移された。ポンギさんが、石川の民間人収容所にいた頃、偶然、トミヨに会っている。ポンギさんはトミヨの名は知らない。けれど、座間味島で他の女たちの世話をしていた女といえば、トミヨに他ならない。トミヨは、那覇に残って帳場となった〝おやじ〟の内妻であった。トミヨは〝おやじ〟が日本兵に混って屋嘉《やか》捕虜収容所に収容されているので会いたいが、米軍がなかなか会わせてくれない、と嘆いていた。彼女は三人の女を連れていた。他の三人は死んだといった。そのうちの一人は、自分の好きな日本兵が戦死したので、その後を追って自殺したのだといった。

ポンギさんがトミヨから聞いた話として記憶している一人の女の死は、島の人々が語っていたエイコの自決と重なる。島びとがいうように、ともに重傷を負っていた森井芳彦少尉とエイコは、三月二六日夕刻、本部壕で一緒に自決したのか、それとも、ポンギさんが記憶しているように、エイコが死んだ日本兵の後を追って自決したのか。その時、二人の死を見届けた者はなく、実際のところは誰も知らない。

最初の証言者初枝さんは、二人の関係を結びつけることに慎重であった。けれど、美代さんは、敗戦後、「○○少尉」の名と並んで記されていた「妻エイコ」の墓標を見た。高良《たから》のおばあは、モリイ少尉とエイコは一緒に自決したのだと明言した。かず子さんもエイコが一人の将校に心を寄せていた姿を見ている。エイコの死に、間接的ではあるが触れた人々の証言からは、日に日に戦況の悪化する緊迫した状況にあって、急速に互いの心を通い合わせていった二人の像が浮んでくる。二人の死が心中であったか、エイコの後追い自殺であったか、それとも、それぞれの自決がまったく偶然に重なったのか。いずれが事実か分らないにしても、エイコの死を語った人々が、朝鮮から戦争の只中に連れて来られた若い娘の絶望的な死に、なんとか花を添えたいと、心を働かせていたことは確かだ。

他の二人は、トミヨたちが皆一緒に逃げまどい、爆音に怯《おび》えて身をこごめていた時、弾にあたって死んだと、ポンギさんは聞いた。島の人々の間では、エイコ以外の女の死は伝わってはいなかった。ポンギさんの記憶が確かであれば、座間味島でもやはり、七人のうち三人が生命を落していたのである。

阿《あ》嘉《か》島

スーッと吸い込まれそうな、碧く透明な海面に、南国の明るい日射しがさんさんとふりそそいでいる。ボートは、海上に溢れた光を切るように、白く波しぶきをあげて突っ切った。ちょうど昼休みで、昼食をとりに自宅に帰るという座間味《ざまみ》村役場の職員に、自家用のモーター・ボートに乗せてもらい、私は座間味島から阿嘉島へ渡った。彼は阿嘉島から座間味島にある村役場に勤務しているのだが、連絡船は週に二回、それも、一日に一往復しかしないから、通勤には自家用のモーター・ボートを使用している。小さな島に暮らす人々にとってモーター・ボートは、例えば交通の便の悪い農村地帯で車が必需品になっているように日々の生活の中に溶け込んでいる。

「値段も乗用車とだいたい同じようなもんでしょう。若い者は車のかわりに、モーター・ボートを買うんですよ」

と、彼はいった。

小さな島や岩礁がいくつも見える。渡嘉敷《とかしき》、座間味、阿嘉、慶留間《げるま》を除けば、今は無人島だ。この美しい海峡を、一九四五年三月二五日から米艦艇が寸分の隙もないほどに埋め尽し、島の人々にも日本軍にも、大きな衝撃を与えた。

ボートは大きく右手にカーブをきった。

「あの岬の海岸ぷちにも特攻艇の壕がありましたよ。壕は今でも残っています」

端崎《はんたざき》という岬だそうだ。私は目をこらす。が、特攻艇、つまり、小型舟艇㋹《まるれ》の秘匿壕は海上から見えるはずもない。樹木や、生命力の旺盛な雑草に覆われているのだろう。ただ薄墨色に、海上に突き出た小さな岬が見えるだけだ。

座間味港から阿嘉港までは約五キロメートル。阿嘉島は座間味島の南々西にある面積約三平方キロメートルの、本当に小さな島だ。この小さな島に古賀宗市大尉の率いる海上挺進基地第二大隊約九〇〇名が上陸したのは一九四四年九月九日であった。続いて、野田義彦大尉の率いる海上挺進第二戦隊の主力も九月二七日到着した。

阿嘉島と、南接するさらに小さな島慶留間島に海上挺進基地を設定するため、基地隊及び戦隊は二つの島に分駐した。慰安所は阿嘉島の方にだけ置かれた。

ボートは阿嘉島と慶留間島の間の、幅一〇〇メートルの海峡を抜け、阿嘉の浜に着いた。浜には何艘かの自家用ボートが繋《つな》がれていた。家々が南側の海に面して立ち並んでいる。

「戦時中の話を聞くなら、東のはずれの、学校の近くにある『はっちゃん』という民宿がいいですよ。あそこのおばさんはずっとこの島にいたし、慰安所も近かったからいろいろと教えてくれるはずですよ」

と役場の職員はいった。浜で彼と別れると、私は海を背にして集落の中に入り、教わった道を民宿があるという方角に歩いて行った。三、四分も歩くと、もう家並を通り抜けてしまい、道は、なだらかに起伏する畑へと通じていた。学校は見えない。民宿も分らないけれども、人家はこの先にはありそうにない。考えあぐねてしばらく道端に佇《たたず》んでいると、一人の農婦が通りがかった。民宿のことを尋ねたついでに、少し立ち話をする。

一九四一年、看護師としてヤルート島へ行き、二年間ほど南洋庁で働いて帰って来たが、すぐにまた屋嘉比《やかび》島の銅山の病院へ働きに行った。母の出産で呼び寄せられて島に帰って来たのは、一九四五年二月だ。阿嘉《あか》島の慰安所にいた七人の女たちは、その年の二月中旬、基地隊が沖縄本島に移動した際、一緒に連れられて行った。だから、慰安所のことは何も知らない、といった。けれど、ただ一度だけ、慰安婦の姿を見たという。

「学校で唄をうたうのを見たことがありますよ。きれいなドレスを着て、唄がとても上手だったさあ」

それは、軍の主催する演芸会のような時であったのだろうか。農婦の脳裡に残っていたのは、後の方の席から、人々の頭越しに見た美しいドレスを身にまとった朝鮮の女たちの姿であった。

宿は、農婦に聞いた別の民宿にすることにした。シーズン・オフのせいであろうか、看板は出ていない。民宿のおばさんは季節はずれのたった一人の宿泊を、はじめ少し躊躇していたが、結局引き受けてくれた。

部屋に荷を置いて、垣花武栄《かきのはなぶえい》さん宅を訪ねる。基地隊と戦隊の生き残りの元日本兵が時折り、島を訪ねてくることがある。そんな時、垣花さんはよく案内役を務めるのだそうだ。

垣花さんは浜に出て、流木を手入れするのに余念がなかった。きれいに磨きあげて、置き物にするのだという。慰安所のことなら、炊事婦をしていた兼島《かねしま》キクエさんに尋ねたらよいだろう、けれども、キクエさんは夫婦揃って山へ入り、造林の仕事をしており、夕方にならなければ帰っては来ない。

「晩になったら一緒に宿を訪ねますよ。親父が気難しい人だから、家を訪ねるより、その方がいいですよ。わたしからキクちゃんには伝えときますから」

手を休めずにそう言った。

この島で、七人の女たちに最も身近に接していた炊事婦に難なく会える幸運が、私は嬉しかった。夕方まではだいぶ時間がある。垣花さんに慰安所のあった場所を尋ね、昼間のうちに行ってみることにした。

かつて慰安所に使われた家は、集落の東のはずれに二軒並んで建っているヨナミグヮーとアガリヤーだという。ヨナミグヮーもアガリヤーも屋号である。

一番東の家が東家《アガリヤー》かと思ったら、東端は与那嶺《よなみね》さんの家で、東から二軒目が、本家の東側に分家したことから、東家と呼ばれるようになった金城《きんじょう》さんの家だそうだ。

私は、おおかたの見当をつけて、浜沿いの道から一、二本裏に入った小径《こみち》を、東の方へ歩いて行った。小径は、まだ浜が続いているかのように白砂で覆われ、一歩、歩を運ぶたびに足が埋もれた。島びとの粋なはからいなのか、それとも自然現象なのか、サンゴの砕片の小径は、たまに訪れる観光客には美しく珍しいには違いないが、この島で日常を送る人々にとっては少々歩きにくく、不都合はありはしまいか。白砂に足をめり込ませ、そんなことを考えながら、家と家との間の小径を東のはずれまで行くと、突然視界が開け、浜から野っ原、畑、小高い山へと続く起伏のある風景がとび込んできた。

与那嶺さんと金城さんの家は、海を見下ろすように二軒並んで建っていた。与那嶺さんの家は、屋敷の周囲をさまざまな木々で囲った瓦家《かわらやー》、金城《きんじょう》さんの家も生垣に囲まれた赤瓦の家であった。二軒とも今は、当時を知る人は島を出ていていないと聞いていた。

その晩、約束通り、垣花《かきのはな》さんが兼島《かねしま》キクエさんと一緒に宿を訪ねてくれた。昼間は山に入って造林の仕事をしているということから、作業着姿の婦人を想い浮かべていたが、キクエさんは半袖のワンピースを着ていた。突然訪れた外来者に対し、つつましやかな礼節で迎えてくれたのだ。

キクエさんも南洋帰りであった。一九四四年に約半年かけてパラオを引揚げて来ている。輸送船三隻に駆逐艦七隻の船団を組んでパラオを発ったのは、四月一〇日であった。だが、水道を出て間もなく、前を走航していた駆逐艦一隻が米軍機に襲われて沈没、キクエさんはその時、デッキでお櫃《ひつ》を囲んで食事をしていたが、あまりにも衝撃が大きかったので、自分の乗っている船がやられたのかと思った。船団は一度港へ引き返し、再度出発した。戦局は南太平洋地域から次第に北上して来ていた。パラオも三月末に大規模な空襲を受け、キクエさんは、もうこれ以上パラオにはいられないと思い、引揚げて来たのである。一行は横浜に到着したが、沖縄へ帰る船がなかった。横浜で二か月、神戸で一か月、さらに鹿児島でもしばらく待機し、阿嘉島《あか》に辿り着いたのは九月初めであった。

戦争を逃れて故郷へ帰って来たが、仕事は何もなかった。それで、隣の屋嘉比島《やかび》の銅山へ出稼ぎに行った。と、間もなく十・十空襲を受け、また、阿嘉島に舞い戻ったのである。

慰安所の炊事係になったおばさんが、共通語があまり通じず、軍から食糧を受取る際、伝票も書けなかったりして不都合だから手伝うように、と軍の要請を受けたのは、屋嘉比島から帰って一か月も過ぎた頃だったろうか。当時、阿嘉島で共通語を話せる人は少数だった。キクエさんが小学校へ通う頃は、授業でも沖縄の方言で行なわれていたくらいだ。キクエさんはパラオで、全国各地から集まってきた移住者と言葉を交《か》わすうちに共通語を覚えたのだ。

その頃、キクエさんは二〇歳、キクエさんより先に炊事係になっていた人は、おばさんといっても二五、六歳、二人の子がいた。

一日の仕事は、朝一〇時に軍の主計部へ行って、その日必要な品々を伝票に記入することから始まった。伝票と引換えに、その日の食料が支給されたから、それを受取り、品目、数量に間違いがないかを確認して慰安所に運んだ。慰安所に着くと、すぐに昼食の仕度にとりかかる。風呂も午前中に沸かしてしまう。女たちは軍人が来る前に入浴をすませていた。井戸から水を汲んで来て、薪《まき》でたく風呂だ。ぬるければ薪をくべ、熱いといわれれば、桶《おけ》に汲んでおいた水を足し、同じ年頃の、裸の女たちの世話をした。そして、夕食と夜食を夕方のうちに作って帰って来た。

七人のうち、一番若かったのはマチコとも呼ばれていたコマチ、一八歳だった。コハルとミハルはともに二〇歳、アケミが二三歳、ユキコとも呼ばれていたコユキとシノブが二五歳、一番年長のコハナは三〇歳ぐらいだったろうか。いずれも数え年だ。

コマチはほとんど日本語が通じなかったが、他の六人は上手下手の差はあったが、なんとか言葉が通じた。中でもコハナ姉さんは日本語が達者で、細かいことまで不自由なく伝わった。

軍人が来ない暇な日、女たちが片言の日本語で問わず語りに、幼い頃の思い出話や入りくんだ打明け話をすることがあった。語るたび、目に涙を浮かべ、故郷に残して来た子どものことを思い起こしていたのはアケミだ。アケミは実家の母にまだ幼い男の子を一人託して沖縄に来ていた。夫と死に別れ、出稼ぎに来たのだといっていた。けれど、こんな遠い所まで連れて来られて、いつ帰れるものか、このまま死んで、この小さな島の土になってしまうのではないか、と泣きくれていた。

一般の兵隊は女たちと酒をくみ交わす余裕などなかったから、多分、将校からだっただろう、アケミは酒を飲まされると必ず正体もなく泣き崩れてしまった。そして、押しとどめようとする仲間の手を振りほどいて外に飛び出し、何事か喚《わめ》きながらフラつく足であたりをさまよい歩いていた。

コユキも日本語がよく通じた。一七歳の時からこの仕事をしているのだといっていた。日本語が上《う》手《ま》かったからだろうか、人気者で、特に将校に可愛がられた。

顔立ちが美しかったのはミハルだ。ミハルも日本語がよく通じた。

七人の女たちは皆田舎の出身だろう、とキクエさんは思った。なぜなら、この辺でネービルと呼んでいる野に自生する細いネギのような植物があるが、それを自分たちで摘んできて、細かく刻んで油味噌に入れて、ごはんと一緒に食べていたからだ。都会暮らしの者なら、野生の草の中から食料となる植物を見分けることなどできなかっただろう。女たちはネービルをタンディと呼び、故郷《くに》でもよく食べた、と話していた。

帳場を受持っていたのは、スズキという三〇歳過ぎの東京出身の男だった。すでに兵役はすませており、軍隊時代には軍曹までいったと話していた。女たちはスズキをオッパヤー（兄さんやーい）と呼んでいた。帳場は一番端の与那嶺《よなみね》さんの家に置かれていた。将兵はここで金を渡し、切符を受取ると、あらかじめ選んでおいた女の部屋に入る。営業時間は正午から、帰営時間が迫ると、順番を待つ兵隊が外から「早くしろ」と、戸を叩いていた。性病の有無を調べる検査が女たちに対して週に一度、火曜日に軍医によって行なわれた。また、機密が漏れるからという理由で、女たちと民間人との接触は禁じられていた。阿嘉《あか》島の慰安所も、渡嘉敷《とかしき》島や座間味《ざまみ》島の慰安所と同様、前出の山第三四七五部隊の内務規定にほぼ近い形で営業されていた。

七人の女たちが阿嘉島にいたのは、三か月余にすぎない。一九四五年二月一七日、海上挺進基地第二大隊の主力が独立大隊として改編され、沖縄本島へ移動した際、七人の女たちも一緒に連れられて行ったからだ。垣花《かきのはな》さんの印象では、基地隊の古賀隊長と戦隊の野田隊長の折合いが極度に悪く、例えば、それまでに基地隊が拾い集めておいた薪《まき》までも一本残さず本島へ運んだくらいだから、慰安所も、基地隊の必要で設置したものとして、女たちを連れて行ったのだろうという。

後に那覇でお会いした伊是名良達《いぜなりょうたつ》さんによれば、那覇から首里《しゅり》に登って行く道の、登り口付近真和志《まわし》に、観音堂の通称で親しまれている慈眼院があるが、その寺の近くに慰安所が置かれ、阿嘉島から移された女たちは、ここに入れられた。

当時、阿嘉国民学校の教頭であった伊是名さんの家は、将校・下士官四名の宿舎にされていた。そのうちの一人、シバタという隊長が、基地隊が本島へ移動し、まだ慶良間《けらま》空襲が始まらなかった時期、つまり、二月一七日以降、三月二三日以前のことだ。軍用で那覇へ出かけたことがあった。その時、観音堂近くの慰安所に行き、阿嘉島にいる頃、馴染みにしていた女のところで、二、三日泊って来た、と話していた。

沖縄本島に米軍が上陸したのは一九四五年四月一日、日本で最大の地上戦が行われ、戦没者数は日本軍以上に民間人が多い。沖縄出身の犠牲者は一二万二二二八人、このうち一般住民が約九万四〇〇〇人、軍人軍属は二万八二二八人である。他都道府県出身兵は六万五九〇八人である。（総務省　ホームページ「沖縄県における戦災の状況」）

観音堂近くの慰安所に移された七人は、激戦下、どこをどのように逃げ、飢えをしのいだのだろうか。独立大隊に改編された基地隊は、沖縄戦でも最も戦闘の激しかった首里《しゅり》攻防戦を闘っている。七人の女たちも独立大隊について、首里付近にいたのだろうか。

キクエさんは、戦後、阿嘉《あか》島を訪れた元日本兵から、コユキとミハルは死んだと聞いた。阿嘉島にいた頃、コユキのもとにコモリという中尉が通って来ていた。このコモリ中尉の死を知らされて、砲弾の飛び交う中を亡骸の側に駆けつけた時、コユキも弾に当たって死んだ。ミハルもまた、戦友の死を見届けに行くある兵隊について行って、爆死した。

敗戦後十数年を経た頃、七人の女のうち一人が、那覇の安謝《あじゃ》で働いていると聞いたことがある。そのことをキクエさんに伝えてくれたのは、ヨナミグヮーの三女美代子さんである。

「キクちゃんという人がいたはずだけれど、元気かね。あの頃は一人者だったけど、もう、所帯を持って、子どもさんもたくさんできているでしょうね」と、その女性はキクエさんの安否を尋ねていたそうだ。美代子さんの話から、その人はコハナ姉さんじゃないかとキクエさんは思った。折があったら会いたいと思った。けれども後に、その人の行方を尋ねると、消息は分らなくなっていた。

キクエさんがその話を聞いてからもう二〇年以上もたっている。消息はとぎれてしまったということだが、与那嶺《よなみね》美代子さんにお会いすれば、何か、その女性の足どりをつかめはしないか、と、私はかすかな期待を抱いた。

那覇に引返し、美代子さんに連絡をとると、折良く数日後、阿嘉島出身者による郷友会が行なわれるから、その会場でおち合わないかと誘われた。

当日、会場におもむくと、郷友会は那覇・国際通りに面したホテルの広間で盛大に行なわれていた。白いクロスをかけたテーブルの上には盛りだくさんに料理が並び、演壇では次々に代表者のあいさつが続いた。そして、阿嘉島の唄と踊り。小さな島から都会へ出て来た人々の共同体意識が、会場をムンムンと熱いものにしていた。華やかに展開される宴の中で、アルコール分の強い泡盛に酔いしれながら、私は数十分ほど前に聞いた美代子さんの話を噛みしめていた。

美代子さんの家は、海に面して家々が建ち並んでいる集落の一番東にあった。その頃、沖縄の農漁村では一般的には茅葺き家《かやぶやー》が多かったが、慶良間《けらま》では鰹漁業で潤い、瓦家《かわらやー》を普請《ふしん》していた。美代子さんの家と、隣の金城《きんじょう》さんの家も瓦家であった。当時、金城さんの家は、一家あげて屋嘉比《やかび》島に出稼ぎに行き、空屋になっていた。美代子さんの家は、長男、長女を除いたきょうだい四人が両親と住んでいた。

集落のはずれの、造りの立派な広い家という、慰安所にするための条件に、ヨナミグヮーもアガリヤーも合致していた。空家になっていたアガリヤーは問題なかったとしても、育ち盛りの子どもが四人もいる美代子さんの家では、家を明け渡せばさっそく住む所に困る。軍は、山の麓に掘立小屋を建てることを住民に命じた。美代子さん一家は、島の人たちに応急的に作らせた粗末な小屋に移り住まなければならなかった。

山の掘立小屋に移って間もないある夜、子どもたちが寝静まった頃合いをみて、両親がひそやかに交わしていた会話が、今でも胸に残っている。

「顔をみると、まだ子どもみたいな娘がいるけれど、あの子たちは人身売買で売られてきたんでしょうかね」

美代子さんの家では豚を飼っており、豚小屋はもとの家の方に置いたままだったので、母は毎日餌をやりに行っていた。軍からは餌をやる時間さえも何分間と厳しく指定されたのだが、その短い時間に垣間見た七人の女たちのことを母は父に問うていたのだ。同じ年頃の娘を持つ親として、父も母も、朝鮮から来た女たちの境涯を、他人事《ひとごと》とは割り切れなかったに違いない。

美代子さんの家の子どもたちは両親から、絶対に慰安所となった家の方へは行ってはいけないと固くいわれ、学校への行き帰りにも裏道を通るようにといわれていた。家への立寄り禁止は軍からの厳命であった。それ以上に父と母には、軍によって性が売買されることに対する嫌悪から子どもたちにはそうした場に絶対に触れさせたくない、との強い想いがあっただろう。

阿嘉《あか》島は一九四五年三月二三日、正午頃から空襲を受け、二六日午前八時、米軍が上陸した。これは沖縄でも最初の米軍上陸である。

空襲が始まった時、美代子さんの家では、家族一緒に掘立小屋を飛び出した。が、間もなく、大きな爆音に耳をふさいだ途端、目前で母の身体が吹き飛んだ。即死であった。気がついてみると、次姉も死んでいた。掘立小屋はその日のうちに焼かれ、家財道具もすべて燃え尽きた。

第二戦隊は阿嘉島のほぼ中央、海抜一六五メートルの中岳に退却、住民はその近く、杉山と呼ばれる山の谷間に籠《こも》った。そして、長い飢餓と闘わなければならなかった。わずかな食料を盗んだといった理由で、第二戦隊によって虐殺された朝鮮人軍夫は明らかにされているだけでも十数名いる。また、島の老夫婦がスパイの嫌疑をかけられ、〝処刑〟された。

美代子さんは、父と弟と三人で杉山に籠った。六人のきょうだいのうち、長男はすでに独立し、他の島で暮らしていた。長姉は阿嘉島の人と結婚し、子どももいた。次男は基地隊が沖縄本島へ移動した頃、召集を受けて本島へ向かった。三男は義勇軍として、米軍攻撃が始まると、軍の使役に使われていた。

美代子さんが父に棄てられたと思ったのは、山中に籠って避難生活を続け、食料も底をついた頃だ。その頃、朝鮮人軍夫が日本軍によって虐殺された。美代子さんもその現場を見ている。従姉たちと、焼け跡に食料となる草を採りに行った時のことだ。目隠しされた朝鮮人軍夫六名が後手に縛られ歩いて行った。しばらくすると、銃声が聞こえた。美代子さんらが草を摘む手を休めて、おそるおそる銃声が聞こえてきた方角を見ると、樹々の向こうに、さきほどの朝鮮人軍夫が倒れている姿が見えた。じっと、息をこらしていると、倒れた軍夫たちに土がかぶせられたが、まだ死にきってはいなかったのだろう、かぶせた上がムクムクと動いているのが見えた。

朝鮮人軍夫が味方であるはずの日本軍の手によって殺された後、島の人々の間では、ひとつの噂が流れた。阿嘉島にはもう食料がないから、朝鮮人軍夫を殺した後には、軍は島の住民を殺す、というのだ。折しも、杉山の避難場所に、軍の命令で壕が掘り始められていたが、その壕は、住民を一か所に集めて殺すための壕だと囁《ささや》かれていた。住民の間では、友軍に殺されるより自決した方がよい、といった言葉が交わされ、また、食料を求めて慶留間《げるま》島に渡る者も出てきた。
父が慶留間島に渡ろうとした時、美代子さんは自分も連れていってくれるものとばかり思っていた。だが、父は弟だけを連れて行くという。美代子さんは、足を怪我していた。阿嘉《あか》と慶留間間の海峡は、最短距離でも一〇〇メートルある。二人の子を背負っては泳ぎきれないと、父は判断したのだ。父は、慶留間島に逃げるんだとは、一言もいわなかった。慶留間島に渡っても、阿嘉島にとどまっても、どちらにしても生きながらえることはできないだろうが、弟が腹を空かせてあんまり泣くから、阿嘉島よりは少しは食料事情がよいといわれている慶留間島に行ってみるのだといった。美代子さんは、父も弟も自分も、どちらが先になるかは別にして、どうせ死ぬのか、と感じた。それで、ようやく納得した。

慶留間島では米軍上陸直後、約一〇〇名の住民のうち、五三名が自決した。第二戦隊は第一中隊を配置していたが、四月上旬には阿嘉島に引揚げ、残った住民は米軍の支配下に置かれていた。そのため、米軍から食料が補給され、阿嘉島のような食料をめぐる問題は発生していなかった。

まだ杉山にいる頃、一度父がどこからか生肉の塊を持って来てくれたことがあった。家畜類はもうとっくに食べ尽くし、だいぶ日が経っていた頃だ。美代子さんは何の肉だろうと、いぶかしく思った。浜の方で拾って来たといっていたが、死人の太股か尻のあたりをこそげとってきたのではないかと、想像してみたりした。戦後になって美代子さんは、数年来の疑問を投げかけてみたが、父は固く口をとざして何も答えなかった。

父と弟が慶留間島に渡った後、美代子さんは長姉のもとにあずけられた。長姉の夫は防衛召集されており、近くを通りがかるような時、様子を見に立寄るぐらいであった。姉は幼な子を抱えて、心細気に避難生活をしていた。美代子さんの足の傷は、ほとんど歩くこともできないほどに悪化していた。傷口には、とり払ってもとり払っても、うじ虫が湧いた。けれども、薬は何もない。自分の尿で傷口を消毒するのが唯一の手当てであった。

美代子さんが敗戦後十数年を経て会った、阿嘉島の慰安所にいたことがあるという女性はケイコと名乗っていた。ポンギさんがそうであったように、その女性も、過去の汚濁を拭い去ろうとするかのように、慰安所で使っていた名を変えていた。名前はいわなかったけれど、阿嘉島ではコユキの源氏名で呼ばれていたように、美代子さんは思った。だが、元日本兵からキクエさんが聞いた話では、コユキは沖縄本島に渡ってから、コモリ中尉の死を見届けに行って弾に当たり、死んだといわれている。元日本兵が、沖縄本島で死亡した女の名を誤ってキクエさんに伝えたのか、それとも、美代子さんの思い違いだったろうか。美代子さんは、自分の家を軍に明け渡してからは、近寄ることを禁じられていたから、七人の女たちの姿をほとんど記憶していない。ただ、ケイコが確かに他の島ではなく、阿嘉島にいたのだと感じたのは、キクエさんのことを尋ねていたからだ。

前述したように、キクエさんは、美代子さんの語るケイコの姿形から、コハナ姉さんではなかっただろうか、と推測していた。

美代子さんがケイコと会ったのは、友人を通じてであった。ある日、友人が同じ料亭で働いている仲間だといって、ケイコを美代子さんの家に連れて来た。だが、それからしばらくして、友人は子宮癌で亡くなってしまい、ケイコの消息を尋ねるべくもなかった。

美代子さんはケイコの行方を探してみた。父が、阿嘉島《あか》から那覇に住んでいる美代子さんのところへ遊びに来た折、ケイコに会いたがったからだ。父は、基地隊の主力が沖縄本島へ渡った同じ頃、召集されて本島へ行き、そのまま行方不明となってしまった次男の、その後の足どりを知りたがっていた。基地隊と一緒に本島へ行った人なら、あるいは、次男のことについて、たとえわずかな情報でも得られはしまいか、と淡い期待を抱いていたのだ。

ケイコは、友人に伴われて美代子さんの家を訪ねて来た帰り際、「また来てくださいね」とあいさつすると、沖縄の方言で「ウンチュンロ（また来ます）」と応えた。その一言を頼りに、ケイコは、いつかまた、必ず訪ねてくれるだろうと思っていた。だが、二度とケイコは姿を見せなかった。

美代子さんはあの時、ケイコに居所を尋ねてもみた。すると、側にいた友人が、

「この人は三日坊主でひと所に長く勤まらないから、いつもどこにいるのか分らないさあ」

といった。料亭や飲み屋等に住込みで働いているが、転々と店を変えるので住所は一定していないのだといった。

ケイコは、その友人が「三日坊主」だと決めつけたのに不服そうであった。自分が職場を変えるのは、気ままにそうしているのではなく、自分の持っている白位牌《シルイーフェー》が雇い主に嫌われるからだといった。

その日も、ケイコは風呂敷に包んだ白位牌を大事そうに持っていた。

白位牌というのは、白紙を全面に貼りつけた位牌《いはい》のことで、死者がでると二つ用意され、一つは霊前に、もう一つは墓口に置かれ、四十九日には焼却するのが習わしだ。四十九日以降は漆塗りの位牌に変えられる。祖霊崇拝が信仰の根幹にある沖縄で、祖先神と並んで仏壇に安置されるべき位牌を、

四十九日が過ぎても白位牌のままに持ち歩くことは、習俗に反し、忌み嫌われたのである。位牌となった人とは、生前、ケイコは牧港《まちなと》で家を借り、一緒に暮らしていた、といった。それは沖縄の人ではなく、おそらく、朝鮮の人だったろうと、美代子さんは思った。なぜなら、沖縄の人であれば、位牌の安置されるところが自ずと決まり、ケイコが白位牌を持ち歩くということはあり得ないからだ。

ケイコは雇い主に白位牌を肌身離さず持ち歩いていることをうとまれ、そのために職場を次々に変えなければならないのだといっていた。だが、ひとつの職場に長く勤まらなかったのは、はたして白位牌だけが原因であっただろうか。

ポンギさんは石川収容所を出てから、ずいぶん長い間、一日一日宿を変え、中部から南部にかけての焼跡にできた町々をさまよい歩いた。バラック歓楽街に寄ってくる男たちに酌《しやく》をし、酔客に身体を開き、バス賃ができるとバスに乗り、歩けるだけ歩いて、見知らぬ町のバラック歓楽街で、また同じことの繰り返し。疲れ果てて、酌をしながら居眠りをし、そして、酔客のなすがままに身体を委ねた。この絶望的な放浪について発した私の「なぜ？」の問いに対し、ポンギさんは悲鳴をあげた。

「落ちつかん。落ちつかんのよう。どこにいても落ちつかん」

牧港で一緒に暮らしていた人が生きていたならば、ケイコは、その人とともに異境での暮しを築くことができたかもしれない。が、互いに生きる支えとなり合っていただろう伴侶を失った時、沖縄における自分の居場所も同時に失ってしまったのではなかったか。

仏壇に安置されるべき位牌を白位牌のままに肌身離さず抱え持って、ケイコは、沖縄の飲食店を次から次に渡り歩いた。その姿はちょうど、ポンギさんが石川収容所を出て、わずかな着替えの入った風呂敷包みひとつ頭にのせ、皇軍の地下足袋《じかたび》一足片手にぶらさげて、一日一日宿を変えて酔客に身を委ねるほかなかった、その姿に酷似している。ポンギさんの敗戦直後の放浪も、ケイコの伴侶を失ってからのさすらいも、決して偶然ではなく、植民地支配を受けるという故国が負った歴史の無惨を、戦場へ慰安婦として連行されるという形で体験しなければならなかった二人の姿ではなかったか。見知らぬ土地に放り出されて、ポンギさんもケイコもひたすらさすらい歩いた。

ポンギさんは足腰の神経痛で歩けなくなって、はじめて生活保護を受け住所を定めたが、きっと、現在も沖縄にいるに違いないケイコは、老いてどんな暮らしをしているのだろうか。

美代子さんに会えば、ケイコの消息を手繰る糸口が、もしかしたら見つかるかもしれない、と祈るような想いを抱いたのだが、その糸口は、二十数年も前にすでに、消えていた。

III

新《シル》礼《レ》院《ウオン》へ

数年前の、確か二月、私はポンギさんを新礼院《シルレウォン》へ誘った。故郷の大気に一度触れてみたくはないか、といった感傷からであった。いや、ポンギさんの語った放浪の年月の中で、唯一懐かしい感触で語られた土地だったからである。ポンギさんは最初、行きたい、といった。だが、いざパスポートをとる段になると、きっぱりと断った。行きたい、と思うのは、ポンギさんの夢である。行ったところで何になる、という現実認識が、ポンギさんを踏みとどまらせた。断固とした意志表示に、あらためて、とり返しようのない、ポンギさんの辿った年月をつきつけられたような気がして、私は慄然とした。

新礼院へ、今行ったとしても、数え六歳の時に離散した家族に会えるとは、とうてい考えられはしない。父は生きていたにしても、九〇歳をとうに過ぎている。先に奉公に出された姉の行方は、もはや、辿れはしないだろう。ポンギさんが数え六歳の一時期、たった二人で暮らした三つ年下の弟には、会えるなら会いたいのだが、わずか数え三歳で家族から離れた弟を探しあてることは、さらに難しいだろう。たとえ生まれ故郷であっても、血縁の絆が残っていない土地へ行ったところで何になろう。故郷新礼院へ一度は行ってみたいという夢を、ひとときの夢を見るような軽さで実現できるならば、それはそれでよいかもしれない。だが、ポンギさんにとって新礼院は、懐かしい思い出だけで充たされていたわけではなかった。思えば、ポンギさんの半生は新礼院から遠く、さらに遠く、離れてきた日々であった。

ポンギさんが沖縄に来てから見たという夢の話をしてくれたことがある。

——私は沖縄に来て、二、三回、夢みてる。夢でね、故郷《くに》に行っても家もない。何にもないでしょ。

外をブーラン、ブーラン、歩くんですよ。家に入らんさね、家がないもんだから。夢でもそんなですね。それで、もう一回夢をみた時は、家がない、ま、どこにも入るとこがないさね。それで、川に行って遊んでおったんですよ。川に洗濯する大きな石なんかがあるさね。きれいな石があるんだよ。そこで洗濯、揉んでするんですよ。この石の上に坐っておってね、一人で、ああ、沖縄に来なければよかった、こんな夢みたことあります。川に坐っておるもんだから、ちょっと冷たかったよ。それで、起きてみたら夢さね。故郷に行ったけど、夢でも、家も何にもないもんだから川に行って坐っておったね、道でウロウロしおったね、起きてそう思ったら、とっても寂しいさね。夢でたびたび行くんですよ。

新礼院へ帰ることは、確かにポンギさんの夢である。新礼院へ帰った夢をポンギさんは見る。だが、その夢の中でさえ、故郷新礼院には、腰の落ち着けるような場所など、どこにもないことを思い知らされる。

ポンギさんが行けない故郷へ、夢にまで見る新礼院へ、私が行こうとするのは心苦しく、複雑な思いであった。

けれども、私はポンギさんが生まれ育った新礼院を知らない。朝鮮を知らない。ポンギさんの少女時代を辿るにあたって、新礼院の野や山を見ておきたかった。朝鮮の空がどんな色をしているのか、空気や水がどんな感触なのか、触れてみたかった。

「おばさん、本当に行かない？」

私はポンギさんに念を押して、ポンギさんに同行しての新礼院行きを諦め、季節の変った初夏、知人と一緒に韓国を訪れた。

ソウルから釜山《プサン》へ向かう夜行列車は、土砂降りの闇の中をつき進んだ。大粒の雨が激しく列車の屋根を叩き、窓を打つ。ソウルを発ったのは午後一〇時近かっただろうか。列車に乗る前、案内を引受けてくれた朴秀馥《パクスボク》さんは切符売り場で駅員と激しいやりとりをしていた。私たちは釜山行きの改札を待つ長い列の中に並んでいたのだが、いざ改札が始まって切符をさし出すと、私たちの持っている切符の列車はすでに発ってしまったと、改札口からつき返された。朴さんはそんなはずはないと血相を変えて切符売りの窓口に事情を聞きに行った。

私たちはその日の午後発つつもりで一度ソウル駅へ来たのだが、午後の便は満席だったので、仕方なく夜まで出発を遅らせ、切符だけは買っておいたのだ。私は、ここで待っているようにと言われた売店の前から、窓口で駅員に喧嘩腰で喰いついている朴さんの様子をうかがっていた。構内はひどく混雑していた。人混みで朴さんの姿が時折見えなくなった。韓国の人々と、韓国語の喧噪の中に埋もれて、言語という最も重要な伝達手段が通用しない心もとなさに、私は怖気づいた。そして、敗戦直後の沖縄で、血縁はもちろん、知人さえなく、食べるものも家もなく、言葉もわからず、身ひとつで生きなければならなかったポンギさんの不安に想いを馳《は》せた。

しばらくして朴さんは、すぐには興奮をとどめきれない面持ちで引返して来た。話の様子では、朴さんは昼間ソウル駅へ来た時、午後の便の指定席を買おうとした。ところが売切れで、自由席も混んでいるといわれ、夜行の指定席を注文した。だが、無愛想な駅員が寄こしたのは午後の便の自由席券だった。朴さんはそのことに気づかなかった。私たちは夜行の指定席を取ったつもりで、街へ出、数時間を潰して、再びソウル駅へ来たのだった。

朴さんは、広島・長崎で被爆し、戦後韓国へ帰ったが、治療の手段もなく原爆症に苦悩する人々を描いた創作やルポルタージュを、数多く発表している秀れた放送作家である。

列車は闇の中をひたすら走り続けた。篠つく雨が屋根を叩き、窓を打つ音が車輛の軋む音と激しく交錯する。私たちの向かいの席に坐っていた青年が、私のことを朴さんに尋ねたようだ。「日本人《イルボンサラム》」といった言葉が耳に入る。一九四四年生まれ、私より一歳だけ若い青年は日本で生まれ、まだ戦争が終わらないうちに韓国に引揚げてきたのだという。私は、戦時の日本での生活に絶望し、故郷へ帰って、再び生活をたて直さなければならなかった青年の家族と、乳呑児を抱えた青年の母親の姿をおぼろげに想い描いた。青年の叔父さんは今でも日本で暮らし、時折、帰ってくるという。その方は日本で成功をおさめたようだ。親戚の家があるのに、たいがいはソウルでも超一流のホテルに宿泊し、金を湯水のように使って、賑々《にぎにぎ》しい喧噪を残して日本へ帰って行く。青年は、虚勢とも思えるほどの金の使いっぷりに、異国で暮らす老いた叔父の寂しさを見てとっていた。青年の口調には成功した叔父に対する羨望が感じられたけれど、その一方で、故国に帰り、自分を育てあげてくれた親の苦難をやさしく擁護していた。

ひたすら走り続けていた列車は、ゴットン、と、連結器のぶつかり合う音をゆるやかに放つと、闇の中に停車した。青年は席を立って、停車の原因を確かめに行った。走っている時、雨が窓ガラスを真横から叩きつけていたが、首を伸ばして近くの乗降口から外を見ると、車内の灯りを反射した銀色の雨は闇の中で垂直に落ちている。風はないようだ。だが、雨量は減っていない。屋根を伝った雨が、乗降口の端の樋《とい》から溢れて強くしぶいている。青年が席にもどってきた。近くで落雷事故があったようだ。

列車は、その夜の私たちの宿泊地天安《チョナン》に一二時に着いた。青年も一緒に列車を降りた。青年はこの町で衣料品店を商い、ソウルで商品を仕入れた帰りだった。

翌日は薄い雲が残ったが、さわやかな初夏の日和となった。私たちはバスで礼山邑《イエサンウプ》へ向かった。礼山郡の郡庁のある町だ。邑役場でポンギさんの戸籍を閲覧するつもりであった。

私たちは開庁間もない時間に役場を訪れた。朴《パク》さんが用件を告げると、担当官は親切に応対し、私たちをカウンターの中に招き入れてくれた。その日は午前一〇時に防空演習が予定されているとのことで、その時間にかかってしまうと、合図のサイレンとともに町中の人々が避難態勢に入り、役所の業務もストップするという。担当官は、一〇時前に見つかればいいが、と、棟の異なる庁舎への渡り廊下を渡って行った。

応接用のソファに腰を下ろして待つこと三〇分、担当官は「ありましたよ、ありましたよ」といった風に、戸籍台帳を拡げたまま持って来た。本籍忠清南道《チュンチョンナムド》礼山郡礼山邑新礼院里（番地省略）、戸主裴富基《ペプギ》の子の欄に奉奇《ポンギ》の文字を見る。ポンギさんの戸籍に間違いない。

裴一家の戸籍簿は朝鮮総督府時代に作成されたものだ。日本の植民地支配を脱してからも朝鮮動乱という激しい戦禍を受けている。厳しい時代を経てきたこの国の戸籍簿に、三十数年も前に離れていった一人の人間の存在証明が消されずにあった。しかも、その家族は五十数年も前に離散している。担当官は遠く故国を離れた人に、直接本人が来たのではないにしろ、役に立てたことが大変嬉しい、といった様子で、にこやかに台帳を複写しに行った。

私たちは改めて戸籍簿の複写を見る。戸主は裴富基。戸主の摘要の欄に裴富基が戸主となった理由と日付が次のように記されている。

「一家創立에因하여《によって》西紀壱九壱四年拾壱月拾五日戸主가됨《になる》」

裴富基の生年月日は西紀壱千八百八拾までは見えるが、あとはあいにく複写の状態が悪く判読できない。裴富基が一家を創立したのは、申貞順《シンジョンスン》との婚姻による。

「妻　申貞順　西紀壱千八百八拾九年七月拾九日出生」

婚姻を結んでも女は父親の姓を継いで姓が変らないのは、儒教的な男尊女卑思想による。

裴富基と申貞順の子として三人の名が連ねられている。

「奉先　女　西紀壱千九百拾弐年弐月五日出生
奉奇　女　西紀壱千九百拾四年九月五日出生
龍甲　男　西紀壱千九百拾七年（出生月日は残念ながら判読できない）」

長女奉先《ポンソン》と次女奉奇《ポンギ》の出生地は記されていないが、長男龍甲《ヨンガプ》は本籍地で生まれたことが次のように記されている。

「礼山郡礼山邑新礼院里（番地省略）에서《にて》出生」

裴富基と申貞順の婚姻が戸籍上成立したのは、次女であるポンギさんが生まれて二か月あまり経ってからだった。

父母の欄には死没年月日は記されていない。戸籍簿上は一八八〇年代（末尾が複写の状態が悪く判読不能）生まれの父裵冨基《ペブギ》も、一八八九年生まれの母申貞順《シンジョンスン》も生きていることになる。だが、父母の戸籍簿の空白は、二人の長寿よりは、裵家が五十数年も前に離散している事実と考え合わせれば、役所に何の届け出もなされないままに長い年月が経過したことを示しているのだろう。弟龍甲《ヨンガプ》の欄にも、現在の行方を辿れるような記述は何もない。姉の欄にだけ、奉先《ポンソン》の名が×点で消され、「牙山郡道高《アサングントーゴ》面《ミョン》金山里《クムサンリ》壱弐五番地金今龍《キムグムリョン》과《と》婚姻西紀壱九参八年拾月四日申告道高面長同月六日送付」の文字が見える。姉は金今龍という人と結婚している。あるいは現在も道高面金山里で暮らしているかもしれない。もし金山里にいなくても、道高面の面役場に行けば現在の住所がわかるかもしれない。私は浮足立った。

その晩は礼山《イエサン》に泊り、明くる朝早く、私たちはバスで道高面に向かった。道高の面役場は、朝露をたっぷりと吸った草木の中にあった。

朴《パク》さんが戸籍課の担当員に用件を告げた。担当員は、戸籍台帳何冊分にもわたる金姓の中から長い時間かかって金今龍の項を探し当てた。朝鮮民族の間では、数えようと思えば数えられる程度の姓しか使われていないが、その中でも金という姓は、圧倒的に多い部類に属するそうだ。金姓の戸籍台帳が小さな村でも何冊にも及ぶのは、そのためだ。

担当職員は、ようやく探し出した金今龍の戸籍簿を目で追いながら、ポンギさんの姉奉先との婚姻は確認したが、金今龍はすでに死亡している、と告げた。一九四二年、鉄道事故だったという。

私たちは担当職員の手記してくれた写しを受け取った。それによると、金今龍は戸主金萬孫《キムマンソン》の本妻の子として記されており、他に異母きょうだいが五人いる。金一家が道高面を本籍地としたのは一九三八年五月五日である。それ以前の本籍地は洪城郡《ホンソングン》広川面《クワンチョンミョン》新津里《シンジンリ》であった。確かポンギさんが少女時代、ミンミョヌリとして行った地だ。金家が広川から道高に本籍地を移したその年の一〇月四日、金今龍と裴奉先の婚姻が申告されている。二人の婚姻関係は四年に満たない。婚姻申告の隣の行に金今龍の死亡の記述がある。

「西紀一九四弐年七月拾九日午後拾時拾分牙山郡道高面金山里新徳鉄橋에서《にて》死亡戸主同日申告以下余白」

一九一二年生まれの奉先さんが結婚したのは、戸籍上では二六歳である。もし、実質的な婚姻成立と同時に役所への届け出がなされたのであれば、当時としては晩婚であっただろう。四年の結婚生活の間に、子は生まれていない。

ポンギさんは二つ年上のポンソンさんと、数え六歳の時に別れた。ポンソンさんが他家に奉公に出されたからだ。数え八歳で奉公に出され、二〇代半ばを過ぎて結婚したものの、子に恵まれないまま、夫の不慮の事故により三〇歳でひとり身になった。ポンソンさんが生きた日常の機微が、どのように彩られていたか、まだ分からないが、ポンギさんの幼時の記憶と、戸籍簿から浮かんでくる女の像は、薄幸な色合いである。

前日、礼山邑《イェサンウプ》の役場で金今龍の名を見つけた時には、道高面の金山里というところに行けば、ポンギさんの姉ポンソンさんに会えるだろうと、農家の藁屋根の下に姿を現した老農婦を頭の中に想い描いた。朴さんは落胆している私に、ソウルに帰って金家の人に会えば、ポンソンさんの居所がわかるかもしれないといった。金家は一九六七年一〇月五日、ソウル特別市西大門区《ソデムン》に転籍しているからだ。私には朴《パク》さんの言葉が気休めにしか思えなかった。金今龍の異母きょうだいとポンソンさんとが三十数年を経た今日連絡をとり合っているとは考えられなかったからである。

私はポンギさんの故郷新礼院《シルレウォン》へ行きたかった。朴さんは、新礼院へ行っても、何の手がかりもつかめないだろうと予想した。朴さんの予想は多分当たっていよう。沖縄でポンギさんが特別在留許可を受ける時、出入国管理局が領事館を通して調べた結果、姉ポンソンも弟龍甲《ヨンガプ》も行方不明となっていた。ただ、父が、前述した通り死没年月日が記されていないことから、あるいは生きているのではないかと伝えられていた。生きているとすれば九〇歳も半ばを過ぎ、奇跡のような長寿だ。本籍地へ行っても、半世紀以上も前に離散した家族の行方を辿るのは難しかろう。だが、私は、ポンギさんが少女時代を過した新礼院がどんな所であるのか、一目見ておきたかった。

道高《トーゴ》の面役場を出、村の小さな食堂で昼食をすませると、私たちはまたバスに乗り、新礼院へ向かった。新礼院へ着いて朴さんがまず飛び込んだのは、不動産屋である。男四、五人が店内にいた。裴《ベ》一家のことを朴さんが問うた。と、一人の男が立ち上がって道路に出、二、三〇〇メートル離れた一軒の農家を指して、裴龍甲はあの家に時々出入りしているはずだといった。私たちは喜び勇んで新礼院のメイン・ストリートらしいその道を歩き始めた。すると、間もなく、一台のスクーターが目の前に止まった。前日、礼山邑《イエサンウプ》役場の広報室で会った広報担当官であった。同行していたセマウル運動員(セマウル運動は一九七〇年代に政府主導で行なわれた農村近代化運動)が、この土地に詳しいからと、案内を買って出てくれた。

不動産屋で聞いた家は、裴龍甲とはまったく関わりがなかった。セマウル運動員は、この近くに校長先生の家があるので尋ねてみよう、と先頭に立った。だが、運悪く校長先生は不在であった。校長夫人が、お年寄りのいる家を訪ねれば何かわかるかもしれない、と勧めてくれた。セマウル運動員はまた先頭に立った。そして、土塀で囲まれた農家に入って行った。庭一面に筵《むしろ》が敷かれ、収穫物が拡げられていた。ゆったりとした動作で仕事をしていた老夫婦も、裴一家については、何ひとつ知るところはなかった。

人口はどの位あるものか、街道筋の小さな町、といった風情の新礼院で、手当り次第にあたったところで、五十数年も前に農家の手伝いなどをして細々と暮らしていた一家の行方など、直接関わりのあった人でない限り、記憶されていることの方が不思議なのだ。不動産屋にいた人の言葉を足がかりに、人に勧められるままに三軒の家をまわったのだが、もろくも裴一家の行方を手繰れそうな糸はとぎれてしまった。

ふと、私は、この辺一帯の人々を雇って、手広く仕事をしていた田中家のことなら記憶されているかもしれない、とひらめいた。

ポンギさんは一四歳位から嫁に行く一七歳まで、しばしば田中家の仕事を手伝いに行った。ポンギさんが語った少女時代の中でも、田中家でのエピソードは特に楽しい記憶として語られている。もっとも、「一三、一四、一五、一六、あんな時代があるかねえ」と、遠くを見るように目を細めて懐古したその時代は、ことごとく盗み喰いのエピソードで固められていた。諸葛《チェガル》という家で子守りや小間使いなどをして暮らしていたその頃のポンギさんは、いつも腹を空かせていて、始終盗み喰いを繰返していた。諸葛《チエガル》家のすぐ近くにあった日本人田中の家から手伝いに来るように声がかけられると、喜び勇んで行ったのは、出される食事の量が多く、その上、おやつまでふるまわれたからだ。田中家が使用人を特に優遇していたわけではない。ポンギさんが雇われていた諸葛家よりも臨時に雇われる田中家の方が較べようもないほどに富裕であった、そのためにすぎない。田中家の鶏舎や大きな豚小屋、桃や梨の木、倉庫の中の酒樽や砂糖袋がポンギさんには富の象徴のように映った。

私は朴《パク》さんに、田中家のことを尋ねてもらえまいか、と頼んだ。朴さんが老夫婦に尋ねた。と、何としたことだろう。もとの田中家は老夫婦の隣の家であった。さっそくに隣の家の人を呼んで来てくれる。鄭《チョン》楽壱《ナギル》さんである。鄭さんは少年時代からずっと田中家で働き、一九四五年八月、日本の敗戦で田中が朝鮮から引揚げざるを得なかった時、家を譲り受けたのだという。

私たちは鄭さんの家へ行ってみた。ポンギさんは田中家を、とても大きな家だ、と言っていた。だが、目前にした鄭さんの家は、特に大きいことを強調するほどの広さではない。建坪二、三〇坪ほどであろうか。新礼院《シルレウォン》のメイン・ストリートに面して建つ細長い平家である。鄭さんは戦後ずっと、たいして手を加えることなく、この家に住んでいるという。少女時代のポンギさんには、二、三〇坪ほどの家が、たいそう大きく見えたのだ。

ポンギさんの記憶の中の田中家は、単に農業を営んでいるだけであった。だが、鄭さんによれば、農業経営にとどまらず、地主でもあり、仁川《インチョン》に三階建てのビルを持って貿易業にも大きく手を拡げていたという。鄭さんは田中家で馬方をしていた。新礼院で集めた農作物を約一〇〇キロ離れた京《キョン》畿《ギ》湾沿いの港町仁川へ運び、帰りには日本からくる塩や砂糖や雑貨品を荷馬車に積んで来たのだ。

私は、ポンギさんのことをあるいは知っていはしないかと、鄭さんに尋ねてみた。飯炊きや雑用、あるいは養蚕を臨時に手伝ったにすぎないポンギさんを、鄭さんは覚えていなかった。家を譲り受けるぐらいだから、鄭さんは田中家の雇い人の中でも古参だろう。ポンギさんはというと、田中家が少女時代の記憶を彩る大事な場所であったとしても、何人も集められた季節労働者の一人にすぎなかった。

ポンギさんが九歳の時から働いていた諸葛家は、田中家から「ポンギ、明日は忙しいから飯炊きに来なさいよ」と呼びかけられれば、その声が届くほどの近さだった。田中家の近くには、ポンギさんに親切にしてくれたソネオメ（ソネん家《ち》の母ちゃん）の家もあったはずだ。ソネオメは長寿の方であれば、あるいは存命であるかもしれない。私は、老女がいると教えられた鄭さんの家に近い三軒ほどをあたってみた。だが、ポンギさんを知っているおばあさんはいなかった。

セマウル運動員は、戦前里長をしていた方に会えば何か分りはしないだろうか、といった。私は、この土地にはかない足跡しか残していない裴一家のことは、たとえ、この土地のさまざまなことがらを周知している方であっても、記憶されていないだろうと予感した。だが、万が一の可能性もないがしろにはできなかったし、セマウル運動員の好意をむげに断わる気にもなれなかった。

私たちはその家に向かった。鄭さんも一緒に来てくれる。メイン・ストリートを少し歩き、右に折れて田んぼの中の道に入ると、川が見えてきた。川幅は六、七メートルぐらいであろうか。近隣の人々が洗濯をし、野菜や鍋釜を洗うにはほどよい川である。水は二日前の大雨で濁っていた。私はうっすらと、ポンギさんが少女時代親しんだ川を想い浮かべた。渡ろうとした橋は流されていた。小さな板橋であったに違いない。私たちは土手道を遠まわりする。と、田の向こうから声をかける男がいた。

不動産屋で会った男である。自分が間違ったことを教えたようだと、わざわざ知らせに来てくれたのだ。

戦前の里長さんの家は白壁の塀に囲まれた大きな農家であった。中へ何度か声をかけたが、白壁の中からは何の応答もなかった。初夏の午後の陽が気怠《けだる》い。私はポンギさんの本籍地へ行きたかった。セマウル運動員は、「あの辺は新興住宅地で、戦後移って来た人が多いから、何の手がかりも得られないだろう」と、疲れた表情でいった。朴《パク》さんもこの土地の人の助言に同調した。けれども、私は行きたかった。ここまで来てポンギさんの生まれ育った(と、当時は思っていた。実際は生地は母の実家のある龍谷里《ヨンゴンニ》という隣の村であった)新礼院《シルレウォン》のその場所を見ずに帰るわけにはいかないという気持だった。

その場所を尋ねると、セマウル運動員は緑の田のかなたを指差した。私にはどのあたりか、見定めることができない。セマウル運動員にも朴さんにも、どうせ、そこへ行っても徒労に終るよ、といった表情がありありとしている。セマウル運動員に、もうこれ以上案内を請うのは心苦しかった。「明日、朴さんと二人でタクシーででも行きましょうか」と、私は提案した。すると、不動産屋にいた男が、「いや、歩いて行けますよ、行きましょう、行きましょう」と、歩き出した。朴さんは疲れているだろう。私も疲れていた。私のそんな様子をとっさに見てとった不動産屋にいた男は、私たちの荷物をむりやり取って、自分の肩に提げた。男は川沿いの道を行く。セマウル運動員も鄭《チョン》さんも一緒に来る。右手に濁流が走る。左手に鮮やかな緑の田が拡がる。稲は大人の膝ほどに伸びている。ふりそそぐ陽がまぶしい。川辺で一人、農婦が洗いものをしていた。私の胸は震えた。この川はポンギさんが少女時代、親しんだ川かもしれない。今は泥色に濁るこの川で、かつてポンギさんは守りをした子の襁褓《おむつ》を洗い、冬、ソネオメから洗濯の手伝いを頼まれたものの、とうとう冷たい水に手を入れることができ

ペ・ポンギさんが夢にまで見た故郷新礼院の小川

ずに後ろめたい想いで、洗濯物を次々とすすぐソネオメを見ていた。そして、近年、故郷新礼院へ帰る夢を見た時、迎え入れられる家もなく、仕方なく村中《むらなか》をさまよい、川に来て、洗濯をするにほどよい石に腰をおろしていた、その川ではないか。

　路辺に白い花が咲いていた。子どもが四、五人、群れ遊んでいた。私はとうとうポンギさんの本籍地に立った。そこには三軒の家があった。いずれも戦後移り住んで来た人たちの家だという。

　申鉉武《シンヒョンム》老人の家を探し当ててくれたのは、誰だったろう。数軒離れた家へ、私は、手を引かれるようにして、家々の裏庭を抜けて行った。目前に土塀に囲まれた農家があった。高い仕切りをまたいで庭先に立つ。半分ほど開いた障子から一人の老人が顔を見せた。申老人である。申老人は裴《ペ》家とは遠い親戚にあたるという。母方の係累であった。近所に行っていたらしい老夫人も、私たちの前に姿を見せた。かつて、朝鮮の女たちの多くがこんな格好をしていたのではないかと思われるような、後ろにまとめた髪で小さく髷《まげ》を作り、白い木綿のチマ・チョゴリを着ていた。少しはにかんだように、だがニコニコとして、何か一言、二言しゃべった。朴さんが通訳してくれた。老女は、ポンソンさんと幼な馴染であった。

申《シン》老人は、ポンギさんの姉ポンソンさんが生まれた家である、といって、私たちを案内した。中老人の家から三、四軒離れた小ぢんまりした家であった。その家の門をくぐる直前、朴さんが、私たちが取材者であることを明《あ》かしてよいだろうか、と耳うちした。私は否定した。朴さんもうなずいた。明かさない方がよいと承知の上で、念のために確かめただけだったのだ。もし、この旅の目的を取材だといえば、さらに取材の内容を説明しなければならなくなる。そうすれば必然的に、ポンギさんが、沖縄に来た経過、つまり、慰安婦として連れて来られたことを明らかにしなければならないだろう。それは避けたかった。私はポンギさんと知合いで、韓国に来たついでにポンギさんの故郷を尋ねたのだ、ということにした。自分の身をいつわっているという後ろめたさから、聞きそびれてしまったことが多い。

「申」の表札のあったその家がポンギさんとはどんな関係にあたる家なのか、やはり、母申貞順《シンジョンスン》の係累だったろう。主は病で伏せっていると、その家の娘だという方が縁先に姿を見せた。三〇歳を少し過ぎているだろうか、庭いっぱいを埋めた突然の訪問者に困惑している様子で、奥の部屋にいる人に助けを求めたかったのか、それとも、病人のことが気がかりだったのか、時折、奥の部屋の方を気づかっていた。私たちは早々にその家を引揚げた。

申老人は、近年、ポンソンさんを市場で見かけたことがあるから、心あたりをあたってみてくれるという。思いもかけないことであった。韓国では、国民一人一人に身分証明書が交付されており、いついかなる時でも国民はそれを携帯していなければならず、身分証明書なしでは一日とて暮らせない、と聞いていた。身分証明書が交付されていれば、当然現住所は戸籍簿に記載されているはずで、それがないのは沖縄の出入国管理局が調べた通り、姉奉先《ポンソン》も弟龍甲《ヨンガプ》も行方不明なのだろうと、朴《パク》さんは推測していたのだ。

私たちは、四、五日後に、もう一度たずねる約束をして、中老人と別れた。

陽が傾きかけていた。セマウル運動員や鄭《チョン》さんや不動産屋であった男と川沿いの道をひき返す。茜《あかね》色に射す陽を逆光で受けて、川面がきらめいていた。ポンギさんが少女時代親しんだ新礼院《シルレウォン》の川は、やはり、この川だったのだ。川沿いの道を歩いて行く間中、ポンギさんが夢にまで見たその川から、私は目を離すことができなかった。

四、五日後にもう一度新礼院を訪ねるつもりでソウルの旅館へ帰ったその翌日の午後、中老人から電話が入った。ポンソンさんのいるところが分った。用事があってソウルへ来たので、私の泊っている旅館へ来てくれるという。あれから中老人は、ポンソンさんのいる心あたりをさっそくに確かめてくれたのだ。

急なことで、朴さんは仕事があり、今度、通訳として同行していただく予定だった辛泳洙《シンヨンス》さんの都合もつかなかった。だが、一日も早くポンソンさんにあいたかった。私の知っている韓国語は覚えたばかりの単語が一〇位、通訳がいないことが気がかりだったが、片言の日本語を話せる中老人と二人で、ともかくも、ポンソンさんがいるという所へ行くことにした。

翌朝早く、私たちはバスでソウルを発った。途中、温陽《オンヤン》温泉で乗り換え、新礼院に着いた。小さな広場がバスターミナルになっていた。飲み物や菓子、パンの類を商う店の前に縁台が置かれ、数人の人がバスを待っていた。私たちの前に一台タクシーが行った後だったので、私はそこで待っていれば、またタクシーが来るだろうと思ったが、台数が少ないらしく、中老人《シン》は待ってはいられない、といった様子で車を探しに行った。しばらくして中老人が乗ってきたのは、若者が運転する自家用車であった。助手席にはもう一人の若者が乗っていた。中老人は車を探すのによほど苦労したに違いない。私は恐縮して後の座席に坐った。カーステレオがボリュームいっぱいの音をあげていた。ロックだ。助手席の若者はリズムに合わせて上体を揺らしていた。車は曲がりくねった畑道に入って行った。一〇分ほど行ったところで、確かこの辺りだと車を止め、中老人は農家の庭先にいた女の人に聞きに行った。車を止めたあたり一帯はなだらかな丘陵である。女の人は丘の下の方にある二軒の家を指差した。ポンソンさんのいる家は、あの二軒のいずれかだろう。

中老人は丘陵を下り始めた。私もその後に従った。なだらかな勾配を下りながら中老人は「ポンソンさんは時々、気がおかしくなるらしい」といった。さきほどの女の人から聞いたのだろう。私は思わず息をのんだ。はじめてポンギさんに会いに行った時、ポンギさんを評する同じような言葉を耳にしたからだ。

眼下に見える二軒の家まで辿り着かないうちに、「畑でおばさんが仕事をしているはずだが……」と中老人がいった。そして、身の丈ほどにつるが伸びた豆畑の中に農婦の姿を見つけて、大声で何事かを尋ねた。ポンソンさんがいる家の人のようだ。私は、豆畑の方へ近づいてみる。おばさんもこちらにやってきた。中老人はさらに大声で語りかけ、おばさんはこちらにくる道々、中老人の問いに答えていた。

私たちは丘陵の中途にある二軒のうち、下の家に案内された。くぐり戸をくぐると中庭があった。中庭に沿って縁側がある。中老人は縁先に坐った。私も並んで坐った。ポンソンさんとはいとこ同士だというおばさんは、私たちに砂糖水をふるまっておいて、いつの間にか姿を消した。怪訝に思っていると、中老人がたどたどしい日本語で説明してくれた。ポンソンさんは二、三か月前までこの家で働いていたが、今は他に移っているという。行先を知っている人が間もなく来るから待っていよう、というのだ。中老人はここに来さえすれば、ポンソンさんがいると思っていたようだ。

三〇分ほども待っただろうか。おばさんが帰ってきた。それから間もなくして、赤ん坊を背負った女の人が現われた。私たちを迎えに来てくれたようだ。中老人と私は、女の人の後について行った。田の畔道や、畑の中の細い道を、草を踏みしめながら一五分ほど歩いただろう。高台に建つ農家の前についた。女の人は、ここで待っているように、と私たちに合図して、家に入って行った。間もなくすると、半袖の開衿シャツ姿の四〇歳前後の男の人が現われ、私たちのところへ下りて来た。それまで畑で働いていて、仕事着を外出着に着替えてきたようだ。その人は、後で分ったことだが、ポンソンさんの義理の息子であった。

ポンソンさんは鉄道事故で夫を亡くしてから数年は、婚家で舅姑と暮らしていたが、その後、四、五人の子どもがいる人と再婚した。そして、再婚した相手との間にも子に恵まれず、先妻の子を育てあげた。子はすでに成人して、それぞれに独立した。夫は四、五年前に他界した。夫の死後しばらくは、それまで通り、長男夫婦と一緒に暮らしていたが、嫁との折合いがうまくいかず、家を出て、農家の手伝いをしているのだという。嫁というのは、先ほど私たちを案内してくれた人だ。

私たちはバスに乗った。着いたのは合徳《ハプトク》という小さな町であった。ポンソンさんが働いているという農家は、バス停からだいぶ離れているようであった。自動車道を汗と埃にまみれてずいぶん歩いたのに、なかなか着きそうにもない。重そうに、やや肥った老体をひきずっている中《シン》老人を振り返ると、顔を紅潮させ、額に大粒の汗を噴き出している。真っ白だったトンジョン（糊を強くきかせて形を整えている細い衿）には、黄色く汗じみができている。私はタクシーに乗らなかったことを後悔した。中老人は、午前中、金持ちのドラ息子風情の若者に、車代を法外にボラれた苦々しさで、タクシーを選ばなかったようだ。ポンソンさんの義理の息子が、もうすぐですよ、というように目で励ましてくれる。舗道の並木が辛うじて直射日光をしのいでくれた。ポンソンさんが働いている農家は、バス停から小一時間ほども歩いた、田の中にあった。

だが、ポンソンさんはそこにもいなかった。中庭で待っていると、その家の主人が現われた。私たちがくるとの知らせがあって、ポンソンさんは暇をとって叔父（母・申貞順《シンジョンスン》の弟）の家へ帰り、私たちを待っているという。農家の主人は、ポンソンさんの叔父の家に案内してくれるといって、自転車を引いて歩き始めた。

ガッカリした想いが、私の顔に現われたのだろう。中老人は、「大丈夫、今日中には会えますよ」となぐさめてくれた。それからまた、三〇分ほど歩いただろうか。町を通り過ぎ、林をつき抜けると、なだらかに起伏する畑の中に藁屋根の農家が見えた。碗を伏せたような藁屋根の丸味が、いともやさしく、人々の営みを包み込んでいるようであった。

私はふと、ポンギさんが夢の中で見た藁屋根の下に立つ一人の農婦の姿を想い浮かべた。丸味をおびた藁屋根の農家がポンソンさんの叔父申鉉煥《シンヒョンファン》さんが住んでいる家であった。庭いっぱいに麦が干してあった。くぐり戸から私たち四人が入ると、中庭は人で埋まった。私はポンソンさんを探した。兎のような目をしたかわいいおばあさんがいた。その方がポンソンさんだとすぐに分った。鉉煥さんの長男であるこの家の主明澈《ミョンチョル》さんはまだ仕事から帰ってきていなかったが、そのおかみさん、鉉煥さん、明澈さん夫妻の子ども二人、それに、たまたま通りがかったと、里長さんも様子を見に来ていた。

ペ・ポンギさんの姉、ポンソンさん

私は、八ツ切に伸ばしたポンギさんの写真を数枚持参していた。それをポンソンさんに見せた。ポンソンさんは、読めない新聞を眼前につきつけられたかのように、写真を手にしてとまどっていた。

「この人が妹のポンギなら、額の隅、顳顬《こめかみ》の上の方に傷跡があるはずだけれど……」

と、おかみさんがポンソンさんの意を受けていった。その傷は、姉妹二人で正月、伯父さんの家に遊びに行った時、何も祝いの品を持っていかなかったので、年長の従兄に「帰れ、帰れ」と棒で打たれた、その時の傷だという。父の兄の息子にしばしばいじめられ、石礫《いしつぶて》を投げつけられた話は聞いていたが、額の隅の傷跡にまつわる話は聞いていなかった。額に傷跡があることも私は気がつかなかったし、知らなかった。後にこのことを伝えると、ポンギさんは幼い時からあったという額の隅のかすかな皮膚のひきつれを見せてくれた。ポンギさん自身もその傷の由来を知らなかった。

私たちがおかみさんと話をしている間、しげしげと写真を見ていたポンソンさんは、怪訝そうな表情で、私に何か問いたげにつぶやいていた。里長さんもポンソンさんの問いに相槌を打っている。

「男《ナム》、男《ナム》」

という音が耳に入る。ポンギさんは髪をいつも短くしているが、その写真を撮った時には特に、暑くなるとうっとうしいからと、思いきり短く切ってパーマをかけていた。ポンソンさんには、老境に入った女が髪を短くしていることなど思いもよらぬことらしく、髪が短いから男ではないか、というのだ。なるほど、あらためてポンギさんの写真の中の顔を見ると、目は寂しそうに柔らいではいるが、細くこけた頬、固く結ばれた口元、それに、背筋をピンと伸ばしているので、撫で肩なのに、向かい風に身を晒《さら》しているような姿勢は男のようだ。

私は、礼山邑《イエサンウプ》の役場でとった戸籍抄本をとり出して、そこに記載されている裵富基《ペプギ》と申貞順《シンジョンスン》の子「奉先」がポンソンさんに間違いなければ、「奉先」と並んで記されている「奉奇」はポンギさんに違いなく、ポンソンさんの妹であることを確認した。

私は離れの方に、中老人やポンソンさんの義理の息子、雇い主らと一緒に通された。夕闇に包まれ、暗くなってしまった中庭の向こうの母屋で、ポンソンさんが小さな体躯をこまごまと動かして忙しそうに立ち働いている姿が見えかくれした。私たちの前に膳が並べられ、男たちはなみなみとつがれたマッコリを美味そうに飲み始めた。中でも、朝早くソウルを発って、私をここまで連れて来てくれた申《シン》老人は、いかにも美味そうに濁酒に舌つづみを打って、顔を火照らせ、目を細めていた。この家の主、申明澈《シンミョンチョル》さんも一日の仕事を終えて、少し遅れて席についた。膳には心づくしのご馳走が並べられていた。

宴が盛りあがると、ポンソンさんに話題が集中した。人々は、日本で成功したポンギさんが、私を使って、韓国までポンソンさんを探しに来させたんだと思い込んでいた。私はあわてた。どうしてそんな行き違いが生じてしまったのだろう。後に、辛泳洙《シンヨンス》さんと一緒に再びポンソンさんを訪ねた時わかったのだが、長い間生き別れとなっている肉親を訪ねてくる在日韓国人の多くは、考えてみれば当然だが、故郷に錦を飾るように来るのだという。ポンソンさんの周囲の人々も、ポンギさんの知合いの人が日本からポンソンさんを探しに来た、と申老人が伝えた時、時折、噂に聞いた在日韓国人の成功譚を思い描いたに違いない。

私は、誤解のないように、ポンギさんの現状を説明した。沖縄にいること、戦後、長い間苦労したこと、神経痛で働けなくなってからは、国の生活保護を受けていることなどを伝えた。今すぐにも、妹のポンギさんが自分を日本へ呼び寄せてくれるとまで思い込んでいたというポンソンさんは、ただだまって、男たちの語る言葉に耳を傾けていた。

義理の息子は、老いたポンソンさんが、もし他人の家で病気にでもなったら困るから、この際ぜひ家に帰ってくるようにと、何度も繰返していた。子は老親の世話をするのが当然と、考えられているこの国では、たとえ血縁関係でなくても、義母を他家で働かせておくのは、子として、特に長男として、恥ずべきことのようであった。だが、ポンソンさんは決して首を縦には振らなかった。嫁とは不仲だ。そして、それ以前に、夫が死んだ時、もうこの家にはいられない、と頑なに思わざるを得なかった関係しか、子どもたちとの間にはなかったのだという。ポンソンさんが再婚した時、すでに感じやすい年頃になっていた長男とは、親子として気持を通わせることが、ついにできなかったのだ。

家に帰ってくるようにという義理の息子の説得に対して、ポンソンさんが決して首肯しない様子を見て、申《シン》老人は雇い主に、給料も支給しないで使っているのだから、日本へ行く旅費ぐらい出してやったらどうだ、と迫る。かつての日本なら、さしずめお仕着せと呼ばれたわずかな衣料を盆暮に与え、あとは寝るところと普段の食事を与えるだけという条件で、ポンソンさんは働いていたようだ。それは、五〇年以上も前、少女時代のポンギさんがミンミョヌリとして他家に入り、小間使いに使われていた雇用関係と少しも違いはしない。急速に経済発展している韓国の現代社会からすっぽりととり残されて、ポンソンさんの労働力は封建的因襲の中に封じ込められたままなのだ。ポンソンさんが高齢だとはいえ、無給で働かせていることを多くの人の面前で指摘された雇い主は、さすがにバツが悪そうに頭を掻きながら、だが、日本へ行く旅費ほどの大金を、どうして自分が出せるだろうと、申老人の提案がこの場限りで終ってしまうだろうことを見越していった。

夜八時頃、ポンソンさんの雇い主も、義理の息子も帰った。申老人も帰って行った。私は、もうソウルへ帰るバスはないから、この家に泊るようにとひきとめられた。私はその言葉に甘えた。

翌朝五時半、目を覚ますと、明澈《ミョンチョル》さん一家はすでに起きて、床も片づけられていた。さすがに農家の朝は早い。障子を開けると、ポンソンさんが母屋の掃除を終え、中庭を掃き始めたところだった。井戸の周りから庭の隅々まで掃き浄《きよ》めている。こまめに身体を動かして少しも無駄なく働いている。ポンソンさんは一生こうして働き通してきたのだろう。

外に出ると、明澈さんはもう、麦の脱穀を始めていた。子どもたち二人も手伝っていた。あたりはなだらかな丘陵地帯だ。雑然と区切られた野菜畑がかすかに残る朝靄の中からみずみずしい葉色を見せている。私は、清涼な空気を胸いっぱいに吸い込んだ。

その朝は、膳は三箇所に設けられた。子ども二人は台所の土間に坐り、おかみさんがその世話をする姿が見えた。ポンソンさんの叔父さんと明澈さんは、母屋の縁先ですでに食事を始めている。そして、私たち女三人の膳は離れに運ばれた。じゃがいもの煮ころがしにキムチに魚の漬け物。言葉は通じなかったが、私はポンソンさんと一緒に食事ができるのが嬉しかった。ポンソンさんはたいしておかずに手をつけず、トウガラシで真っ赤になったキムチの汁をごはんにかけ、掻き混ぜると勢いよく口の中にかき込んだ。

戦時中、広島にいて被爆した辛泳洙《シンヨンス》さんと再び申家を訪れたのは、それから二日後のことだ。筆談で、二日後にもう一度訪ねることを意志表示しておいたものの、はたして正確に伝わっているかどうか、心もとなかった。だが、漢字だけが頼りの筆談だったが、どうやら、こちらの心づもりは伝わっていたようだ。ポンソンさんは叔父さんの家で待っていてくれた。私は、せめてものみやげにと、途中で入手してきたカーディガンを手渡した。おかみさんがそれを、子どもに着せるような手つきで、ポンソンさんの肩にかけた。ポンソンさんはなされるがままに身を任せていた。おかみさんに「よく似合うよ」とでもいわれたのだろうか、袖に手を通しながら恥じらっていた。が、寂しそうであった。

ポンギさんは、もしかしたら父は生きているかもしれない、とかすかに期待を抱いていた。私は、二人の父裵冨基《ペプギ》について尋ねてみた。裵冨基は五六歳で病死したという。ポンギさんが父と最後に会ったのは一九歳の時だった。その時、父は五四歳になったといっていた。その二年後、ポンギさんがぐうたらな男との結婚生活に見切りをつけて瑞山《ソーサン》を出てまだ間もない頃、すでに父は他界していたのだ。

母申貞順《シンジョンスン》についても尋ねてみる。

ポンギさんはそれまで、母についてはいっさい、何も語ってはいなかった。母について尋ねると、

「死んだか、何か分らん」

頑なに私の問いをつっぱねた。ポンギさんと親交のある、数少ない人々も、決して母に関しては何も語ろうとしないポンギさんの頑なな姿勢を指摘していた。ある人は、「おかあさんによほど辛い仕打ちを受けたのか、決して触れられたくない何かがあるんですねぇ」といっていた。私は、母の記憶については、それが、ポンギさんの生い立ちを決定づける重要な意味を持っているにしろ、彼女の口から決して語られることはないだろうと思っていた。

母に関して、他者に語ろうとしなかったポンギさんの、長い歳月を経ても癒えることのなかった生まなましい傷口をつきつけるような逸話を語ったのは、井戸端で洗い物をしていたおかみさんだった。

母申貞順は、夫・冨基《プギ》と、三人の子を残して姿を消した。村を出る時、母は一人ではなかった。鉄道工夫と一緒であった。当時、新礼院《シルレウォン》では、天安《チョナン》と長項《チャンハン》を結ぶ鉄道、長項線の敷設工事が行なわれていた。母が身を託したのは、この長項線の敷設工事に他の土地から来ていた男だった。

通訳をしてくれていた辛《シン》さんが言った。

「日本がつくった鉄道ですよ」

日本は朝鮮侵略を開始すると間もなく、交通・運輸の支配にのり出し、鉄道敷設権を手中にした。一九一〇年の韓国併合条約調印前に、すでに、一〇〇〇余キロの鉄道を所有していたのである。朝鮮総督府時代に入ってからも鉄道局を設け、鉄道敷設に力をそそいでいる。これは、朝鮮への経済的、軍事的侵略をより有利に進めるためであった。さらに一九一七年には満鉄に経営を委託する協定を結び、「京城満鉄管理局」を設置した。

母が家を出た時、ポンギさんは数え六歳、ポンソンさんは数え八歳だった。ポンソンさんはその後すぐに他家に奉公に出されて、それ以来、ポンギさんとは別れ別れになっていた。

ポンギさん一家の離散は、母の失踪が原因していた。

おかみさんが井戸端で鍋を洗いながら母の失踪を語る間、ポンソンさんは母屋の縁先に腰かけ、足を垂らしてうつむいていた。

おかみさんはまた、ポンソンさんが義理の息子の家を出た顛末をも語った。家を出る時、ポンソンさんは、自分のいられるところはどこにもないといって、バスの前に立ちはだかった。バスは立往生し、ポンソンさんの自殺未遂事件は小さな村に拡まった。以来、ポンソンさんは、請われるままに、あちこちの農家を転々と移り暮らしているのだという。

弟龍甲《ヨンガプ》についても尋ねてみた。

ポンソンさんやポンギさん同様、幼い時から他家に奉公に出されていた龍甲は、長じて江原道《カンウォンド》に行くといって村を去って以来、音信はなく、行方不明だという。江原道《カンウォンド》は多くの炭鉱を抱え持つ山岳地帯で、職を求める流れ者が寄り集まる地域だという。

父・富基《プギ》は、地主から小作地を借りることさえできず、農家に雇われて働いていた。母・貞順は、実家で三人の子を育てていたが、祖父母が他界した後、家族がともに暮らすこともできない貧困に耐えきれず村を出た。ポンギさんは、一七歳で新礼院を出て以来、放浪の年月を重ねてきた。弟龍甲は行方不明。新礼院近在の村で農婦として生きてきたポンソンさんもまた、今、老いて身を安住させるところがない。

五十数年前に離散したポンギさんの家族は、以来、離散したまま、時を経てきているのであった。

帰り際、ポンソンさんは、

「妹のことは、知らなければよかった」

といった。言葉にならないポンソンさんの気持を継いで、おかみさんがいった。

「あなたが訪ねて来てくれたことには感謝するけれども、妹のことは知らない方がよかった。知って心が乱されただけで、妹に会うことも、何もできはしないのだから……」

その言葉は私の胸を刺した。黒く重い血の波紋が、身体いっぱいに拡がってゆく思いであった。見えない糸に引かれるように、ポンソンさんの所まで来てしまったのだけれど、私の辿った道筋は間違っていたのだろうか。又従兄だという申老人にはじめて出会って間もなく、ポンソンさんの生まれた家に案内された時、旅の目的が取材にあることは伏せておこうと、朴《パク》さんと耳打ちした軽率さが悔やまれた。目的を伏せた私の曖昧な姿勢は、ポンソンさんや、その周囲の人々に大きな誤解を生むことになってしまった。わざわざ人を使って肉親を探しに来させるぐらいだから、ポンギさんは日本で相当な成功をおさめたのだろうといった期待を抱かせるようなことは、もう少し注意深く配慮していれば、防げたかもしれない。

しかし、それはおそらく本質的なことではない。ポンソンさんの心を大きく乱したのは、裵《ペ》一家の、とりわけて姉妹二人の、決して変えることのできなかった不遇な過去を、あらためて胸元につきつけるようなことをした、そのことではなかったか。

ポンソンさんはおかみさんと一緒に松林のところまで送ってくれた。私たちは交わす言葉もなく、ただただ互いの手をとり合った。ポンソンさんは滂沱《ぼうだ》として溢れ出てくる涙を拭おうともせず、自分の想いが沖縄にいるポンギさんに届けとばかり、私の手を強く握りしめた。そして、私が歩き出してからも、いつまでも林の中に佇《たたず》み、手を振っていた。

ポンソンさんに会えたことをポンギさんに知らせるため、沖縄に向かったのは、それから四か月後になってしまった。私は那覇に着くと、さっそくに、ポンソンさんや叔父さん一家の大きく引伸ばした写真を抱え、ポンギさんを訪ねた。

父・富基は五六歳で他界していたこと、ポンギさんが一番会いたがっていた弟龍甲《ヨンガプ》は江原道へ行くと村を出て以来、行方不明であること、そして、ポンソンさんに合徳《ハプトク》という村で会えたこと等、一部始終を伝えた。ポンギさんは静かに聞いていた。こちらが不安になるくらい、何の問いも発せず、深い諦念の表情で、黙って聞いていた。ポンソンさんが今もなお、農家に住み込んで、無報酬で働いて

いることを伝えた時、ただ一言、

「哀れな生まれはこんなですよ」

といった。どれほど時を経、世の中が変ろうとも、自分たちの階級は変るはずはない、と、終始貧しかった自らの半生を重ね合わせてでもいるかのように、低くつぶやいた。

私はその日、伝えるべきことがらを伝え終えると、宿に帰って来た。翌日、再びポンギさんを訪ね、従来通り、ポンギさんの語る言葉をテープに収めるという作業を始めたのだが、しばらくすると、前後の脈絡とは関係なく、突然、

「それで、姉さんは元気ね？」

と、前日、私が帰って以来、気にかかっていただろうことを尋ねられた。

けれども、それ以上は何も問わなかった。六〇年も前、幼い時に別れた、そして、会える可能性のほとんどない姉の消息を提示されても、おそらく、絶句するしかなかったのだろう。ポンソンさんや叔父さん一家のこと、それに新礼院《シルレウォン》の様子等を写真を前にしてもう一度語り合ったのは、それからさらに数日後のことだ。

ポンギさんは、ポンソンさんと同じことを言った。

「新礼院までは訪ねてもね、姉さんには会わん方がよかったんですよ」

数え六歳と、数え八歳の時一家離散した、この二人の老いた姉妹の絶望を、私は推《お》し量《はか》るべくもない。

解説

沖縄の「慰安婦」研究の原点となった『赤瓦の家』

宮城《みやぎ》晴美《はるみ》（沖縄女性史家）

川田文子さんと出会ってから四〇年余り。川田さんが朝鮮半島から連れてこられたペ・ポンギさんをとおして、日本軍「慰安婦」を追い続けた年数だ。いまや歴史認識問題をからめ社会現象となった「慰安婦」問題だが、当時は戦争の証言記録が盛んな沖縄でさえ、「辻のジュリ（那覇の遊女）」や「朝鮮ピー」という「慰安婦」の存在は語られても、人々の関心はきわめて薄かった。そんななか、川田さんは何度も沖縄を訪れてペ・ポンギさんに寄り添い、沖縄の住民のみならず元日本軍からの聞き取りや資料の発掘、事実関係の検証等々、丹念な調査を続けてきた。そして、上梓されたのが『赤瓦の家』である。同書の、資料的価値の高さのゆえんは、ここにあると言えよう。

県外から多くの研究者やジャーナリストが沖縄を訪れ、荒削りながらも一年や、二、三年で本を著す傾向があるなかで、『赤瓦の家』は取材開始から実に一〇年経っての発刊となった。

それを機に、沖縄県内では「慰安婦」問題についての関心が高まっていった。まず、一九九〇年一〇月には、韓国教会女性連合会のメンバーと沖縄の女性たちによる元「慰安婦」の慰霊祭が渡嘉敷島で行われた。そして、ちょうど一年後の一〇月に『赤瓦の家』の〝主人公〟であるペ・ポンギさんが亡くなり、その二カ月後の金学順さんらによる日本政府提訴、続いて政府の「慰安婦」調査スタート、さらに、九二年の沖縄における韓国在住の元「慰安婦」の証言集会、「沖縄女性史を考える会」による「慰安所マップ」作成というように、沖縄のメディアの報道も手伝って、女性たちの積極的な活動が県民の耳目を集めたのである。

その後、市町村史刊行の戦争体験記録に「慰安婦」が掲載されるようになり、また「慰安婦」研究も盛んになっていった。私も触発された一人で、女性をセックスの対象とみる軍隊の論理によって、アジア太平洋戦争末期の慶良間諸島で起こった「集団自決」が「慰安婦」制度と表裏一体の関係にあることに気づかされ、戦時性暴力の掘り起こしに着手するきっかけとなった。

ただ当初は、当事者の声として記録されたのが川田さんの著書のみだったため、沖縄の「慰安婦」はすべて朝鮮出身者と思っている人が多く、後の調査や日本軍資料によって、沖縄の遊郭の女性たちも「慰安婦」として動員されたことを知るのである。ところが、貧困のために遊郭に売られ、「慰安婦」にされたという女性たちの存在について地元の人々の口は堅く、当事者の証言記録として『赤瓦の家』に並ぶ著書は未だ見られない。もっとも、元遊女であった上原栄子さんの『辻の華』(時事通信社)と、『沖縄からアメリカ　自由を求めて！画家正子・R・サマーズの生涯』(原義和編、高文研) では、自身の「慰安婦」体験を記述しているが、『赤瓦の家』とは性格を異にする。

その意味でも『赤瓦の家』は、沖縄の近現代女性史に欠落していた「戦争と性」の問題を浮き彫りにし、その後の研究につなげた功績は大きい。このたびの『新版　赤瓦の家』の発刊にあたり、これまでの研究成果として、研究者や活動家が掘り起こしてきた沖縄の慰安所の概要を紹介させてもらうことで、川田さんの労に報いられればと思っている。

伊江島に慰安所建設

一九四四年三月二二日、大本営は南西諸島方面の防衛強化のために、沖縄に直轄の第三二軍を創設した。県内の十数カ所に航空基地を建設し、「不沈空母」としてきたるべき航空決戦に備えることが目的であった。この飛行場建設に住民を動員して行うことから、駐屯の一月後、渡邊正夫軍司令官は住民感情を考慮し、「地方の民衆に対し、横暴な振る舞い、特に強姦や掠奪を決して行わないこと」と兵士に注意を喚起したうえで「疲労に対する慰安方法を工夫するように」と、住民への強姦防止策を指示した（自昭和十九年四月二日　至昭和十九年四月三〇日「陣中日誌　第一号」第十九航空地区司令部より、カタカナをひらがに変え、意訳して掲載。以下同）。

さらに五月七日、伊江島飛行場建設に地元の女性たちが参加することになったため、伊江島飛行場設定隊長は、強姦ほど軍隊の威信を害し民心が離反することはないとして、「一時の性欲に駆られて一般婦女子と性交したり、あるいは性交を強要するとか、強姦することは断じて許されない（中略）本職の設置した特殊慰安婦のほかは、厳に慎むように」と訓示している（自昭和十九年五月一日　至昭和十九年五月三十一日「陣中日誌　第二号」第五十飛行大隊）。

そして五月二四日、伊江島駐留の部隊に「中隊は明二十五日、建築中の兵寮を物品販売所に改築し、新たに慰安所建築の作業にあたるように」と慰安所建設を命じた（自昭和十九年五月一日　至昭和十九年五月三十一日「陣中日誌　第二号」要塞建築勤務第六中隊）。

こうして伊江島には、軍設営の長屋式のものと、民家（証言では郵便局長宅）を改造した二軒の慰安所が完成した。それぞれに五人ほどの「慰安婦」が常駐させられるが、すべて那覇から来た遊郭の女性たちであった。沖縄には、琉球王国時代から沖縄戦まで、「辻《ちーじ》」と言われる遊郭が那覇に設置されていた。王国時代は中国からの来訪者を相手に、沖縄県になってからは日本の公娼制度下に置かれ、県内の政財界や官公署、教育界のリーダー、商工業従事者の遊興の場として、あるいは県外作家や学者らの宿泊所として利用された場所であった。遊女たちは日本軍駐留後は、「出張」の形で慰安所に送られていたのである。

相次ぐ強姦事件

六月、マリアナ諸島のサイパン島が陥落したことで、大本営は作戦を転換し、沖縄を「不沈空母」に加えて「本土の防波堤」という役割を課してきた。そのため、地上戦を想定した実戦部隊の配置と陣地構築が行われることになり、夏から九月にかけて中国大陸から日本軍主力部隊が次々に沖縄に移駐し、総勢約六万七〇〇〇人の強力な部隊編制が行われた（『沖縄県史　第1巻　通史』沖縄県教育委員会）。その結果、日本軍の沖縄人に対する差別意識が露呈し、各地でトラブルが相次いだ。とりわけ沖縄女性に対する偏見は、次のような注意喚起として示された。「（沖縄の）一部地域には、貞操観念が弛緩している所がある。（女性に）誘惑されて知らず知らずのうちに、猥褻、姦通、略取誘拐、住居侵入等の犯罪を犯すことがないように」（陣中日誌　昭和十九年度　石兵団会報　第四九号　九月七日）と。つまり、女性に誘われて合意だと思って付いていっても、犯罪者扱いにされることがあるから気をつけるようにということである。

一八七九（明治一二）年の日本の琉球併合（琉球処分＝沖縄県設置）後、他府県人による沖縄人差別は公文書や新聞、書籍等に頻出したが、とくに沖縄の長年の慣習であった「毛《もう》遊び」（一日の野良仕事を終えた若い男女が日暮れとともに「モウ」（広場）や浜辺に集まり、歌って踊って楽しみながら結婚相手を見つける）が続いていたことで、「貞操観念弛緩」の沖縄女性像が大正、昭和と軍隊を中心に〝申し送り〟されていった。

中国河南省から沖縄に送られてきた近藤一は、自分の部隊の将兵が、幼い子を含めた女性のレイプや病人のいる家に火をつけるなど「数々の蛮行を重ね、人間としてやってはいけないことの極限までやってしまった」（内海愛子・石田米子・加藤修弘編『ある日本兵の二つの戦場　近藤一の終わらない戦争』社会評論社）と中国でのできごとを証言するとともに、「（沖縄に）上陸後間もなく、『中国の女は、結婚前は貞操観念が固く結婚すると緩くなるが、沖縄ではその反対だ（もしかしたら逆だったかも知れませんが）』というような噂が、面白おかしく話されていました」と言う。さらに近藤は、人々の生活習慣が中国人と似ていたことから「自然と沖縄の人間は『チャンコロ』系統ではないか」と差別感情を抱いたそうだ。沖縄の文化は、琉球王国時代の中国との交易の影響もあり、現在でも中国を源流とする慣習は多い。

こうした日本兵の意識が表出したのが、沖縄女性への強姦事件であった。「石兵団会報」には、民家に立ち入る兵士がまだ多数おり、憲兵や巡査を派遣して取り締まっているが、今後このようなことがあれば中隊長以下関係者を処分するとし、さらに「強姦に対しては極刑に処し、関係直属上官に到るまで処分する」と軍司令官による厳しい通達が出された(第五八号)。しかし事件が止むことはなかった。

辻遊郭に殺到した将兵もひんしゅくを買った。「血気盛んな兵隊が遊郭で乱痴気騒ぎを繰り返し、女をめぐって兵隊同士殴り合い、揚句に発砲事件を起こすなど、事件は毎晩のように発生した。」(野里洋『汚名　第二十六代沖縄県知事　泉守紀』講談社)とか、当時、那覇警察署の監督警部であった山川泰邦は、「沖縄守備のためと称し、日本軍の大部隊が続々押しかけてきた。その後辻遊郭は軍人軍属が横行、遊女をめぐる軍人同士の打ち合い斬りあいが、毎晩のように起きた。(中略)(市民男性が)泡盛を酌み交わしていると、日本刀をガチャつかせ、女を出せと暴れる軍服の大虎小虎に、市民は追い出されたもんだ」(沖縄エッセイストクラブ作品集『群星』沖縄エッセイストクラブ)と混乱したさまを述べている。

日本軍の慰安所設営

こうした騒ぎの中で、軍は泉守紀沖縄県知事に対して慰安所設置を申し入れた。ところが泉知事は「ここは満州や南方ではない。少なくとも皇土の一部である」と拒否したのである(野里『汚名　第二十六代沖縄県知事　泉守紀』)。知事は日本軍による沖縄女性とのトラブルの増加や横暴に振る舞う姿勢に反発し、再三の申し入れを断った。そんな頃、ある部隊の副官が那覇警察署を訪れ、「わしの部隊には慰安所が全然ない、これでは兵士の士気にかかわる。署長で世話を頼む」と要請してきた（山川泰邦「慰安隊員の動員」『沖縄タイムス』一九八七年五月三〇日）。しかし那覇警察署長が断ると副官自らが遊郭に出向き、集めた遊女たちを前に「われわれは国民総動員で戦争を勝ち抜かなければならない。お前さんたちに戦場で戦ってくれと言うのではない。辻でやっていることを慰安所でやって、兵隊の士気を鼓舞し、勇敢敵陣に切り込むよう激励してほしい」と呼びかけたという（同紙）。

結果的に、各部隊は辻遊廓の女性たちを「慰安婦」に、一か所に一五人、一個連隊二か所の慰安所を競って設置した。そして一〇月一〇日の米艦載機による那覇の空襲（十・十空襲）で遊廓が焼け出されたあとは、五〇〇人ほどの遊女が「慰安婦」として従軍させられたという（山川「慰安隊員の動員」）。ところでこの頃には、「朝鮮から強制的に連行されて来た、数多くの慰安婦が南の島々でも見られるようになった」（野里『汚名　第二十六代沖縄県知事　泉守紀』）といわれるが、具体的にいつ、どれだけの朝鮮人「慰安婦」が沖縄に連れてこられたのかはわからない。また少数ではあるが、沖縄では、福岡、長崎など九州から来た日本人「慰安婦」や、辻遊郭以外にも地方料亭などに勤める女性たちが「慰安婦」にされたようだ。施設は、住民を追い出して民家を使用したり、集落の事務所や工場、病院、旅館、料亭を接収、そして前述したように、部隊による直接設営があった。

こうして日本軍の各部隊は、小さな島々を含めて軍の駐屯する沖縄各地にくまなく慰安所を設置していくのである。『赤瓦の家』の舞台となる慶良間諸島の三つの島も、例外ではなかった。朝鮮半島から連れて来られた女性たちが、それぞれ七人ずつ配置されたのである。

「慰安婦」を見せしめに〝玉砕〟のすすめ

女性たちが連れて行かれたのは、那覇の西二〇～四〇キロ洋上に位置する慶良間諸島の渡嘉敷島（渡嘉敷村）と座間味島・阿嘉島（座間味村）だった。これらの島々には四四年九月に海上特攻基地が設営され、未成年のエリートで組織する海上挺進戦隊（特攻隊）員一〇〇人余りと基地大隊（陣地設営）約九〇〇人の日本軍が配備されていた。沖縄本島に向かう敵艦の背後から三つの島の特攻艇三〇〇隻を一斉に体当たりさせるという舟艇（一人乗りのベニヤ板ボート）の秘密基地であった。

『赤瓦の家』によれば、「慰安婦」にされた女性たちは、「南方へ行く」と言われて朝鮮から連れてこられたという。いずれの島でも、朝鮮人女性たちは集落はずれの、慰安所として接収された二軒の民家に入れられた。休日には、その家の前に兵士たちが長い列をつくって順番待ちしていたと、多くの住民が証言する。座間味島の戦隊長は、「軍司令部は若い将校を思ってか女傑の店主の引率する五（マヽ）人の可憐な朝鮮慰安婦を送って来た。若い将校は始めて青春を知ったのだ」と手記に記した（梅澤裕「手記『戦斗記録』」『沖縄史料編集所紀要　第十一号』沖縄県沖縄史料編集所）。

しかし、朝鮮人「慰安婦」に対し、地元女性たちの目は厳しかった。渡嘉敷島では女子青年団によって、慰安所設置反対運動が起こった。「渡嘉敷の女性が内地から来た兵隊に、もしそういう女（慰安婦）と間違われたら困る」というわけである。女子青年団長の抗議に対し基地隊長は「慰安婦たちを置くということは、むしろ、あなた方の身を守るためなんだから了承してください」と説得したという（『赤瓦の家』)。

座間味島では、人口が約六〇〇人の集落に千人の将兵がやってきたため、隊長ら上層部は大きな民家に一人か二人、以下の将兵は一戸あたり一四、五人の割り当てで分宿の形がとられた。軍民が一つ屋根の下で宿泊することになったのである。まもなく、若い女性のいる家庭への兵士の出入りも目立つほど、住民と将兵の親しい付き合いがはじまった。

そんな中で、地元の女性たちは将兵から「あなた方は日本人だ。日本人は一等国民だ」と言われ、日本帝国の同じ植民地的位置づけにありながら、朝鮮人よりも沖縄は上という優越意識を持つようになった。そんな心情から、毎晩のように涙しながら「アリランの歌」を歌う朝鮮人女性たちに憐憫の情を寄せつつ、「朝鮮ピー」と蔑んだ。民族差別とともに、家父長制が作り上げた〝淑女〟に自分たちを位置づけ、「慰安婦」を〝娼婦〟として見下したのだ。

沖縄に「慰安婦」が連れてこられたちょうどそのころ、第三二軍司令部は、極秘文書として「報道宣伝傍聴等に関する指導要綱」を策定し、「軍官民共生共死の一体化」の指導方針を打ち出した。そのなかの実施項目の一つに「防諜」(スパイ防止)があり、座間味島では女子青年団を中心にスパイ防止用のマークが隊長命令で作らされた。集落を歩行する際は子どもから高齢者までマークを服に縫い付け、地元の人間であることを証明するというもの。戦隊長自身が「沖縄人は米国へ出稼者が多い」(「手記」)などを理由に、当初から住民を信用していなかった。

日本軍駐屯以来、それぞれの島の住民に、軍の本部壕や特攻艇の秘匿壕掘り、陣地構築が命じられた。それは必然的に日本軍の作戦意図や機密を住民が知ることを意味した。座間味島では、米軍への漏洩を危惧した将兵が住民に対して「敵に捕まると男は八つ裂きにされ、女は強かんされてから殺される」「朝鮮ピーのように敵の慰み者にされる」などと恐怖心を与え、「慰安婦」たちを見せしめに米軍への投降の絶対禁止、捕まったときの「玉砕」を命じた。女性は夫の「家」を継承するために子どもを産む〝道具〟でしかなかった時代、敵の子どもを妊娠することは死を意味した。

「集団自決」起こる

一九四五年三月二三日正午頃、慶良間諸島は米軍艦載機による激しい空襲に見舞われた。空襲は三日間続き、座間味・阿嘉島は集落の半分以上、渡嘉敷島は集落のほとんどを焼失してしまった。さらに二五日、空襲に続いて戦艦による艦砲射撃がはじまった。慶良間諸島は米艦船で何重にも包囲され、間断なく撃ち込まれる砲弾に島中が燃え上がり、住民は絶望感に打ちのめされた。座間味島ではその夜遅く、毎日のように軍からの動員命令を呼びかけた伝令が、各壕に「玉砕」命令を伝えた。

二六日午前八時過ぎ、米軍は阿嘉島に上陸を開始、約二〇分後には慶留間島、九時ちょうどには座間味島に上陸した。慶留間島、座間味島では、それを目撃した人たちを中心に「集団自決」が繰り広げられた。とくに女性たちがパニックになり、祖父、父、兄弟の手にかけられた。座間味島では、すべてが女性のいる防空壕で起こった事件であり、男手のある家族ほど犠牲は大きかった。二八日には渡嘉敷島で、そして四月に入ってからは沖縄本島というように、逃げ場のない孤島・ガマで、米軍の上陸が合図になったかのように各地で「集団自決」は起こった。

明治以来、「貞操観念弛緩」のレッテルを貼られ続けてきた沖縄の女性たちは、敵に襲われるよりはと、自らの命を絶つことによってその〝汚名〟を返上することになった。一方で、「玉砕」の見せしめにされた「慰安婦」たちは、日本軍の惨敗により、見知らぬ土地で、砲煙弾雨の戦場に放り出された。後に米軍の「捕虜」となり民間人収容所に入れられた彼女たちが、孤児の世話や野戦病院で看護婦として働いている姿を住民は目撃している（『軍隊は女性を守らない　沖縄の日本軍慰安所と米軍の性暴力』女たちの戦争と平和資料館）。

『赤瓦の家』で詳述されているように、ペ・ポンギさんは「女中で使ってくれませんか」という一つ覚えのたどたどしい日本語を使って店を転々とし、時折客をとり、放浪を続けながら「解放」後の沖縄生活をはじめた。一人になってはじめて、「『だまされて日本軍に連れられて来て、知らん国に棄てられた』との思いに打ちのめされた」といい、その後も帰国できずに、四六年後、沖縄でその生涯を閉じるのである。

「慰安婦」問題をめぐる歴史修正主義者の遠吠えがかまびすしい昨今、沖縄の「慰安婦」研究の原点となった『赤瓦の家』の価値は、さらに高まったといえるだろう。

川田 文子（かわた ふみこ）
出版社勤務を経て文筆業に。
著書：『つい昨日の女たち』（冬樹社、1979年）、『琉球弧の女たち』（同、1983年）、『ふっ子さん　保育園をはしる（ユック舎、1990年）、『皇軍慰安所の女たち』（筑摩書房、1993年）、『戦争と性』（明石書店、1995年）、『インドネシアの「慰安婦」』（同、1997年）、『女という文字、おんなということば』（同、2000年）、『自傷』（筑摩書房、2004年）、『イアンフとよばれた戦場の少女』（高文研、2005年）、『ハルモニの唄』（岩波書店、2014年）他。
共著：『「従軍慰安婦」をめぐる30のウソと真実』（大月書店、吉見義明と編著 1997年）、『「慰安婦」問題が問うてきたこと』（岩波ブックレット、大森典子と 2010年）、『沖縄にみる性暴力と軍事主義』（御茶の水書房、富坂キリスト教センター編、宮城晴美らと 2017年）、『性暴力被害を聴く』（岩波書店、大門正克・梁澄子らと 2020年）他。

新版 赤瓦の家

●二〇二〇年 六 月二三日――――――第一刷発行

著　者／川田 文子

発行所／株式会社 高文研
東京都千代田区神田猿楽町二―一―八
三恵ビル（〒一〇一―〇〇六四）
電話０３＝３２９５＝３４１５
http://www.koubunken.co.jp

印刷・製本／中央精版印刷株式会社

★万一、乱丁・落丁があったときは、送料当方負担でお取りかえいたします。

ISBN978-4-87498-725-4　C0021